너는 전략으로 싸우라

김종춘 지음

최선만으로는 이길 수 없는 절대 강자들의 세상
THE WINNING STRATEGY

아템포

프롤로그
최선을 다했다는 말은 쓰레기통에 버려라!

세상은 정글이기도 하다. 속이고 빼앗는 사냥꾼들이 곳곳에 널려 있다. 성과를 크게 내는 창조경영도 필요하지만 빼앗고 빼앗기는 전쟁에서 성과를 끝까지 지키는 전략경영은 더욱 필요하다. 전략적이어서 빼앗기지 말아야 하고 빼앗겼다면 되찾아야 한다. 또한 빼앗는 사냥꾼들을 제압해야 한다. 사냥꾼들이 늘 있는 만큼 전략경영은 필수적이다.

  전략이 탁월하면 약자라도 강자를 이긴다. 막대한 숫자의 전력을 아무것도 아니게 만든다. 뱀이 코끼리도 삼킬 수 있게 한다. 스페인 정복자 프란시스코 피사로는 한 줌의 병력으로 500만 명의 잉카 제국을 손에 넣었다. 전력이 우세해도 전략이 열세면 이기기 어렵다. 전략은 전력을 강화시키기도 하고 약화시키기도 한다. 전략이 없이는 승리도 없다. "너는 전략으로 싸우라 승리는 지략이 많음에 있느니라"(성경 잠언 24장 6절).*

　전략경영의 첫째는 '정보'다. 정보 하나로 세상을 얻기도 하고 잃기도 한다. 가짜 정보를 걸러내고 진짜 정보를 확보하는 데 최대한의 힘을 쏟아부어야 한다. 정보의 확보가 승리의 확보이며 정보의 보안이 생명의 보안이기 때문이다. 정보에서 밀리면 전쟁에서 밀리고 정보가 흔들리면 국가가 흔들린다. 개인도, 기업도, 국가도 정보를 소홀히 하면 망할 것이고 정보를 소중히 하면 흥할 것이다.

　전략경영의 둘째는 '혁신'이다. 혁신이 멈추면 승리도 멈춘다. 훌륭한 장수는 한 번 이기게 한 병법을 버린다. 달라진 대상과 상황에 따라 다르게 싸운다. 어제의 승리비결은 오늘의 승리에 가장 큰 걸림돌이다. 뻔히 보이게 싸워서는 이길 수 없다. 종잡을 수 없이, 제멋대로인 것처럼 예측불허로 싸우면 가소로운 약세로도 혁혁한 전과를 올릴 수 있다. 혁신으로 싸우되 단발적인 혁신이 아니라 여러 방면에서 연속적인 혁신으로 싸워야 한다.

　전략경영의 셋째는 '완주'다. 최선을 다했다는 말은 핑계일 수도 있다. 끝까지 해내는 완주야말로 혁신 중의 혁신이다. 뱀이 코끼리를 삼키듯이 극히 작은 힘으로도 끝내 불가능해 보이는 목표를 이루어내야 한다. 알렉산드로스는 지중해에 육로를 만들어 티루스 성을 정복했고, 한니발은 알프스 산맥을 넘어 로마를 점령했으며, 칭기즈칸은 죽음의 키질쿰 사막을 횡단해 부하라를 공략했다. 난공불락의 성은 없다. 공성이 축성을 이기게 마련이다. 할 만큼 했다는 말로는 안 된다. 해냈다고 말할 수 있어야 한다.

전략경영의 넷째는 '절제'다. 풍선을 계속 불면 터진다. 멈출 줄 알아야 한다. 현명한 리더는 가슴에 불덩이만 있지 않다. 발에 든든한 브레이크도 있다. 적절한 때에 멈추어야 승자의 저주에 빠지지 않는다. 멈출 줄 모르면 결국 죽음이 나와 조직을 멈추게 한다. 영토를 계속 확장하는 것도 중요하지만 이미 확보한 영토를 다지고 지키는 것은 더 중요하다. 덩치만 추구하다가는 과신과 과욕과 과속으로 한순간 몰락에 이른다.

사방이 강대국들로 둘러싸여 있는 현실이다. 다 잠재적인 적들이다. 글로벌 비즈니스 환경도 더 냉혹해지는 전쟁터와 같다. 지금의 성공이 지속된다는 보장은 어디에도 없다. 각 분야의 리더들은 최소의 전력으로 최대의 전과를 올리게 하는 전략가여야 한다. 더 나아가 국가 지도부와 재계 톱리더들은 개별 전투에서 질지라도 전체 전쟁에서는 이기는 대전략가여야 한다.

부분 해법으로는 전쟁에서 이길 수 없다. 개별 전투의 작은 그림뿐만 아니라 전체 전쟁의 큰 그림을 볼 수 있어야 한다. 스키피오는 큰 그림을 볼 줄 아는 대전략가였기에 한니발의 막강한 전투력과 혁신적인 전략들을 끝내 다 꺾을 수 있었다. 강대국들의 틈바구니와 초(超)경쟁의 글로벌 비즈니스 환경에서 지지 않고 계속 이기려면 전략가들이 많이 나와야 하고 대전략가들도 나와야 한다. "경영은 의논함으로 성취하나니 지략을 베풀고 전쟁할지니라"(성경 잠언 20장 18절).

톱리더들은 부분 해법을 넘어 전체 해법도 꿰고 있어야 한다. 왕은 톱리더다. '왕(王)'의 한자어를 풀면 왕은 위의 하늘, 아래의 땅, 가운데의 사람에 각각 정통하면서 그 셋을 하나로 관통하고 있다. 아무나 톱리더가 될 수 없다. 톱리더는 각각에 정통하면서 전체도 관통하는 대전략가여야 한다. 무궁화 삼천리의 대한민국을 무궁히 계승하고 발전시켜야 하는 미래의 톱리더들에게 이 책을 바친다.

2013년 여름, 김종춘 불패경영아카데미 대표
www.everceo.kr

* 본문에 인용된 모든 성경 구절은 개역개정판 성경을 따랐다.

차례

프롤로그 | 최선을 다했다는 말은 쓰레기통에 버려라! • 004

1장 | **정보** | 전력과 전략을 빈껍데기로 만드는 힘

패배는 소리 없이 샛길을 타고 스며든다: 테르모필라이 전투(BC 480년) • 013
조급하게 서두르면 이길 싸움도 진다: 명량 대첩(1597년) • 019
공성이 축성을 이긴다: 샤토 가이야르 전투(1203~1204년) • 027
정보 확보가 중요한 이유: 부하라 전투(1220년) • 035
가짜를 믿게 하고 진짜를 의심하게 하라: 영국 첩보전(2차 세계대전 중) • 043
큰 전쟁에서 가장 먼저 이겨야 할 것, 정보전: 노르망디 상륙작전(1944년) • 049

2장 | **혁신** | 어제와 같은 오늘은 절대로 없다

혁신적이지 않은 자, 리더라 불릴 수 없다: 바빌론 전투(BC 539년) • 061
상식과 비상식을 뒤섞을 때 이긴다: 칸나에 전투(BC 216년) • 074
문제는 하나지만 보는 각도는 수만 가지다: 자마 전투(BC 202년) • 083
유연성, 견고한 덩치를 제압하는 기술: 레그니차 전투(1241년) • 091
최강을 최악으로 유도하라: 델리 전투(1398년) • 099
한 번 쓴 전략은 과감히 버려라: 예나 전투(1806년) • 106
약점을 무기로 바꾸는 법: 아우스터리츠 전투(1805년) • 114
현실보다 인식이 더 중요하다: 셰넌도어 전투(1861~1865년) • 124
재정의할 때 재창조가 이뤄진다: 미드웨이 해전(1942년) • 131
자멸로 돌진하는 무차별 돌격: 과달카날 전투(1942~1943년) • 138
상황 분석이 전략 선택보다 앞선다: 임팔 작전(1944년) • 143
남다른 자기 방식으로 싸워라: 베트남 전쟁(1965~1973년) • 150

THE WINNING STRATEGY

3장 | **완주** | 세상은 최선이라는 말을 기억하지 않는다

완벽한 강점이 완벽한 몰락을 부른다: 티루스 전투(BC 332년) • 159
숫자가 아니라 집중력이다: 가우가멜라 전투(BC 331년) • 168
상처뿐인 영광은 아무 쓸모가 없다: 헤라클레아 전투(BC 280년) • 174
연합하여 함께 싸우는 힘: 삼국 통일전(660~668년) • 183
이 세상에 난공불락은 없다: 카파 전투(1343년) • 190
뱀이 코끼리를 삼킨다: 카하마르카 전투(1532년) • 198
대세를 뒤집는 기습의 기술: 인천 상륙작전(1950년) • 214
승리는 코앞에서도 사라진다: 갈리폴리 전투(1915년) • 220
공간을 내어주고 시간을 얻어라: 옌안 대장정(1934~1936년) • 226
End를 And로 바꾸는 지혜: 미국 선거전 • 233

4장 | **절제** | 전략가를 대전략가로 이끄는 지혜

풍선은 계속 불면 터진다: 과신보다 어리석은 짓은 없다 • 243
덩치는 갑자기 쓰러진다: 과욕은 절대 금물이다 • 259
확장은 절대로 핵심가치가 아니다: 과속은 죽음의 유혹이다 • 270

에필로그 | 전략, 나쁜 강자들의 먹잇감이 되지 않는 힘 • 280

미주 • 284
참고문헌 • 287

1장
정보

::

전력과 전략을
빈껍데기로 만드는 힘

전력이 우세하면 대체로 이긴다. 전략이 우세하면 약자라도 이긴다. 그러나 정보가 허술하면 다 허탕이 된다. 정보의 확보는 힘이다. 정보의 확충은 더 큰 힘이다. 정보의 활용은 가장 큰 힘이다. 정보의 보안은 생명 그 자체다. 정보 하나로 세상을 얻기도 하고 잃기도 한다. 정보를 소홀히 하면 망하고 정보를 소중히 하면 흥한다. 정보를 소중히 할 뿐만 아니라 정보를 소중히 하는 사람을 가까이하고 정보를 소홀히 하는 사람을 멀리한다.

패배는 소리 없이 샛길을 타고 스며든다

테르모필라이 전투(BC 480년)

다리우스 1세(Darius I)는 페르시아의 영토를 그리스 동북부의 마케도니아까지 확장시켰다. 그러나 BC 490년 마라톤(Marathon) 전투에서 패배하고는 그리스 본토에서 물러갔다. 그를 이어 페르시아의 왕이 된 크세르크세스(Xerxes)는 3년의 준비 끝에 BC 480년 5월 다시 그리스 정벌에 나섰다. 크세르크세스는 페르시아 전역에서 징병한 30만 명의 대군과 전함 1200여 척을 이끌고 거침없이 그리스로 진격했다. 그의 숙원사업이 곧 이루어지는 듯했다. 그리스는 풍전등화였다.

그리스의 육군은 스파르타가 통솔했고 해군은 아테네가 이끌었다. BC 480년 8월 파도처럼 덮치는 페르시아 군대를 테르모필라이(Thermopylae) 협곡에서 맞은 것은 스파르타 왕 레오니다스(Leonidas, ?~BC 480)의 정예부대 300명이었다. 아테네 북서부의 테

정보:
전력과 전략을
빈껍데기로 만드는 힘

르모필라이 협곡은 넓이 15미터, 길이 7.2킬로미터의 좁은 통로였고 북쪽으로 바다, 남쪽으로 산맥을 끼고 있었다. 여기서 300명의 중무장 보병들이 밀집대형으로 저지선을 형성하자 30만 명의 대군도 어쩔 수 없었다.

1차 공세에 앞장섰던 페르시아 군사들은 계곡 아래로 떨어져 죽었다. 2차 공세에 나섰던 3000명의 페르시아 정예부대마저 거의 궤멸했다. 크세르크세스는 조심스럽게 회군도 고려했다. 그때 그 지역 출신으로 그리스에서 추방됐던 정치인 에피알테스(Ephialtes)가 레오니다스를 배신했다. 레오니다스의 전사들을 측면에서 포위할 수 있는 좁은 우회로를 크세르크세스에게 알려준 것이었다.

페르시아 군대의 대대적인 3차 공세에 맞서 레오니다스는 자신의 전사들을 향해 이렇게 외쳤다고 한다. "스파르타 전사들은 무엇을 남길 것인가. 대리석이나 청동으로 만든 조각품이 아니라 바로 이것, 오늘 우리가 이 자리에서 행하는 것을 남기게 될 것이다." 레오니다스의 전사들은 1차, 2차 공세 때보다 더 큰 전과를 올렸지만, 크세르크세스는 궁병들을 동원해 레오니다스의 전사들을 몰살시켰다.

그러나 레오니다스의 전사들이 사흘 동안 페르시아 군대를 철저히 저지함으로써 그리스 연합군의 주력부대가 재빨리 퇴각할 수 있었다. 그 후의 잇따른 전투에서 그리스 연합군이 전열을 재정비하고 페르시아 군대를 격퇴할 수 있었던 것도 레오니다스의 전사들이 살신성인한 덕분이다.

틈새로 스며드는 독가스처럼 패배는 샛길로 스며든다. 조직의 허점이 공격당할 수 있는 샛길은 철저히 방어해야 한다. 외부의 적보다 더 무서운 배신자도 미리 차단해야 한다. 에피알테스의 배신은 레오니다스의 완전한 패배를 가져왔다. 모멸감, 피해의식, 원한에 사무쳐 배신을 꿈꾸는 내부자가 생기지 않도록 늘 조심해야 한다. 리더는 공평한 처우, 세심한 배려, 원활한 소통으로 내부를 단속해야 한다.

그럼에도 레오니다스의 선택은 다른 한편으로 옳았다. 소수 정예 부대의 밀집방진으로 그리스 연합군의 주력부대를 빼돌리는 시간을 벌 수 있었고, 스파르타의 나머지 군대도 거의 다 보존할 수 있었다. 원래 스파르타 군대는 7000명이었지만, 레오니다스는 무모한 희생을 막기 위해 아들을 둔 300명만 따로 뽑아냈던 것이다.

스파르타에서는 전사 한 명을 기르기 위해 어릴 때부터 엄선해 지옥 같은 훈련을 시켰다. 스파르타의 남자아이는 7세가 되면 부모를 떠나 입대해야 했다. 갈대로 만든 잠자리에서 잠을 자고 옷 한 벌로 1년을 버텨야 했다. 약한 아이는 산속의 동굴에 버려졌고 강한 아이는 전쟁기계로 성장했다. 스파르타인은 전쟁기술을 배우는 것 외에는 아무것도 하지 않았다. 생계에 필요한 농사는 노예들이 도맡았다. 왕도 왕이라기보다는 군대 지휘관이었다.

스파르타의 보병은 당대의 최강이었다. 중무장 밀집대형으로 왕에게 충성했을 뿐만 아니라 서로에 대해서도 책임졌다. 밀집방진으로 전진하면 10배의 적도 감당할 수 있었다. 상호협력이 뛰어난 팀은 숫자상으로 우세한 상대도 제압할 수 있다. 최강의 팀이 되려면

015

정보:
전력과 전략을
빈껍데기로 만드는 힘

수직적인 충성과 함께 수평적인 협력이 확고해야 한다.

샛길은 있게 마련이다

프랑스 군대는 캐나다 퀘벡(Quebec)을 효과적으로 방어하고 있었다. 퀘벡 요새가 톱니 모양의 가파른 절벽과 세인트로렌스(Saint Lawrence) 강으로 보호되고 있었기 때문이다. 영국은 프랑스를 퀘벡에서 몰아내고 캐나다를 손에 넣고 싶었지만, 프랑스 군대가 퀘벡 요새에서 수많은 대포로 쏘아대면 그만이었다.

1759년 6월 젊은 제임스 울프(James Wolfe, 1727~1759) 소장이 이끄는 8500명의 영국 정규군이 250척의 배를 타고 퀘벡 요새를 공격했으나 프랑스 군대는 2개월 동안 다 막아낼 수 있었다. 그러던 어느 날 영국 군대에 배속됐던 한 인디언 정찰병이 울프 소장을 찾아와 퀘벡 요새에 이르는 협로 하나를 알려주었다. 절벽을 타고 올라가 요새 앞의 평지에 이르는 샛길이었다. 영국 군대는 밤새 한 명씩 그 샛길을 타고 요새 앞의 에이브러햄(Abraham) 평원에 도착했다. 다음 날 동이 트자 영국 군대는 평지에서 4000명을 전투대형으로 준비시킬 수 있었다.

1759년 9월 13일 몇 차례의 예비 접전 후 맹렬한 교전이 벌어졌고, 양쪽의 최고 지휘관이 다 전사했지만 승리는 영국 군대로 돌아갔다. 퀘벡 전투를 통해 영국은 프랑스가 150년 동안 북미에 쏟아부었던 노력을 물거품으로 만들 수 있었다. 이듬해 몬트리올이 함락됐고 영국은 캐나다에서 최종적인 승리를 거두었다. 상대의 허점이 노출되는 샛길의 발견이 승리를 앞당겼던 것이다.

미국 남부의 로버트 리(Robert Lee, 1807~1870) 장군이 이끄는 버지니아 군대는 조지프 후커(Joseph Hooker) 장군의 포토맥(Potomac) 북부 연합군에 비해 대단히 열세였다. 숫자상으로는 절반에 불과했다. 후커 장군은 자신감에 넘쳤다. 오직 승리를 위한 전진만 생각했고 우측 방어는 무시했다. 1863년 챈슬러즈빌(Chancellorsville) 전투가 시작되던 첫날 저녁에 한 농부가 리 장군을 찾아와 북부 연합군의 우측이 아주 취약하다고 알려주었다. 황무지의 우거진 덤불을 통과해 우회하면 북부 연합군이 전혀 방어하지 않는 지역까지 가는 우측 수송로가 있다는 사실을 알려준 것이었다.

리 장군은 1만 7000명의 병력으로 북부 연합군과 대치하게 하면서 3만 명의 보병부대를 스톤월 잭슨(Stonewall Jackson) 장군에게 배속시켜 북부 연합군의 우측을 공격하게 했다. 1863년 5월 2일 오후 5시 잭슨 장군의 보병부대는 덤불에서 튀어나와 전력으로 질주하며 북부 연합군을 덮쳤다. 캠프파이어를 둘러싸고 느긋하게 저녁 식사를 준비하던 북부 연합군은 무방비 상태에서 생포되거나 뿔뿔이 흩어졌다.[1]

정면대결이 불가능하거나 불리하면 우회로나 샛길을 찾아 급습해야 한다. 정면승부를 거는 것만큼이나 상대방의 급소를 찌르는 우회 공격은 중요하다. 상대방의 허점이 드러나는 지점은 반드시 있게 마련이다. 확신을 갖고 기필코 찾아내야 한다. 직접 찾든지, 아니면

정보:
전력과 전략을
빈껍데기로 만드는 힘

그것을 아는 사람을 찾아내야 한다. 기꺼이 외부 정보망도 가동할 수 있어야 한다. 그런 투자에 인색하다면 리더의 자격이 없다.

누구나 다 보는 앞면만 챙기면 하수다. 고수는 아무나 볼 수 없는 옆면과 뒷면까지 챙긴다. 나의 허점이 드러나는 샛길을 소홀히 다루다가는 완전한 패배를 불러들이게 된다. 외부 경쟁자가 노리는 샛길을 먼저 찾아내 미리 방어해야 한다. 또한 외부 경쟁자와 내통하는 내부자가 생기지 않도록 막아야 한다. 논공행상에 원한을 품는 내부자가 생기지 않도록 하는 내치(內治)가 외부 경쟁자와의 싸움만큼이나 중요하다. 그리고 리더라면 레오니다스처럼, 수직적인 충성과 수평적인 협력이 함께 가는 팀워크를 만들어낼 수 있어야 할 것이다.

조급하게 서두르면 이길 싸움도 진다

명량 대첩(1597년)

BC 480년 8월 테르모필라이 전투에서 스파르타 정예부대 300명을 궤멸시킨 페르시아 왕 크세르크세스는 그 여세를 몰아 아테네로 진군했지만, 아테네는 텅 비어 있었다. 그리스 군대와 시민들은 살라미스(Salamis) 섬으로 피신해 거기서 제2의 방어선을 펼치고 있었다. 보급이 끊길 위험이 컸지만 살라미스 해협을 이용하려는 의도였다. 크세르크세스는 살라미스 해협의 남쪽에 진을 치고 기다렸다.

페르시아의 전함은 800여 척에 달했고 그리스 연합군의 전함은 300여 척에 불과했다. 그리스 연합군 내부에서는 살라미스 섬에서 철수해 코린트(Corinth) 지역으로 퇴각하자는 주장도 있었다. 그러나 당시 아테네의 집정관이었던 테미스토클레스(Themistocles, BC 528?~BC 462?)는 살라미스 해협을 이용해야만 승산이 있다고 보았다. 처음부터 그에게는 막강한 페르시아 해군에 대비해 아테네의 해

정보:
전력과 전략을
빈껍데기로 만드는 힘

군력을 증강해놓아야 한다는 혜안이 있었다.

 그래서 그는 때마침 아테네 근교의 은광에서 캐낸 막대한 은으로 200여 척의 전함을 건조했고, 수많은 노잡이도 고용해 고도로 훈련시켜 놓았다. 그런 그가 거짓 정보를 흘렸다. 페르시아 함대가 공격하면 그리스 함대가 살라미스 섬에서 철수한다는 것이었다. 크세르크세스는 그대로 믿었고 급히 서둘렀다. BC 480년 9월 27일 밤 출발한 페르시아 함대는 다음 날 새벽 살라미스 해협에 진입했다.

 페르시아 해군은 양적인 우세를 바탕으로 포위공격에서 앞섰지만, 좁은 살라미스 해협에서는 그럴 수 없었다. 페르시아 함대는 그리스 함대를 유인해 넓은 해역에서 싸우고자 했지만, 오히려 민첩한 그리스 전함들을 따라잡으려다가 너무 깊숙이 추격하고 말았다. 넓이 2킬로미터, 길이 7킬로미터의 해협에서 양측은 충돌했고 700여 척의 전함이 서로 엉키며 아수라장이 됐다. 그러나 그리스 해군의 전투력은 강했고 노잡이들도 노련했다.

 시간이 흐르면서 페르시아 함대가 밀리기 시작했다. 페르시아 함대의 몇몇 전함들이 내빼면서 큰 혼란이 일어났다. 후퇴하는 전함들과 전진하는 전함들이 맞부딪쳤다. 그리스 함대는 적시에 공격을 퍼부었고 페르시아 함대는 제대로 기동하지도 못하고 200척이 바닷속으로 가라앉았다. 4만 명이 전사했다. 그리스 함대의 피해는 46척에 그쳤다. 단 하루의 해전으로 그리스는 20년에 걸쳤던 페르시아 전쟁의 위협에서 벗어나 그 후의 황금기를 만들어갈 수 있었다.

 전투에서 이기려면 상대방에게 끌려다니지 말아야 한다. 나에게 유리하고 상대방에게 불리한 시공간에서 싸워야 하며 나만 알고 상대방은 모르는 예측불허의 전략으로 싸워야 한다. 승리에 너무 집착하다가는 조급하게 서두르게 되고 마땅히 살펴서 걸러내야 할 것들을 간과하게 된다. 나에게 유리한 상황이 전개될 때까지 기다릴 줄 알아야 한다. 최신의 정확한 정보도 입수해야 한다. 현장을 계속 정탐함으로써 추측과 오보를 걸러낼 수 있어야 한다. 승리욕이 아니라 정보력으로 움직여야 한다.

정보력으로 움직여야 한다

1592년 임진왜란을 일으켰던 도요토미 히데요시의 최측근 가운데 고니시 유키나가(小西行長)와 가토 기요마사(加藤淸正)는 서로 정적(政敵)이었다. 고시니는 가토가 언제 일본에서 조선으로 출정하는지 조선 조정에 흘렸다. 조선 조정은 신중한 검토 끝에 그 정보를 사실로 받아들이고는 이순신(李舜臣, 1545~1598) 장군에게 가토를 처단하라고 명령했다. 그러나 이순신은 듣지 않았다. 선조는 도원수 권율을 통해 다시 재촉했다. 그는 또 거역했다. 가토는 고니시가 흘린 정보대로 조선에 도착했다.

이순신 장군은 왜 왕명을 두 번이나 어겼던 것일까. 일본 적장을 한 명 죽인들 일본군의 전력에는 큰 영향이 없겠지만, 그러다가 조선 수군이 치명타를 입는다면 조선이 무너질 수도 있다는 더 큰 충정 때문이었을 것이다. 《손자병법》에 따르면 장수는 왕명을 넘어서는 판단력을 가져야 한다. "이길 수 있다면 군주가 싸우지 말라고 해도 싸워야 하고, 이길 수 없다면 군주가 싸우라고 해도 싸우지 않는다. 장수는 전진할 때, 명예를 구하지 않고 후퇴할 때 죄책을 회피하지 않는다."[2]

이순신의 신중함은 거센 반발을 초래했다. 원균은 늘 그더러 머뭇거리며 앞으로 나아가지 않는다고 비판했다. 선조가 그의 죄를 묻자 그를 천거했던 영의정 유성룡마저 등을 돌렸다. 1597년 음력 2월 26일 그는 한산 통제영에서 체포됐다. 그는 사형선고까지 받았지만 백성들의 호소와 일부 선비들의 상소로 투옥된 지 28일 만에 풀려났다.

그를 대신해 원균이 조선 수군의 수장이 됐지만, 1597년 7월 15일 칠천량 해전에서 대패했다. 일본 수군은 1000척이 넘는 대규모 함대로 거제도 인근의 칠천량 해협을 공격했고, 원균의 조선 수군은 일본 수군의 5분의 1도 안 되는 전력으로 맞섰지만 역부족이었다. 원균을 비롯한 여러 장수들이 최후를 맞았고 조선 수군의 함선들은 대부분 격침됐다. 남은 함선이라고는 경상우수사 배설(裵楔)이 수습한 12척이 전부였다. 그런 배설마저도 육지로 내빼고 말았다.

선조는 다시 이순신을 삼도수군통제사에 임명할 수밖에 없었다. 이순신은 대체될 수도, 복제될 수도 없는 위인이었다. 하지만 조선 수군의 재건은 불가능한 상태였다. 선조가 수군을 폐지해 육군에 편입시키라고 지시할 지경이었다. 그럼에도 이순신은 아직 12척의 배가 남아 있고 자신의 명성도 남아 있다며 전의를 불태웠다. 칠천량 해전 이후 일본군의 압박은 더 거세졌고 민심은 날로 흉흉해졌다. 이순신에게는 새로 만든 1척을 포함해 13척의 함선과 9명의 군관만 있었다.

그도 몹시 초조했지만 조급하게 서두르지 않고 기회를 기다렸다. 칠천량 해전의 승리로 남해를 손에 넣은 일본군의 움직임이 빨라졌다. 경상도를 점령한 데 이어 전라도로 넘어갔고, 충청도까지 치고 올라가고자 했다. 하루빨리 이순신의 전라우수영을 넘고 서해로 내달려 한강까지 침입하려고 했다. 일본군 지휘부는 이순신이 전열을 재정비하기 전에 공격해야 한다며 급히 서둘렀다. 그러나 이순신은 바로 그것을 노렸다.

그는 매일 밤 일본 진지를 정탐했다. 애매한 추측이 아니라 정확한 정보에 근거하려고 애썼다. 그는 일본 함대가 곧 진도 앞바다를 덮칠 것으로 예상했다. 1597년 9월 초부터 밤마다 일본 함대가 나타나 유인했지만 그는 추격하지 않았다. 그가 염두에 둔 곳은 명량 해협의 특수지형이었다.

명량 해협의 넓이는 500미터 정도이지만, 바위 턱과 암초 때문에 실제로 항해할 수 있는 폭은 120미터쯤 된다. 물살이 빠를 뿐만 아니라 하루 네 차례씩 6시간마다 물길이 바뀐다. 해남 반도에서 목포 쪽으로 흐르는 해류는 6시간마다 방향을 반대로 뒤튼다. 수십 개의 암초에 부딪히는 물살은 심한 소용돌이를 일으킨다.

이순신은 약세의 조선 수군이 강세의 일본 수군에 맞서 싸울 수 있는 곳은 진도와 해남을 잇는 명량 해협뿐이라고 판단했다. 명량

정보:
전력과 전략을
빈껍데기로 만드는 힘

해협이 뚫리면 전라도 해역과 서해는 물론 한강까지 넘기게 된다. 그는 작전정보를 드러내지 않으려고 남서쪽으로 5킬로미터 떨어진 벽파진에 진을 치고 일본 함대를 기다렸다. 그는 일본 함대가 걸려들 때까지 큰 싸움을 벌이지 않으려고 신중에 신중을 기했다.

급할수록 신중해야 한다

이순신의 노림수는 적중했다. 1597년 9월 16일 새벽 5시 이후 해류가 남해안에서 서해안으로 바뀌는 틈을 타 일본 함대가 명량 해협으로 진입하기 시작했다. 133척의 일본 함선들이 급류를 타고 빠르게 다가왔다. 12척의 조선 함대가 일렬횡대로 진을 치고 막았다. 맨 앞의 함선에는 이순신이 타고 지휘했다.

평소 이순신의 지략을 두려워하던 일본 수군은 그 광경에 당황하면서 날 듯이 전진하던 속도를 늦추고는 원거리에서 공격하기 시작했다. 일본 수군의 선봉대만 해도 30척이 넘었다. 한 줌밖에 안 되었던 조선 수군은 공포에 휩싸였다. 이순신의 대장선만 앞에서 공격하는 형국이었다. 이순신은 호각을 불고 깃발을 올렸다. 그러자 중군장 김응함의 함선이 일본 함대 속으로 돌진했다. 거제현령 안위의 함선도 뒤따랐다. 나머지는 엄호했다.

일본 수군의 선봉대장인 구루시마 미치후사(来島通総)가 함선 3척을 이끌고 안위의 함선에 달려들었다. 일본 수군의 장기는 함선을 가까이 대놓고 수병끼리 맞붙는 백병전이었다. 일본 수병들이 개미처럼 안위의 함선에 기어올랐다. 이순신의 대장선에서 대포와 화살이 작렬했고 안위의 함선을 공격하던 구루시마의 함선 3척이 격침됐다. 이순신은 바다에서 건져낸 구루시마의 목을 쳐 대장선에 걸었다.

조선 수군의 사기는 하늘을 찔렀고 일본 선봉대는 허둥댔다. 구루시마의 함선 3척이 격침된 때는 오전 11시경이었는데, 그때 해류가 남동 방향으로 바뀌면서 일본 선봉대의 혼란은 가중됐다. 게다가 뒤에서 엄호하던 조선 함선들도 일제히 진격했다. 일본 선봉대는 놀라서 피하다가 서로 부딪히면서 노를 부러뜨렸다. 노가 부러진 일본 함선들은 거센 소용돌이에 빙빙 돌면서 더 뒤쪽의 일본 함선들을 들이박았다. 순식간에 일본 함선 31척이 가라앉았다.

일본 수군의 지휘부에서 철수 신호를 보내자 나머지 일본 함선들이 재빨리 퇴각했다. 그날 오후 4시였다. 조선 수군은 칠천량 해전에서 대패했지만 두 달여 만에 명량 해전에서 대승했다. 조선 수군은 함선 13척이 전부였지만 일본 수군은 명량 해협에 진입한 133척 외에도 초입 쪽에 대기시킨 70여 척, 그리고 서쪽으로 30킬로미터 밖의 어란진에서 기다리게 한 130여 척이 더 있었다.

명량 해전에서 일본 수군은 함선 31척이 침몰했고 4000명이 전사했다. 조선 수군은 20여 명의 전사자만 냈을 뿐이었다. 명량 대첩은 임진왜란의 판세를 바꾸었다. 조선 수군은 남해의 제해권을 회복했고 일본군은 육지에서도 공세를 이어가지 못했다. 명량 대첩은 일본군을 조선에서 몰아내는 데 결정적인 역할을 했다.[3]

선조와 조정 대신들의 적대적인 비판, 조선 수군의 처참한 몰락,

정보:
전력과 전략을
빈껍데기로 만드는 힘

일본 수군의 강한 전력, 흉흉한 민심 앞에서도 초조함을 달래고 호기(好機)를 기다리며 치밀하게 준비한 이순신 장군의 신중함이 조선을 임진왜란에서 건져냈다. 조급하게 서두르면 진다. 약자라도 자기에게 유리한 시공간과 전략을 활용하면 강자를 이길 수 있다.

다급할수록 더 신중해야 한다. 정보를 다 믿어서는 안 된다. 여러 방면에서 정확한 정보를 확보해야 한다. 추측과 오보는 걸러내야 한다. 최후의 순간까지 최고의 호기가 오도록 기다릴 줄 알아야 한다. 상대방과 싸우되 나에게 유리하고 상대방에게 불리한 시공간에서 나만 알고 상대방은 모르는 전략으로 싸워야 한다. 상대방은 나에 대해 예측이 불가능해야 하고 나는 상대방에 대해 예측이 가능해야 한다. 그리고 리더라면 이순신처럼, 최소의 전력으로 최대의 전과를 올리는 최고의 전략을 짜서 제대로 작동시킬 수 있어야 할 것이다.

공성이 축성을 이긴다
샤토 가이야르 전투(1203~1204년)

영국의 왕 리처드 1세(Richard I, 1157~1199)의 어머니는 프랑스 서남부에 위치한 아키텐(Aquitaine) 공국의 엘레오노르(Eleonore) 공주였다. 그래서 리처드 1세는 프랑스의 왕 필리프 2세(Philip II, 1165~1223)와 친했다. 두 왕은 함께 식사하고 기거할 정도였다. 리처드 1세가 자신의 아버지 헨리 2세(Henry II)를 반역하자 필리프 2세는 그를 도와 1189년 왕위에 오르게 하기도 했다.

또한 필리프 2세는 리처드 1세가 1190년 이슬람교 통치자 살라딘(Saladin)에 대항해 3차 십자군 전쟁을 일으키자 거기에도 참여했다. 그러나 두 왕의 연대는 오래갈 수 없었다. 필리프 2세로서는 리처드 1세가 차지하고 있던 노르망디, 앙주(Anjou) 등 프랑스 땅을 되찾아야 했기 때문이었다. 필리프 2세는 리처드 1세의 비난에도 전쟁 중의 발병 등을 이유로 1191년 십자군 전쟁에서 회군했다.

정보:
전력과 전략을
빈껍데기로 만드는 힘

그랬을 뿐만 아니라 리처드 1세의 동생이었던 존 왕자와 결탁해 리처드 1세를 궁지로 몰아넣었다. 리처드 1세가 1191년 아르수프(Arsuf) 전투에서 살라딘을 물리쳤지만, 성지를 완전히 탈환하지는 못하고 성지 순례자들의 안전을 보장받는 정도로 3년간의 협상을 마무리하고 돌아오자 필리프 2세와 존 왕자는 신성 로마 제국의 왕 하인리히 6세(Heinrich VI)에게 8만 마르크를 주면서 그를 계속 억류해달라고 부탁했다.

하인리히 6세는 귀환 중이던 리처드 1세를 억류하고는 몸값을 요구했다. 다행히 그의 어머니 엘레오노르가 많은 몸값을 지불했고 1194년 그는 풀려났다. 하지만 필리프 2세와 존 왕자의 결탁은 1199년까지 계속됐다. 사자의 심장을 가졌다고 해서 사자왕(獅子王)으로 불리던 리처드 1세에 비해 존 왕자는 유약했기에 필리프 2세가 다루기는 더 쉬웠던 것이다. 필리프 2세로서는 영국의 수중에 넘어간 프랑스 땅을 어떡하든지 재탈환해야만 했다.

존 왕자의 배신과 필리프 2세의 속셈을 알아챈 리처드 1세는 프랑스 땅에 견고한 성을 세워 맞서기로 했다. 그는 센 강 유역의 깎아지른 절벽이 있는 요충지를 선정했다. 리처드 1세는 영국 왕실의 1년 수입에 해당하는 막대한 금화를 투입해 신속하게 공사를 진행했다. 6000명의 일꾼이 동원돼 밤낮으로 1년간 일한 끝에 1198년 여름 앙들리(Andelys) 절벽 위에서 가이야르 성(Château Gaillard, 샤토 가이야르)이 그 위용을 드러냈다.

샤토 가이야르는 센 강의 수면을 기준으로 100미터 높이의 좁은 벼랑 끝에 세워졌다. 앞은 삼각형 모양이고 뒤는 직사각형 모양인 고지대 위에 성이 솟아 있었고, 절벽 아래로는 강이 흐르고 있었다. 성의 높이는 10미터, 두께는 최고 4미터였다. 화살 구멍이 길쭉하게 나 있는 원통형 감시탑도 5개 세워져 주위를 경계할 수 있었다.

성은 앞의 삼각형 성벽과 뒤의 직사각형 성벽으로 양분돼 있었는데 그 사이에는 폭 10미터, 깊이 12미터의 도랑으로 만든 해자(垓子, 성 주위를 둘러싼 못)가 있었다. 앞의 삼각형 성벽의 전방은 좀 완만한 오르막 경사 덕분에 외부와의 접근로가 됐다. 뒤의 직사각형 성벽 안에는 높이 10미터, 두께 2미터 정도의 중간 성벽이 2개 더 있어 바깥 구역과 안쪽 구역으로 나뉘었고, 그 사이에도 깊은 해자가 있었다. 다리 상판을 오르내려 바깥 구역과 안쪽 구역을 연결하는 도개교(跳開橋)도 설치해 유사시에 대비했다.

적이 앞의 삼각형 성벽을 뚫는다고 해도 뒤의 직사각형 성벽 안에 또 2개의 내부 성벽이 차례로 버티고 있고 그 중간에 해자까지 있어 침투가 거의 불가능했다. 성벽의 표면은 19개의 반원 형태가 불룩하게 연결돼 있어 투석기 공격이 쉽지 않았고, 위아래로 길쭉하게 뚫린 화살 구멍에서는 궁수들이 다각도로 적을 공격할 수 있었다.

적이 직사각형 성벽 안의 첫째 성벽을 넘는다면 6미터 더 높은 지대의 둘째 성벽에서 뜨거운 기름 공격과 강력한 화살 공격을 퍼부을 수 있었다. 가장 뒤쪽의 가파른 낭떠러지 꼭대기에는 큰 탑의 망루가 최후의 보루로 서 있었다. 망루는 두께가 3미터였고 밑에서 위로 오를수록 바깥으로 더 경사져 있어 적이 타고 오를 수 없었다. 망

정보:
전력과 전략을
빈껍데기로 만드는 힘

루 벽면에는 깊은 구멍이 있어 기름 공격이 가능했고, 망루 꼭대기에는 화살 구멍이 있는 흉벽과 작은 창문 3개가 있었다.

지하 공격도 병행한다

리처드 1세는 성을 바라보며 멋지다는 감탄사를 연발했다. 그래서 '가이야르'라는 성 이름이 붙여지게 됐다(샤토 가이야르는 '잘 지은 멋진 성'이라는 뜻이다). 그러나 필리프 2세는 무쇠로 만들어진 성이라고 해도 반드시 무너뜨리고 말 것이라며 비웃었고, 리처드 1세는 종이 성이라고 해도 지켜낼 것이라며 응수했다. 필리프 2세와 존 왕자의 협잡이 계속되는 가운데 리처드 1세는 프랑스에서 작은 전투를 치렀다. 거기서 그는 화살에 맞아 큰 부상을 당했고 상처가 심하게 곪으면서 1199년 4월 6일 사망하고 말았다.

존 왕자가 왕위를 계승했고 이제 필리프 2세의 적은 존(John, 1167~1216) 왕이었다. 샤토 가이야르까지 물려받은 존 왕은 한 차례 개조 작업을 지시했다. 성 안의 교회당에 화장실을 하나 더 추가하는 것이었다. 그런데 그것이 화근이었다. 기술자들이 배설물을 성 밖으로 낙하시키는 배변구를 만들고는 그 입구를 틀어막는 쇠창살을 부착하지 않았던 것이다. 어떤 과제를 마무리할 때는 마무리 그 자체보다는 그것이 나중에 미칠 영향까지 깊이 유념해야 한다. 그래야만 취약점을 남기지 않게 된다.

존이 왕위에 오르자 필리프 2세는 영국에 빼앗겼던 프랑스 땅을 되찾을 수 있는 절호의 기회가 왔다는 것을 직감했다. 1203년 8월 필리프 2세는 샤토 가이야르 앞에 군대를 집결시켰다. 당시 존 왕은 출타 중이었고 유명한 장군 로저 드 라시(Roger de Lacy)가 성의 수비대를 이끌었다. 로저 드 라시는 자신만만했다. 1년간 버틸 수 있는 군수물자가 있었고, 우물물도 충분했으며, 최정예 부대까지 있었다. 성 자체도 워낙 견고해 정면공격은 승산이 없었다.

필리프 2세는 우선 성 주변의 작은 마을을 점령하고는 수천 명의 주민을 성 안으로 들어가게 했다. 성 안의 식량을 빨리 동나게 하려는 의도였다. 그러나 드 라시는 이를 허용하지 않았다. 가을이 지나고 겨울이 되자 주민들이 추위와 굶주림으로 죽어갔다. 필리프 2세는 다시 주민들을 받아주어야 했다.

영국군이 프랑스군의 보급로를 차단하려고 센 강을 가로지르는 다리들을 다 파괴하자 프랑스군은 여러 척의 배를 밧줄로 묶어 부교를 설치했고, 물에 뜨는 감시탑을 세워 궁수들을 배치했다. 또 참호를 깊이 파 앞의 삼각형 성벽의 해자에 이르게 했고 나무와 돌로 해자를 메웠다. 성 근처의 언덕들은 성 높이로 더 쌓아 올리고 거기에 투석기를 설치했다. 바퀴가 달린 이동식 망루도 만들었다.

7개월간의 공성 준비가 끝나고 1204년 2월 프랑스군의 총공세가 시작됐다. 투석기는 비처럼 돌들을 날렸고 이동식 망루에서는 궁수들이 활을 쏘아댔다. 보병들은 사다리를 타고 성벽을 올랐다. 성벽 아래를 지나는 땅굴도 여러 개 팠다. 땅굴의 천장이 무너지지 않도록 나무로 받치고는 불을 붙였다. 불이 치솟으면서 땅굴이 붕괴됐고

정보:
전력과 전략을
빈껍데기로 만드는 힘

그 여파로 바깥 성벽의 일부가 무너졌다. 프랑스군이 물밀 듯이 침투했고 격렬한 백병전 끝에 영국군은 안쪽 성벽으로 물러났다.

정보가 혁신을 낳는다

프랑스군은 다음 관문을 뚫어야 했다. 필리프 2세는 정찰병들을 풀어 약점을 찾게 했다. 아무리 최강이라도 약점은 있게 마련이다. '들창코'라는 별명을 가진 평민 출신의 병사 랄프를 비롯한 정찰병들이 성벽 주위를 샅샅이 훑었다. 갑자기 랄프가 성벽 한쪽의 컴컴한 구멍에서 이상한 냄새를 맡았다. 자세히 살펴보니 화장실 배수로였다. 즉시 상관에게 보고됐고 랄프와 함께 몇몇 병사들이 10미터 높이의 울퉁불퉁한 배수로를 조금씩 타고 올랐다.

몹시 힘들었을 뿐만 아니라 분뇨 냄새가 진동했다. 분뇨를 뒤집어쓴 채 프랑스군 침투조가 화장실 배변구에서 빠져나오자 곧장 교회당으로 이어졌다. 침투조가 위험을 무릅쓰고 교회당에서 벗어나자마자 영국군과 마주쳤다. 침투조의 공격에 영국군은 크게 당황했다. 접전 중에 교회당과 성벽 일부에 불이 붙었고 삽시간에 불길이 주변 건물로 번졌다. 불길을 잡으려고 안간힘을 쓰다가 영국군은 최후의 망루까지 후퇴했다.

침투조가 둘째 성벽의 문을 열자 프랑스군이 거침없이 몰려들었다. 투석기로는 계속 돌을 쏘았고 망루 아래로는 또 땅굴을 팠다. 드디어 1204년 3월 6일 프랑스군은 큰 탑의 망루 흉벽을 무너뜨리는 데 성공했다. 프랑스군이 망루 안으로 돌격했고, 드 라시와 140명의 영국 병사들은 최대한의 예의를 갖추고 항복하는 수밖에 없었다.

필리프 2세는 최단기간에 샤토 가이야르를 공략할 수 있었다. 7개월간 포위해서 한 달 만에 해치운 것이었다. 난공불락은 없다. 포위하고 공격하면 마침내 무너진다. 공성(攻城)이 축성(築城)을 이긴다. 필리프 2세는 노르망디 지역은 물론 해안 지역까지 영토를 확장할 수 있었다. 물론 랄프에게는 기사 작위와 금화와 토지가 주어졌다. 샤토 가이야르를 빼앗긴 존 왕은 영국 귀족들의 반란에 떠밀려 왕권 제한을 문서화한 대헌장 마그나카르타(Magna Carta)에 서명하는 수모를 겪어야 했다.[4]

군대에는 정찰대가 있고 국가에는 정보국이 있다. 기업과 개인에게도 그런 것이 있어야 한다. 관찰을 통해 정보를 확보하고 정보를 활용해 혁신을 일으켜야 한다. 이스라엘의 솔로몬도, 조선의 세종도 새파란 나이에 왕이 됐지만 방대한 지식과 정보를 축적해 아버지 때의 백전노장들을 압도하며 혁신적인 정치를 펼칠 수 있었다.

절대 강자도 없고 절대 약자도 없다. 정보를 확보하고 활용하면 혁신할 수 있고 그러면 판세를 뒤집을 수 있다. 어제의 새것이 오늘에는 낡은 것이 된다. 혁신적이라고 해서 리더인 것은 아니지만, 리더는 늘 혁신적이어야 한다. 정보를 소홀히 하고서는 혁신적인 리더가 될 수 없다.

위인은 혼자 있을 때도 몸가짐을 조심하고 대가는 남들이 보지 않는 부분에도 신경을 쏟다. 배변구의 쇠창살이 누락되는 것과 같은 허점 하나가 성 전체를 무너뜨릴 수 있다. 보이지 않는 곳일수록 더 단단히 해야 한다. 또한 정면의 지상 공격으로 안 되면 배면의 지하 공격도 병행한다. 지상의 투석기로 안 되면 지하의 땅굴도 판다. 한 가지만 답이 아니다. 여러 가지를 합치면 더 나은 답이 나온다. 그리고 리더라면 필리프 2세처럼, 핵심정보를 발굴하고 활용할 줄 알아야 할 것이다. 전력이나 전략만큼 정보력이 중요하기 때문이다.

정보 확보가 중요한 이유
부하라 전투(1220년)

1218년 몽골의 칭기즈칸(Chingiz Khan, 1162~1227)은 호라즘(Khorazm) 왕국의 알라 웃딘 무함마드(Alā al-Din Mu-ammad, ?~1220)에게 3명의 사절단을 보내 중국과 유럽을 잇는 실크로드 통행을 재개하자고 제안했다. 칭기즈칸보다 무함마드가 더 우위에 있다는 것을 분명히 하면서 진기한 선물을 내놓자 무함마드는 기꺼이 조약에 서명했다.

당시 호라즘은 지금의 우즈베키스탄, 투르크메니스탄, 타지키스탄, 아프가니스탄, 이란을 망라하는 이슬람 제국이었다. 호라즘의 수도 사마르칸트(Samarkand)는 실크로드 교역을 통해 막대한 부를 축적하고 있었다. 몇 달 후 500명의 몽골 상인들이 호라즘의 북동쪽 도시 오트라르(Otrar)에 당도했다. 그런데 오트라르의 영주가 첩자 혐의를 씌워 그들을 다 살해하고 그들의 교역품도 압수했다.

정보:
전력과 전략을
빈껍데기로 만드는 힘

칭기즈칸은 대로(大怒)하며 특사를 보내 무함마드의 사과를 요구했다. 칭기즈칸이 대등한 위치에서 사과를 요구한 것으로 해석한 무함마드는 격분한 나머지 특사의 목을 잘라 칭기즈칸에게 보냈다. 전쟁 선포나 마찬가지였다. 무함마드는 걱정하지 않았다. 투르크(Turk) 기마병을 주축으로 하는 40만 명의 병력으로 사마르칸트, 부하라(Bukhara), 우르겐치(Urgench) 등 주요 도시들을 방어하고 있었기 때문이다. 몽골군의 2배가 넘는 숫자였다.

무함마드는 몽골군이 침입하려면 반드시 건너야 하는 시르다리야(Syr Darya) 강변을 따라 진지를 구축했다. 북쪽의 키질쿰(Kizilkum) 사막은 횡단할 수 없었고 남쪽의 행군로는 너무 멀었기에 동쪽의 시르다리야 강을 건널 것으로 예측했던 것이었다. 무함마드는 강력한 진지에다 압도적인 숫자의 병력을 심어놓고 몽골군을 기다렸다.

1219년 여름, 호라즘의 정찰대는 몽골군이 시르다리야 강 남쪽으로 접근 중이라고 보고했다. 무함마드는 그의 아들 잘랄 웃딘 멩구베르디(Jalal al-Din Menguberdi)에게 많은 군사를 맡겨 파견했다. 잘랄 웃딘은 치열한 전투 끝에 몽골군을 패퇴시키고는 몽골군이 예상보다 약했다고 전했다. 몽골군은 초췌한 모습이었고, 더 이상 전쟁을 원하지 않는 것 같았으며, 말들도 말라 있었다고 덧붙였다.

그런데 몇 달 후 갑자기 북쪽에서 몽골군이 나타나 오트라르를 공격하더니 몽골 상인들을 살해한 영주를 사로잡아 그의 눈과 귀에 끓는 은을 부어 죽였다. 몽골군의 기습에 당황한 무함마드는 군대를 급파해 북쪽 전선을 보강했다. 하지만 칭기즈칸의 두 장수가 이끌던 몽골군은 오트라르에서 시르다리야 강을 따라 남쪽으로 신속하게 이동했다. 한 부대는 강 주변을 따라 이동하면서 주요 요새들을 공략했고 다른 부대는 남쪽으로 사라졌다.

무함마드는 사마르칸트에 주둔군을 남겨놓고는 시르다리야 강가에 병력을 재배치했다. 그러나 몽골군의 속도전을 당해낼 수 없었다. 몽골군의 말은 작고 가볍고 빨랐으며, 지치면 다른 말로 교체됐고 약해지면 잡혀서 식량으로 활용됐다. 몽골군은 2배나 빨랐고 활솜씨도 능숙했다. 서로 멀리 떨어져 있어도 깃발이나 봉화로 소통했다. 몽골군의 기습은 정교했고 예측불허였다.

정보의 확보는 힘이다

무함마드의 군대는 몽골군의 파상공격에 지쳤다. 그 와중에 남쪽으로 사라졌던 몽골군 부대가 북서쪽으로 진격했다. 무함마드가 5만 명의 병력을 급파했지만 몽골 군사들은 타르를 묻힌 화살을 쏘아대며 연기를 일으켰다. 몽골의 중무장 기마병들은 자욱한 연기 속에서 공격 방향을 숨기며 진격할 수 있었다. 호라즘의 궁수들도 화살을 쏘았지만 몽골군의 두꺼운 비단옷을 뚫지 못했다.

몽골 군사들은 비단옷에 매달린 화살들을 뽑으며 말을 달렸고 호라즘 군사들은 유린당했다. 무함마드는 서쪽으로 퇴각해 재정비하는 수밖에 없었다. 하지만 그것마저 쉽지 않았다. 1220년 2월 칭기즈칸이 직접 지휘하던 몽골군이 사마르칸트 서쪽의 상업 중심도시 부하라를 공략하고 있었던 것이었다.

부하라는 북쪽만 제외하고는 모든 방비가 철통같았다. 지금의 카자흐스탄과 우즈베키스탄에 해당하는 북쪽에는 붉은 사막 키질쿰이 방대하게 펼쳐져 있었다. 키질쿰을 관통해 부하라로 접근한다는 것은 불가능했다. 진군하던 칭기즈칸의 군대가 갑자기 사라진 듯했다. 그러나 칭기즈칸은 오직 한 사람을 붙잡기 위해 투르크메니스탄의 자눅을 점령했다.

그 사람은 키질쿰에서 평생을 살았기에 오아시스의 위치를 모두 알고 있었다. 그의 정보를 바탕으로 칭기즈칸의 군대는 오아시스를 따라 키질쿰을 넘었고 부하라의 뒤를 찔렀다. 사상 최고의 우회 기습작전이었다. 칭기즈칸은 꼭 필요한 정보를 확보하고 활용함으로써 상대방의 허점을 효과적으로 공략할 수 있었다. 칭기즈칸의 기습공격으로 부하라는 초토화됐다.[5]

1220년 3월 칭기즈칸의 군대는 부하라 동쪽의 사마르칸트로 향했다. 사마르칸트는 부하라보다 더 강력한 요새였고 무함마드의 병력도 더 많았다. 그러나 칭기즈칸의 포위망은 이겨낼 수 없었다. 5일 만에 사마르칸트는 무너졌다. 1220년 12월 카스피 해안까지 도망친 무함마드는 작은 섬에 몸을 숨겼지만, 누더기 옷을 입고 굶주린 채 병사하고 말았다.

칭기즈칸은 부하라, 사마르칸트, 우르겐치 등 호라즘의 주요 도시들을 차례로 점령하면서 잔혹한 학살극을 벌였다. 수많은 거주민을

말살했고 짐승 새끼조차 안 남기고 다 죽이기도 했다. 그는 사상 최악의 영웅이었다. 그의 몽골 제국은 핵심적인 정보의 확보, 신속한 기동력, 예측불허의 급습을 통해 중앙아시아를 넘어 동유럽 일대까지 세력을 확장할 수 있었다.

정보를 잃으면 다 잃는다

전쟁에서 정보는 전력만큼이나 중요하다. 1914년 6월 프러시아 동부의 타넨베르크(Tannenberg)에서 러시아군과 독일군이 맞붙었다. 처음에는 러시아군이 승기를 잡았다. 그러나 독일군이 러시아군의 암호화되지 않은 무선통신을 정확히 도청함으로써 전세를 뒤집을 수 있었다. 타넨베르크 전투에서 러시아군은 3만 명이 사망하거나 실종됐고 9만 2000명이 포로로 잡혔다. 그 결과 러시아는 독일과 항복조약을 체결하고는 전쟁에서 물러났다. 그리고 1917년 러시아에서 볼셰비키(Bol'sheviki) 혁명이 일어났다.[6]

정보의 확보와 활용은 상대방의 전력과 전략을 무력화한다. 1942년 6월 일본군은 태평양의 미드웨이 섬들을 공격함으로써 미국군 함대를 미드웨이로 유인해 궤멸시키고자 했다. 야마모토 이소로쿠(山本五十六) 사령관이 이끄는 일본군 연합함대는 1941년 12월 7일의 진주만 공습에서 살아남았던 미국군 항공모함들을 미드웨이로 끌어들이려고 총공세에 나섰다.

그러나 미국군 태평양함대의 체스터 니미츠(Chester Nimitz,

1885~1966) 사령관은 암호 해독병들을 동원해 일본군 암호를 풀어내는 데 성공했다. 몇 주에 걸쳐 미국군은 야마모토 이소쿠로 사령관의 명령들을 도청했고 니미츠 사령관은 일본군의 전투계획을 미리 순서대로 재구성해볼 수 있었다. 그렇게 해서 미국군 태평양함대는 전력의 열세에도 대대적인 전과를 올리며 미드웨이 해전을 승리로 이끌었다.

1943년 미국군은 진주만 공습의 핵심인물이었던 야마모토 사령관이 부대시찰을 위해 순회비행을 할 예정이라는 암호도 해독해냈다. 미국군은 즉시 요격기를 보냈고 야마모토가 탄 비행기는 격추되고 말았다. 태평양 전쟁에서 미국군은 일본군의 암호를 해독할 수 있었지만, 일본군은 끝까지 미국군의 암호를 해독하지 못했다. 수천 명의 나바호(Navajo) 인디언들만 쓰는 나바호 언어를 미국군 함대의 통신언어로 사용했기 때문이었다.[7]

전력이 우세해도 정보를 잃으면 다 잃을 수 있다. 전쟁에서 이기려면 적군의 정보는 입수하고 아군의 정보는 누출하지 않아야 한다. 2차 세계대전에서 독일군은 파죽지세였다. 유럽에서 프랑스마저 독일군에게 넘어갔다. 영국이 남았다. 독일군은 전력도 막강했고 정보보안도 철저했다. 당시 독일군은 '에니그마(Enigma, 수수께끼라는 의미)'라는 암호기기를 사용했다. 암호 메시지가 에니그마를 통과하면 새롭게 암호화됐다.

그래서 독일군은 극비의 메시지도 자유롭게 교신할 수 있었고 연합군은 독일군의 암호를 입수해도 풀 길이 없었다. 그런데 행운은 연합군의 편이었다. 2차 세계대전 초기 연합군은 에니그마를 입수해 영국으로 옮길 수 있었다. 연합군은 에니그마의 존재를 전쟁 종료 후까지 비밀에 부쳤다. 연합군은 에니그마를 통해 밤낮으로 독일군의 기밀을 해독해냈고 그렇게 해서 독일군의 우세한 전력을 효과적으로 제압할 수 있었다.8

더 많이 알수록 전쟁과 비즈니스에서 더 자주 승리할 수 있다. 새로운 정보, 중요한 정보, 적절한 정보를 입수하고 활용하고 보호하기 위해 백방으로 노력해야 한다. 정보의 확보는 힘이다. 정보의 확충은 더 큰 힘이다. 정보의 활용은 가장 큰 힘이다. 그리고 정보의 보안은 생명 그 자체다.

1990년대 후반 인텔은 300개나 되는 벤처기업들에 출자했다. PC 시대 이후의 차세대 기술이 무엇인지 몰랐기 때문이었다.9 인텔은 자신을 위협하거나 와해시킬 기술을 개발 중인 기업이나 자신의 경쟁력 강화에 도움을 주는 기술을 개발 중인 기업에 출자함으로써 차세대 기술정보를 확보할 수 있었다. 아예 인수합병하거나 라이선스를 취득하기도 했다. 발전 가능성이 없다고 판단되면 후속투자를 중단하기도 했다. 전쟁과 비즈니스에서 정보는 승패를 좌우한다.

신속한 기동력으로 여기저기를 급습하는 파상공세는 상대방의 전선을 길고 가늘고 약하게 만든다. 재빠르고 예측할 수 없는 유격전의 반복은 상대방의 전력을 교란, 분산, 약화시킨다. 가장 먼저는 정보전에서 상대방의 기선을 제압할 수 있어야 한다. 정보를 소홀히

정보:
전력과 전략을
빈껍데기로 만드는 힘

하면 망하고 소중히 하면 흥한다. 정보의 확보는 힘이고, 정보의 확충은 더 큰 힘이며, 정보의 활용은 가장 큰 힘이고, 정보의 보안은 생명 그 자체다. 리더라면 칭기즈칸처럼, 유일무이한 정보의 소스를 확보하기 위해 과감히 최대한의 자원을 투입할 수도 있어야 할 것이다.

가짜를 믿게 하고 진짜를 의심하게 하라
영국 첩보전(2차 세계대전 중)

독일의 아돌프 히틀러(Adolf Hitler, 1889~1945)는 독일군이 유럽을 점령하게 되면 영국이 독일 편에 붙을 것으로 예상했다. 그러나 영국은 독일군이 프랑스까지 항복시켰지만 독일에 굴복하지 않았다. 마음을 바꾼 히틀러는 영국에 첩보망을 재구축하라고 독일군 정보국에 명령했다.

히틀러의 명령이 떨어진 지 6주 만에 2명이 함부르크의 스파이 양성소를 졸업하고 영국으로 침투했다. 다시 25명의 스파이가 추가로 영국에 투입됐다. 오래지 않아 독일군 정보국의 무선실이 바빠졌다. 영국 현지에 잠입한 스파이들로부터 정보가 수신되기 시작한 것이었다.

독일군 정보국은 한껏 고무돼 꾸준히 스파이들을 보냈고 2차 세계대전 기간에 모두 120명의 스파이를 영국에 투입할 수 있었다. 일

정보:
전력과 전략을
빈껍데기로 만드는 힘

부는 영국에서 발각돼 17명이 처형됐지만 독일군 정보국은 그 정도면 성공적이라고 자평했다. 독일 스파이들의 활약에 힘입어 독일은 영국군에 대한 정보는 물론 당시 영국으로 몰려들던 미국군에 관한 정보도 속속 입수할 수 있었다.

그러나 독일이 생각한 것처럼 영국은 그리 만만치 않았다. 영국인들은 신사로 불렸지만 필요하다면 능구렁이보다 더 교활하고 음흉할 수 있었다. 영국의 현지 사정에 어두웠던 독일 스파이 중 대다수는 영국의 신고망에 걸려들었고, 일부는 영국의 무선 발신지 추적에 걸려들었다. 영국 시민과 경찰 그리고 막 창설된 향토방위대의 경계는 극심했다.

어떤 독일 스파이 2인조는 영국 해안에 침투한 후 영국 해안순찰대가 보는 앞에서 굵은 독일제 소시지를 먹다가 붙잡혔다. 한 독일 스파이는 침투한 지 얼마 후 목이 말라 근처의 술집에 들렀다가 체포됐다. 영국에서는 오전 10시부터 술 판매가 가능한데 오전 9시에 술집 문을 노크했다가 봉변을 당한 것이다.

독일 스파이들의 실수는 이어졌다. 어떤 독일 스파이는 식료품점에서만 쓸 수 있는 배급표를 식당에서 내놓다가 들켰다. 또 다른 독일 스파이는 기차역에서 표를 사다가 역무원이 '10과 6'이라고 하자 10파운드 6실링을 꺼냈다. 영국인이라면 당연히 10실링 6펜스가 상식이었다. 그 스파이는 기차역을 빠져나가기도 전에 철창으로 직행해야 했다.

영국군 정보국은 체포된 독일 스파이들을 회유해 이중 스파이로 활용하고자 했다. 회유에 넘어가지 않은 17명은 공개적으로 처형했다. 그 정도면 독일이 속아 넘어갈 만했다. 이제 영국군 정보국은 이중 스파이들을 활용해 진짜 같은 가짜 정보를 독일에 넘기면 됐다. 우선은 흘려도 되는 진짜 정보나 어차피 도청으로 알려질 정보를 넘겼다.

독일군 정보국이 요구하는 정보에 대해서는 온갖 창작력을 동원해 진짜처럼 만들었다. 첩보 전문가는 물론 전문 작가까지 동원해 진짜 같은 소설을 써냈다. 2차 세계대전 내내 독일군 정보국은 영국이 흘린 정보를 그대로 믿었다. 심지어 연합군의 프랑스 상륙작전 지점이 파리 서부의 노르망디가 아니라 파리 북부의 파드칼레(Pas-de-Calais)라고 믿기까지 했다.[10]

영국군은 이중 스파이 작전을 통해 최상의 성공을 거두었고 독일군은 최악의 낭패를 당했다. 영국군은 거짓 정보로 독일군의 오판을 유도하는 한편 독일군이 영국에서 암약(暗躍)하는 줄로 알았던 독일 스파이들에게 요구하는 정보의 향방을 분석함으로써 독일군의 전쟁정책을 쉽게 파악할 수 있었다.

정보의 보안은 생명이다

전쟁에서 이기려면 전력과 전략이 우세해야 한다. 그러나 정보에서 밀리면 우세한 전력과 전략으로도 밀릴 수 있다. 정보에서 밀리는데 전쟁에서 이기기는 어렵다. 자신의 핵심정보는 철저히 보호해야 한다. 경쟁자들로부터 입수한 핵심정보도 진짜인지 가짜인지 먼저 검증해야 한다. 정보를 지키지 않고서는 자신을 지킬 수 없다.

삼손(Samson)은 세 번이나 거짓 정보를 흘려 자신의 힘을 지키고 발휘할 수 있었다. 그러나 결국에는 자신의 머리카락에 자기 힘의 근원이 있다는 진짜 정보를 누설함으로써 체포되고 말았다. "삼손이 진심을 드러내어 (…) 만일 내 머리가 밀리면 내 힘이 내게서 떠나고 나는 약해져서 (…) 들릴라가 삼손이 진심을 다 알려 주므로 (…) 삼손에게 자기 무릎을 베고 자게 하고 사람을 불러 그의 머리털 일곱 가닥을 밀고 괴롭게 하여 본즉 그의 힘이 없어졌더라 (…) 블레셋 사람들이 그를 붙잡아 그의 눈을 빼고 (…) 옥에서 맷돌을 돌리게 하였더라"(성경 사사기 16장 17~21절).

이스라엘 민족을 대표하던 삼손은 핵심기밀을 지키지 못했고 이스라엘 민족의 적이었던 블레셋 민족은 삼손이 들릴라(Delilah)에게 흘린 정보들을 계속 검증함으로써 마침내 핵심기밀을 손에 넣을 수 있었다. 삼손은 정보의 누출로 자신은 물론 이스라엘 민족 전체를 위기로 몰아넣었다. 정보를 소홀히 여기고 얻고 다루는 사람은 지게 될 것이고, 정보를 귀중히 여기고 얻고 다루는 사람은 이기게 될 것이다.

전력이 우세하면 대체로 이긴다. 전략이 우세하면 약자라도 이긴다. 그러나 정보가 허술하면 전략도 전력도 허탕이 된다. 정보는 전략을 전략답게 하고 전략은 전력을 전력답게 한다. 정보는 모든 전략의 어머니다. 아무리 개방과 공유의 SNS 시대여도 핵심정보는 흘리지 말아야 한다. 핵심정보를 흘렸다가는 가족, 기업, 국가의 존립이 흔들린다.

　정보 하나로 세상을 얻기도 하고 잃기도 한다. 정보를 소중히 여기되 가짜 정보를 걸러내고 진짜 정보를 얻어야 한다. 어리석은 사람은 온갖 정보를 다 믿지만 지혜로운 사람은 깐깐하게 검증한다. 리더는 어떤 정보에 기초한 전제와 가정을 검증하고 또 검증해야 한다. 정보가 틀리면 전제와 가정이 틀리고, 전제와 가정이 틀리면 과정과 결과도 틀리기 때문이다. 전쟁이든 비즈니스든 전력과 전략을 강화하기도 하고 무력화하기도 하는 진짜 정보의 확보와 보안이 관건이다.

　열심히, 지혜롭게 일해야 한다. 그러나 그렇게 해서 이룬 성과를 지켜내지 못하면 아무 소용이 없다. 우리의 소유와 목숨을 노리는 사냥꾼들이 곳곳에 있다. 성경에 따르면 태초부터 인간의 임무는 일하는 것과 지키는 것이다. "여호와 하나님이 그 사람을 이끌어 에덴동산에 두어 그것을 경작하며 지키게 하시고"(성경 창세기 2장 15절). 성과를 내는 창조경영뿐만 아니라 성과를 지키는 전략경영도 해야 한다. 그 전략경영의 첫 번째는 정보를 지키는 것이다. 정보를 소홀히 하는 사람은 인재가 아니다. 파트너가 될 수도 없다.

정보에서 밀리면 전쟁에서 밀린다. 전력과 전략이 우세해도 정보에서 열세면 이길 수 없다. 정보는 모든 전략의 어머니다. 정보가 결핍된 전략은 패망으로 이끈다. 어리석은 사람은 온갖 정보를 다 믿지

정보:
전력과 전략을
빈껍데기로 만드는 힘

만 지혜로운 사람은 가짜 정보를 걸러내고 진짜 정보를 지킨다. 성과를 내는 창조경영도, 성과를 지키는 전략경영도 해야 하는데 전략경영의 첫째는 정보의 보안이다. 정보를 지키지 않는데 자신을 지킬 수는 없다. 핵심기밀 하나에 국가의 존망이 좌우된다. 삼손처럼, 정보를 소중히 다루지 않고서는 리더도 파트너도 될 수 없다.

큰 전쟁에서 가장 먼저 이겨야 할 것, 정보전

노르망디 상륙작전(1944년)

1943년 1월 카사블랑카 회담에서 영국의 윈스턴 처칠(Winston Churchill, 1874~1965) 수상, 미국의 프랭클린 루스벨트(Franklin Roosevelt, 1882~1945) 대통령, 프랑스 자유군의 샤를 드골(Charles De Gaulle, 1890~1970) 장군은 유럽 지역에서의 2차 세계대전에 종지부를 찍는 과감한 계획을 짰다. 그들은 그해 6월에 이탈리아 서남단의 시칠리아(Sicilia) 섬을, 그해 9월에 이탈리아 본토를, 이듬해 봄에 영국 해협을 건너 프랑스 해안을 침공하기로 합의했다.

물론 독일군은 연합군의 침공을 예상해 네덜란드에서부터 프랑스를 거쳐 스페인에 이르는 전체 해안에 안벽, 토치카(tochka), 장애물, 지뢰, 포대를 설치해놓고 있었다. 또한 독일군은 보병과 전차로 구성된 예비 기동부대도 해안에서 떨어진 요충지에 배치해 침공지점에 신속히 투입될 수 있도록 해놓았다.

정보:
전력과 전략을
빈껍데기로 만드는 힘

연합군이든 독일군이든 영국과 프랑스의 지도를 들여다보기만 해도 예상되는 침공지점이 프랑스 북부의 파드칼레라는 것을 쉽게 알 수 있었다. 영국 도버(Dover) 해협을 마주하는 파드칼레는 영국에서 최단거리의 프랑스 지역이다. 거기에는 항만과 부두시설을 갖춘 항구도시들이 있었다. 그곳을 침공하면 곧장 프랑스의 파리는 물론 독일의 베를린까지도 진격할 수 있었다.

그러나 영국에 위치한 연합군 최고사령부는 센 강 동편의 파드칼레가 아니라 센 강 서편의 코탕탱(Cotentin) 반도와 노르망디(Normandie)를 노렸다. 그렇기에 파드칼레를 침공할 것처럼 독일군 최고사령부를 기만해야 했다. 연합군 최고사령부는 '포티튜드 작전(Operation Fortitude)'을 수립해 세 가지의 기만술을 펼치고자 했다.

첫째는 1944년 7월 15일쯤일 것으로 추측되는 파드칼레 침공에 대한 거짓 정보를 독일군이 믿도록 하는 것이었고, 둘째는 노르망디 침공이 파드칼레 침공을 은폐하려는 눈속임의 양동작전일 뿐이라고 독일군이 믿도록 하는 것이었고, 셋째는 멀리 노르웨이에서도 침공이 있을 것이라고 독일군이 믿게 하는 것이었다.

연합군은 파드칼레 침공이라는 거짓 정보를 퍼뜨리기 위해 영국 서남부에 위장전문 특수부대를 투입해 가짜 보병기지와 공군기지, 가짜 전차와 상륙용 선박을 세웠다. 가까이서 보면 가짜였지만 멀리서 보거나 여기저기 돌아다니는 독일 정찰편대에서 본다면 진짜와도 같았다. 파드칼레와 마주한 영국 동남부에는 조지 패튼(George Patton, 1885~1945) 장군이 지휘하는 미국군 1군이 주둔하는 것처럼 꾸몄다. 거기에 패튼과 닮은 군인을 보내기도 했고 패튼이 직접 가기도 했다.

그러나 영국에서 연합군의 제공권이 확실했던 만큼 독일 정찰편대의 활약은 미미했고, 독일군은 가짜 기지를 눈여겨보지 않는 듯했다. 그래서 연합군은 가짜 기지에 관한 가짜 무선도 양껏 방출했다. 연합군은 정보전에서 독일군보다 훨씬 유리한 위치였다. 연합군은 독일군 암호기기인 '에니그마'를 입수했는데, 폴란드 과학자들의 도움을 받아 그것을 재구성했고 1940년대 초부터 독일군 암호를 해독해냈다. 그 결과 거짓 정보전이 어떻게 작동되는지 확실히 파악할 수 있었다.

게다가 (앞서 언급한 것처럼) 영국 정보국은 첩보원 활용에서도 앞섰다. 1944년 초 독일 정보국은 영국에서 100명에 가까운 독일 첩보원들을 가동하고 있었지만, 영국 정보국은 이미 그들의 대다수를 장악해 이중 스파이로 활용하고 있었다. 그 대표적인 이중 스파이는 후안 푸홀(Juan Pujol)이었다. 그는 1912년 스페인에서 태어났는데 스페인 내전을 겪으면서 독일 나치에 대해 강한 반감을 품게 됐다. 영국 정보국은 그를 영국으로 데려와 이중 스파이로 만들고는 그가 가상의 독일 첩보원 조직을 독자적으로 꾸리고 운영할 수 있도록 도왔다.

그는 가상의 독일 첩보원들을 영국 곳곳에 풀어 입수한 것처럼 꾸민 가짜 첩보들을 스페인 마드리드에 있던 독일 연락책에게 넘겼다. 예를 들어 영국 동남부에 거주하는 가상의 독일 첩보원으로부터는 파드칼레 침공과 관련된 연합군 병력이동 첩보를 확보한 것처럼 조작해 마드리드의 독일 연락책에게 보고하는 방식이었다.

다중적인 정보작전이다

파드칼레 침공에 관한 가짜 정보를 계속 방출한 연합군 최고사령부의 진짜 과녁은 코탕탱 반도와 노르망디였다. '오버로드 작전(Operation Overlord)'으로 알려진 노르망디 상륙작전은 독창적이고 대담무쌍했다. 코탕탱 반도와 노르망디에는 큰 천연항구도 없었지만, 연합군은 바다에 뜨는 콘크리트 도크(dock)를 배로 실어다가 그곳에 인공부두를 만들 작정이었다. 거기에다 영국 남부의 와이트(Wight) 섬으로부터는 해저를 가로지르는 연료 파이프라인을 설치할 계획이었다.

한편 연합군은 노르웨이 침공에 관한 가짜 정보도 흘려야 했다. 먼저 가상의 영국군 4군을 만들어 스코틀랜드, 아일랜드, 아이슬란드에 배치한 것처럼 위장했다. 위장품은 소량만 사용됐는데 물자가 부족하기도 했고 그런 곳에는 독일 정찰편대가 거의 출몰하지 않기도 했기 때문이다. 연합군은 영국군 4군이 배치된 것처럼 꾸미기 위해 가상의 무선도 널리 퍼뜨렸다.

하지만 그런 무선이 속임수인 것을 독일 정보국이 충분히 꿰뚫을 수도 있었기에 연합군은 안심할 수 없었다. 그래서 연합군은 더욱 그럴싸하게 속이려고 당시 중립국이었던 스웨덴에 스웨덴 영토 정찰을 허용해달라는 요청도 보냈다. 연합군의 노르웨이 침공에 관한 가짜 정보를 독일군이 믿도록 하려는 의도였다. 그런 노력 때문이었는지 노르웨이에 주둔한 독일군은 보강됐고 모두 28만 명의 독일군이 노르웨이에 계속 묶여 있었다.

영국군, 미국군, 캐나다군으로 구성된 연합군은 온갖 기만술을 다 펼친 끝에 1944년 6월 6일 드와이트 아이젠하워(Dwight Eisenhower, 1890~1969) 장군의 지휘 아래 다섯 갈래의 노르망디 상륙작전을 감행했다. 야음을 틈타 연합군 공수대원들이 독일군의 배후를 찔렀다. 그날 동이 트자 노르망디 절벽의 토치카에 있던 독일군의 눈에 연합군의 대대적인 상륙 장면이 잡혔다. 항공기 1만 1000대의 지원을 받으며 선박 6500척이 병력 15만 명을 싣고 오는 중이었다.

치열한 접전이 벌어지고 9000명의 연합군 희생자가 발생했지만 그날 저녁 무렵 영국군, 미국군, 캐나다군은 내륙으로 이동할 수 있었다. 그해 여름이 끝날 때쯤에는 파리까지 진격했다. 연합군의 포티튜드 작전은 완벽한 성공을 거두었다. 노르웨이에 28만 명의 독일군을 묶어두고 파드칼레에 10만 명의 독일군을 묶어둔 채 연합군의 주력이 노르망디를 기습할 수 있었기 때문이었다.

만약 독일의 히틀러 총통이 연합군의 의도를 간파했더라면 노르웨이 주둔군의 일부를 남쪽으로 이동시켰을 것이고, 파드칼레의 독일군 15군도 노르망디 지역으로 재배치시켰을 것이다. 그러나 독일군 15군의 22개 사단은 노르망디 침공 후에도 2주 동안이나 파드칼레에 그대로 있었다. 연합군의 파드칼레 침공을 방어하려고 기다리

정보:
전력과 전략을
빈껍데기로 만드는 힘

고 있었던 것이다.

　노르망디 상륙작전 직후에도 연합군의 기만술은 계속됐다. 그해 6월 9일 후안 푸홀은 조지 패튼의 미국군 1군이 여전히 영국 동남부에 머물고 있다는 긴급 정보를 마드리드의 독일 연락책에게 타전했다. 가상의 미국군 1군이 파드칼레 침공을 위해 대기 중이라는 거짓 정보였다. 조지 패튼을 무서워했던 히틀러는 그대로 믿었고 독일군 15군의 파드칼레 사수를 명령했다.

　당시 프랑스 해안의 방어를 책임지고 있던 에르빈 롬멜(Erwin Rommel) 원수는 히틀러에게 더 많은 병력과 전차의 투입을 요구했다. 하지만 히틀러는 허락하지 않았다. 연합군의 파드칼레 침공을 확신했던 데다 참모들에 대한 불신도 커졌기 때문이다. 여러 차례 암살기도를 겪으면서 히틀러의 의심은 더 심해졌다. 히틀러는 점점 참모들로부터 고립돼 혼자서 모든 것을 판단하고 결정해야 하는 과민상태에 빠져들었다.

　히틀러는 모든 정보를 신중하게 분석하고 판단했던 만큼 자신의 결정을 의심할 수 없었다. 히틀러는 끝까지 속았다. 연합군의 노르망디 상륙작전이 아주 성공적이었기 때문에 파드칼레 침공이 뒤이어지지 않았다고 믿기까지 했다. 그래서 히틀러는 1944년 7월 29일 후안 푸홀의 마드리드 연락책에게 철십자훈장을 수여하기도 했다. 물론 후안 푸홀은 영국군으로부터 5등급 훈장을 받았다.[11]

역정보도 흘린다

연합군의 노르망디 상륙작전은 세계 전쟁사에서 가장 빼어난 '속임수'로 꼽힌다. 성격이 신중하고 의심이 많았던 히틀러를 기만한다는 것은 쉽지 않았다. 여러 방면의 다중적인 속임수여야 했고 사실성도 가미된 속임수여야 했다. 거짓 정보들 속에 진짜 정보도 간간이 섞어 뿌림으로써 진짜 정보를 역정보처럼 오판하게 할 수 있었다.

영국군의 '민스미트 작전(Operation Mincemeat)'도 탁월한 속임수였다. 1943년 초 아프리카 북부에서 독일의 롬멜 장군이 이끌던 아프리카 군단을 격파한 연합군의 다음 과제는 유럽 본토로의 상륙이었다. 미국은 프랑스를 넘어 곧장 독일로 진격하자고 했고 영국은 이탈리아부터 공격해 독일을 압박하자고 했다.

1943년 1월 모로코의 카사블랑카(Casablanca)에서 회동한 루스벨트 미국 대통령과 처칠 영국 수상은 타협안에 합의했다. 먼저 시칠리아 섬에 상륙해 이탈리아를 위협한 후 프랑스로 상륙한다는 것이었다. 영국군 정보국이 먼저 움직였다. 당시 영국 해군의 정보장교였던 유언 몬태규(Ewen Montagu, 1901~1985) 소령은 가상의 장교를 하나 침투시켜 거짓 정보를 흘리게 하자고 제안했다.

'민스미트'로 명명된 기만작전을 수행하기 위해 영국 정보국은 런던의 시체 공시소에서 한 행려병자의 시체를 구해다가 영국 해병대 소속의 윌리엄 마틴 소령으로 둔갑시켰다. 그의 손목에는 작은 가방이 하나 묶여 있었고 거기에는 영국 해군의 지중해 사령관에게 보내는 가짜 명령서가 들어 있었다. 연합군이 그리스를 침공할 것이라는 내용이었다.

　1943년 4월 30일 폭풍우가 몰아치던 밤 영국 해군 잠수함 세라프(Serap)가 '그'를 싣고 스페인의 어느 해변에다 풀어놓았다. 2차 세계대전 당시 스페인은 중립이었지만 독일과 이탈리아에 대해 우호적이었기에 스페인에는 독일과 이탈리아의 정보요원들이 움직이고 있었다. 1943년 5월 1일 새벽 스페인의 우엘바(Huelva) 해변에서 한 스페인 어부가 파도에 쓸려 온 영국 장교의 시체를 발견했다.

　구명조끼를 걸친 시체는 부패해 있었지만, 주머니에 신분증이 있어 곧 신원이 밝혀졌다. 영국 해병대 소속의 윌리엄 마틴 소령이었다. 그의 오른손에는 수갑으로 묶여 연결된 서류가방이 있었다. 얼마 후 스페인 정부가 영국 해병대 소령의 시체가 스페인 해안에 떠밀려 왔다고 발표했다. 영국 정부는 즉각 시체와 서류의 반환을 요구했다. 그러나 스페인 당국은 이미 시체와 서류를 독일 정보요원에게 넘겨놓은 상태였다.

　시체는 스페인의 우엘바 묘지에 매장됐고 서류가방은 1주일 만에 영국 정부로 돌아갔다. 영국 정보국이 엄밀히 살펴보니 서류에 개봉된 흔적이 보였다. 영국군의 기만술이 먹혀든 것이었다. 히틀러는 아프리카 북부에서 귀환한 롬멜 장군의 기갑부대를 유럽 남부에 배치해 그리스를 방어하게 했다. 시칠리아 섬의 독일군 방어선도 축소됐다.

　1943년 7월 10일 영국의 버나드 몽고메리(Bernard Montgomery) 장군과 미국의 조지 패튼 장군이 지휘하는 연합군 16만 명이 시칠리아 섬에 상륙했다. 그 후 39일간 벌어진 시칠리아 전투는 2차 세계대전의 판도를 뒤바꾸었다. 연합군에게 승리의 발판을 안겨준 시체의 정체는 결핵에 걸려 행려병자로 떠돌다가 쥐약을 먹고 자살한 34세의 글린더 미첼이었다.

  2차 세계대전에서 연합군의 승리는 정보전의 승리였다. 정보전에서 승리하지 않고서 전쟁에 승리하기는 어렵다. 특히 기만술은 아군의 전력을 극대화하면서 적군의 전력을 극소화하는 결과를 낳는다. 적군의 전력을 엉뚱한 시공간에 묶어둘 수 있기 때문이다. 먼저 정보전에서 이기되 창의적으로 이겨야 전쟁에서 이길 수 있다.

진짜 정보, 핵심정보를 확보할 뿐만 아니라 거짓 정보, 역정보도 흘리는 등 먼저 정보전에서 이겨야만 전쟁에서 이길 수 있다. 전력의 약세에도 정보전에서 강세였기에 마침내 전쟁에서 승리를 거둔 경우는 허다하다. **정보작전은 나의 전력을 극대화하고 상대방의 전력을 극소화한다. 나는 정확한 정보를 알고 움직이고 상대방은 그렇지 못하게 하기 때문이다.** 다양하고 복잡한 정보전으로 상대방을 궁지로 몰아넣어야 한다. 처칠처럼, 여러 방면의 다중적인 정보작전을 통해 상대방의 손발을 묶어놓고 싸울 수 있는 리더여야 할 것이다.

정보:
전력과 전략을
빈껍데기로 만드는 힘

2장

혁신

::

어제와 같은 오늘은
절대로 없다

어제의 경직된 사고와 경험으로는 오늘의 달라진 대상과 상황을 감당할 수 없다. 신선한 영감과 혁신이 요구된다. 전쟁과 비즈니스에서는 더욱 그렇다. 정면대결이 능사는 아니다. 예측불허의 후퇴, 잠복, 출몰, 도발, 기습으로 상대방을 교란시켜야 한다. 원칙과 변칙, 정도와 외도, 상식과 비상식, 전통과 비전통, 정규전과 비정규전, 진지전과 기동전을 교묘하게 뒤섞는 혁신으로 싸워야 한다. 오늘의 문제는 오늘의 혁신으로 풀어야 한다.

혁신적이지 않은 자, 리더라 불릴 수 없다

바빌론 전투(BC 539년)

BC 8~BC 7세기 오늘날의 중동을 지배한 패자는 아시리아(Assyria) 제국이었다. 아시리아는 전차를 앞세우고 주변 민족들을 복속시켰는데, 철저한 강압정책으로 피지배 민족들을 노예로 부리고 강제로 이주시켰다. 이스라엘의 북쪽 수도 사마리아(Samaria)는 BC 722년 아시리아에 멸망했는데 사마리아인들 역시 이때 많은 수가 포로로 잡혀가야 했다.

지금의 이란 북서부에 위치한 유목민족 메디아(Media)도 말을 아시리아에 바치면서 아시리아의 지배를 받았다. 메디아의 명마 덕분에 아시리아의 기마부대는 막강했다. 그러나 BC 7세기 들어 메디아는 아시리아에 반기를 들었다. 메디아는 아시리아를 기습한 지 10년 만에 무너뜨렸다. 메디아는 오늘날의 터키, 시리아, 아르메니아, 이라크로 판도를 넓혔고 중동의 새로운 강자가 됐다. 메디아 제국도 아시리아처럼 강압정책을 고수했다.

메디아 제국의 마지막 왕 아스티아게스(Astyages)가 통치하고 있던 BC 580년 무렵 이란의 서부 지역에서 키루스 2세(Cyrus II, BC 585?~BC 529)가 태어났다. 그의 어머니 만다네(Mandane)는 아스티아게스의 딸이었고, 그의 아버지 캄비세스 1세(Cambyses I)는 페르시아 부족 출신의 왕이었다. 키루스 2세는 어린 시절 외조부였던 아스티아게스의 미움을 받아 양치기한테 맡겨지는 등 숱한 어려움을 겪었지만, BC 559년 메디아 제국의 안샨(Anshan) 제후국을 다스리는 왕이 됐다.

그는 힘을 길러 BC 554년 폭군이었던 아스티아게스에 대항했고 BC 550년 메디아 제국을 정복했다. 그는 제국의 이름을 페르시아(Persia)로 바꾸고는 대왕이 됐다. 그는 중동의 지배자가 됐지만 메디아인들에게 선정(善政)을 베풀었다. 그들을 노예로 삼지 않았고 강제로 이주시키지도 않았다. 오히려 일상생활을 잘할 수 있도록 보살폈다. 그는 메디아인들의 존경과 사랑을 받을 수 있었다.

소아시아 서부에 위치했던 리디아(Lydia) 제국의 왕 크로이소스(Kroisos)가 페르시아의 도시를 공격하자 키루스 2세는 BC 547년 리디아의 수도 사르디스(Sardis)로 진격했다. 리디아의 탁월한 기마술 때문에 그는 고전했지만, 말이 낙타 냄새를 싫어한다는 것을 알고는 낙타부대를 동원해 리디아의 기마부대를 사분오열시킬 수 있었다. 이듬해 그는 사르디스를 함락하고 리디아를 복속시켰다. 또한 리디아의 제후국이었던, 에게 해안의 이오니아(Ionia) 도시국가들도 BC

542년까지 다 통합했다.

이제 그의 눈은 신바빌로니아(New Babylonia) 제국으로 향했다. 신바빌로니아는 이전의 아시리아 제국에 속했던, 티그리스 강과 유프라테스 강 사이의 메소포타미아 지역에 있었다. 바빌로니아는 아시리아에 대항해 메디아와 동맹을 맺고 힘을 키울 수 있었다. 유프라테스 강의 양쪽에 세워진 바빌론(Babylon)은 바빌로니아의 수도로서 BC 17세기 중반부터 세계 제일의 대도시로 군림해오던 중이었다.

7킬로미터 떨어진 곳에서 보일 정도로 바빌론은 웅장했고 25만 명의 바빌론 주민들이 떠드는 소리도 들렸다. 바빌론은 2중 성벽이었다. 외벽과 내벽 사이에는 넓고 깊은 웅덩이인 해자가 둘려 있었고 외벽을 따라서는 일정한 간격으로 망루도 있었다. 망루에서는 궁수들이 공성 사다리를 타고 오르는 외적을 향해 불화살을 퍼부을 수 있었다. 성곽은 둘레 16킬로미터, 높이 30미터, 넓이 15미터였다. 이륜전차 2대가 성곽에서 나란히 달리는 게 가능했다.

당시 바빌론에는 여러 민족이 있었다. 아시리아의 전례를 따라 바빌로니아의 네부카드네자르 2세(Nebuchadnezzar II)도 정복한 민족들을 포로로 잡아와 노예로 삼았기 때문이었다. 네부카드네자르 2세가 BC 587년 파괴했던 이스라엘의 남쪽 수도 예루살렘에서 끌려온 유대인 귀족과 장인도 거기 있었다.

찾아보면 답이 있다

BC 539년 가을 키루스 대왕(키루스 2세)이 바빌론으로 진군할 당시 바빌로니아의 왕은 네부카드네자르 2세의 아들 나보니두스(Nabonidus)였다. 나보니두스는 신비로운 무엇을 좇았기에 명상과 예배로 많은 시간을 보냈다. 그래서 자신의 아들 벨샤자르(Belshazzar)를 공동 통치자로 삼아 바빌론 방위를 맡겼다.

이란 고원의 자그로스(Zagros) 산맥을 넘어 메소포타미아 평원으로 향하던 페르시아군이 느리게 이동하면서 곡식과 과일을 수확하려고 수시로 멈추곤 하자 바빌로니아군은 페르시아군을 얕잡아 보았다. 그러나 키루스는 바빌로니아 장군들과 협상을 벌여 그해 10월 10일 바빌론 북쪽의 시파르(Sippar)를 거의 무혈로 함락시킬 수 있었다. 바빌로니아군의 공격이 있었지만 활로 무장한 페르시아 기병들에게 쉽게 격퇴됐다. 당시 시파르에 머물던 나보니두스는 황급히 바빌론으로 도망쳤다.

키루스는 계속 바빌론을 향해 가면서 바빌로니아 거주민들을 포섭했다. 그는 수확한 곡물 대부분을 나누어 주면서 바빌로니아의 신 마르두크(Marduk)가 자신을 보내 압박받는 바빌로니아 거주민들을 해방시킬 것이라고 선포했다. 나보니두스의 폭정에 시달리던 바빌로니아인들은 그에게로 속속 넘어왔다. 그럼에도 벨샤자르는 무덤덤했다. 바빌론의 성문은 안전하게 닫혀 있었고 성벽에는 활과 창으로 무장한 병사들이 빽빽이 서 있었기 때문이었다.

키루스는 바빌론 성벽을 돌파하는 방안을 찾아야 했다. 그는 바빌론의 몇 킬로미터 전방에서 정찰병들을 풀었다. 사방을 탐색한 정찰병들은 그에게 잡초가 무성하고 마른 저수지를 보여주었다. 그 저수지로부터는 사용되지 않고 말라 있는 운하들이 가지를 치며 서로 연결돼 유프라테스 강까지 이어져 있었다. 저수지와 운하들은 가뭄 대비용으로 만들어졌던 것이다.

그는 공병들을 동원해 저수지와 운하들을 재정비하게 했다. 그해 10월 중순 일제히 유프라테스 강둑을 허물자 강물이 재정비된 운하들을 타고 점점 빠르게 저수지로 흘러들었다. 저수지의 수위는 높아지고 강의 수위는 낮아졌다. 키루스는 강의 수위가 장정의 허벅지 정도로 낮아질 때까지 기다렸다.

그러는 중에도 바빌론 거주민들은 추수감사 축제를 벌이고 있었다. 벨샤자르의 정탐꾼들은 페르시아군도 몇 킬로미터 앞에 진을 치고서 가무를 즐기며 축제 중인 것 같다고 보고했다. 벨샤자르는 귀족들과 함께 자신의 축제를 이어갔다. 구약성경 다니엘서 5장에 따르면 벨샤자르는 유대인들과 유대인들의 하나님을 조롱하기 위해 자신의 할아버지 네부카드네자르 2세가 유대인들의 예루살렘 성전에서 탈취해 온 금 그릇을 가져오라고 명령해 그것으로 술을 마시고자 했다.

벨샤자르가 귀족들과 더불어 예루살렘 성전의 금 그릇으로 술을 마시고는 금은, 동철, 목석으로 만든 우상들을 찬양하자 갑자기 손가락이 나타나 왕궁의 석회벽에다 글자를 쓰기 시작하는 것이었다. 벨샤자르가 혼비백산했지만 바빌론의 박사들은 그 뜻을 풀지 못했다. 네부카드네자르 2세가 예루살렘에서 포로로 잡아왔던 유대인 학자 다니엘만이 그 뜻을 풀 수 있었다. "하나님이 네 왕국의 시대를 세었는데 이미 끝났다. 너를 저울에 달았는데 부족했다. 네 왕국은 나뉘어 메디아와 페르시아에 넘어갈 것이다."

그 손가락의 예언대로였는지 벨사자르와 바빌로니아 제국의 운명은 그해 10월 29일 키루스의 일격으로 끝났다. 바빌론에는 유프라테스 강이 진입하는 지점 위에 아치형의 길이 있었다. 키루스의 정예병들은 검은 망토 아래 칼만 숨긴 채 밤새 기다리다 수위가 충분히 낮아지자 몰래 강 속을 걸어서 바빌론으로 들어갔다.

적으로부터도 배운다

그들은 큰 출입문 중의 하나로 다가가 보초들의 목을 베고는 그 문을 열었다. 키루스의 군대가 어둠을 틈타 잠입했다. 얼마 후 키루스의 군대가 급습해 바빌론의 주요 거점들을 장악했다. 벨사자르는 얼이 빠진 보초병으로부터 침입 소식을 듣고 펄쩍 뛰며 비명을 질렀다. 벨사자르는 칼을 들고는 반쯤 취한 귀족들을 데리고 침입자들을 맞았다. 싸움은 밤새 계속됐고 호화로운 왕궁의 거실과 복도는 피로 물들었다. 벨사자르를 비롯해 귀족들은 대부분 살해됐다. 바빌론 거주민들은 다음 날이 돼서야 자신들이 키루스의 백성이 됐다는 사실을 알아차릴 수 있었다.

BC 538년 봄 바빌론의 왕위는 물론 세계 사방의 왕위에 등극한 키루스는 바빌론의 마르두크 신전의 계단에 올라서서 역사상 최초라고 할 수 있는 인권장전을 공포했다. "나는 거주민들의 잃어버린 거처를 재건할 것이고 억울한 멍에를 풀어줄 것이며 불운한 삶을 끝나게 할 것이다. 나는 어떤 민족도 위협하지 않을 것이고 모든 포로를 석방할 것이며 정복지의 종교와 전통을 존중할 것이다." 그는 자신의 공약을 지켰다. 40년간 바빌로니아의 포로와 노예로 지냈던 페니키아인, 아모리인, 엘람인, 유대인을 해방시켰다.

구약성경 에스라서 1장 1절과 이사야서 45장 1절에 '고레스'로 명명돼 있는 키루스는 유대인들의 신, 곧 여호와 하나님의 은총을 입어 중동의 패자로 부상한 후 바로 조서를 내려 바빌론에 있던 유대인들의 귀국과 제2 예루살렘 성전 건축을 허락했다. 그는 네부카드네자르 2세가 예루살렘 성전에서 탈취했던 금은 그릇들도 다 되돌려주었다. 그는 관대한 포용으로 다민족, 다종교, 다문화를 존중했다. 그는 정복지 주민들도 자신들의 국가에서 자신들의 것을 향유할 수 있도록 배려했다.

더 나아가 그는 정복지로부터 기꺼이 배우고자 했다. 통치방식과 행정형태도 차용하고 응용했다. 그의 그런 자세는 다리우스 1세 등 후진에게도 이어져 포용적인 페르시아 문명을 형성할 수 있었다. 그래서 그는 구약성경의 기록을 통해 유대인들의 칭송을 받았을 뿐만 아니라 메소포타미아를 넘어 적국이었던 그리스에서조차 이상적인 군주로 칭송을 받았다.

키루스는 혁신적인 전사였다. 리디아의 기마부대에 맞서 낙타부대를 동원했고 바빌론의 수로 시스템을 역이용했다. 그는 백병전도 혁신했고 전차도 개조했다. 그는 활과 창을 활용한 원거리 전투에서 근거리 백병전으로 전환해야 소수 병력으로 다수 병력을 이길 수 있다고 주장했다. 중동 특유의 원거리 전투에서는 활과 창을 동원하는 다수 병력이 유리하지만, 유럽 방식의 근거리 전투에서는 단위 전투력이 강한 백병전이 유리하다는 것이었다.

그러나 그의 병사들이 두려움에 사로잡혀 백병전을 쉽게 수용하지 않자 그는 한쪽에 몽둥이를 들려주고 다른 쪽에서는 진흙 덩어리를 던지게 했다. 그런 우스운 모의 전투를 계속 벌이자 몽둥이를 든 병사들이 충만한 자신감으로 상대방을 제압하기 시작했다. 그들은 진흙 덩어리를 피해 가는 방법을 익혔고 최후의 진흙 덩어리만 피하면 상대방을 찔러 죽일 수 있다는 것도 깨달았다.

실제 백병전에서 그들은 병력이 열세였어도 두려워하지 않고 승리를 거둘 수 있었다. 키루스는 그들에게 말을 타는 기술도 가르치고자 했다. 보병이 뒤늦게 기마술을 익히는 것은 위험천만했다. 그러나 백병전을 통해 자신감을 쌓은 그들은 기꺼이 기마훈련에 나섰다. 그렇게 해서 그는 더 강력한 기마부대를 확충할 수 있었다.

그는 기마병에 비해 기동력이 한참 떨어지는 전차병의 전투력도 강화했다. 더 크고 무거운 전차를 고안했고 창을 던지는 전차 전투병뿐만 아니라 전차 운전병에게도 갑옷을 입혔다. 전차 바퀴에 창날을 달고 전차 몸통에 낫을 달아 전차 운전병을 더 보호하면서 전차 자체의 살상력을 배가시켰다.

숫자상으로 완전히 우세한 적군을 맞아 근거리 백병전으로도, 전차부대의 돌격으로도 제압하지 못하자 그는 갑자기 성을 공격하는 데 쓰던 공성탑을 투입하기도 했다. 그는 소 8마리가 끄는 수레에 공성탑을 실어 적진으로 진격시켰다. 3~4층으로 돼 있는 공성탑에서 층당 20명의 궁수가 화살을 마구 퍼부었다. 방패를 위로 들고 막으면 이제는 전방에서 화살이 날아왔기에 적군은 항복하지 않을 수 없었다.

혁신이 멈추면 승리도 멈춘다

혁신이 없으면 승리도 없다. 그런데 키루스의 혁신은 철저한 자기 훈련에 기초를 두고 있었다. 그는 어릴 때부터 또래들보다 고난을 더 잘 견디었고, 부친의 교훈을 따라 어른들을 공경했으며, 권위를 존중할 줄도 알았다. 그는 치솟는 욕망을 제어하고 방종을 피했다. 술을 마시지 않았고, 과식하지 않았으며, 군살이 없는 강인한 체력을 유지하고자 애썼다.

그는 고난이 인내심과 강인함을 길러주며 성공이 과욕과 과신을 초래한다는 것을 알았다. 그는 고난을 겪을 때, 용기를 잃지 않는 것보다 성공할 때 겸손을 잃지 않는 것이 더 어렵다는 것도 깨쳤다. 그는 자신에게는 철저하고자 했고 남들에게는 자비롭고자 했다. 그는 무섭게 비난하지 않고 부드럽게 질책했다.

어느 날 그는 신으로부터 지혜의 목소리를 들었다. "어떤 리더도 똑같은 인간일 뿐이다. 혼자의 힘과 지혜로는 다 해낼 수 없다. 사랑으로 하나가 될 때, 서로 짐을 나누어 질 수 있고 그렇게 되면 잘 다스릴 수 있게 된다." 그래서 그는 사랑에서 솟아나는 호의를 베풀어 진정한 친구들을 만들었고 그들의 도움으로 잘 통치하고자 했다.

그는 재물을 축적하고 지키는 데 힘쓰지 않고 재물을 측근들에게 나누는 데 힘썼다. 그는 신에게 더 진실해져서 필요 이상의 재물을 소유하지 않고자 했고 측근들이 더 부유해져서 자신들의 재물을 스스로 알아서 수비병처럼 지키게 했다. 그러다가도 더 큰 목적을 위해 측근들이 기꺼이 거액을 헌납할 수 있게 했다.

그는 재물뿐만 아니라 영광도 나누어 추종자들의 고단한 마음이 떠나지 않게 했고 적극적으로 추종자들을 길러냈다. 그는 자신의 원대한 계획을 추종자들에게 알릴 때면 조금씩 순차적으로 알렸다. 처음부터 전체 계획을 다 알리면 추종자들의 기가 죽게 될 뿐만 아니라 기존의 전통적인 통치형태를 뒤엎으려 한다는 오해와 불신도 생기기 때문이었다.

그는 추종자들의 자발적인 복종을 확고하게 하려면 추종자들보다 더 현명해야 하고 더 많은 정보를 확보해야 한다고 보았다. 그는 또한 이전의 낡은 전법을 버리고 예상 밖의 새로운 전법을 동원해야만 적을 교란시키고 이길 수 있다는 것도 알고 있었다.

그는 부드럽고 활기찬 조직을 만들고 조직의 연대감을 높이기 위해 서열적인 차별이 만연하지 않도록 애썼고 늘 팀워크의 중요성을 강조했다. 장교든 사병이든 다 땀을 흘려야만 음식을 먹을 수 있게 했다. 그렇게 함으로써 식욕을 돋우게 하고 인내심을 키우게 했다.

그는 최하층민일지라도 과업을 잘 수행하기만 하면 조직의 일원으로서 자존감을 가질 수 있게 했다. 그리고 사람을 대할 때처럼 신을 대할 때도 최선을 다하려고 했다. 그는 잘나갈 때 신을 존중하고 받들면 어려울 때 신의 도움을 받을 수 있다고 믿었다.

과욕의 끝은 몰락이다

키루스는 용기와 지혜를 넘어 관대한 자비와 겸손한 신앙까지 갖춘 군주였다. 그럼에도 그는 어쩔 수 없는 정복자였다. 그도 과욕과 과신의 덫에 걸리고 말았다. 그는 말년에 스키타이(Scythai) 기마민족 계열의 마사게타이(Massagetae)족 정벌에 나섰다. 마사게타이족은 카스피 해 동쪽의 중앙아시아 유목민이었다. 키루스는 마사게타이족의 젊은 왕 스파르가피세스를 맞아 전투를 벌이다가 군대의 일부를 시르다리야 강 너머로 퇴각시키며 짐짓 항복하는 척했다.

그는 스파르가피세스의 군대에 융숭한 잔치를 베풀었다. 그는 술을 마시는 시늉만 했고 스파르가피세스는 자신의 젊음을 과시하며 연거푸 술잔을 비우다가 결국 뻗고 말았다. 그는 스파르가피세스의 군대가 술에 취해 잠든 틈을 타 퇴각하던 자신의 군대를 돌이켰다. 그는 스파르가피세스의 군대를 모조리 도륙할 수 있었다. 스파르가피세스가 굴욕감으로 자결하자 그의 어머니 토미리스(Tomyris)가 왕위에 올라 복수의 칼날을 갈았다.

키루스는 마사게타이족의 영토 안으로 깊숙이 침투하기로 했다. 멀리 떨어진 곳에서 토미리스의 군대를 격파한다고 해도 토미리스가 재정비할 여유를 가질 수 있다는 판단 때문이었다. 그러나 마사게타이족은 기마전의 명수였다. 적의 숫자가 압도적으로 많으면 사정거리에서 화살을 퍼붓다가 급히 물러가고 적의 숫자가 적당하면 순식간에 포위해 원을 그리며 화살을 쏘아댄다.

적의 세력이 여전히 강하면 재빨리 물러나고 정면대결을 벌일 만하면 피해를 최소화하는 전술을 쓴다. 퇴각할 때는 인근의 식량을 다 불사르고 식수원을 폐쇄한다. 결정적인 전투를 피하면서 적을 지치게 해 적의 전투의지를 꺾는다. 적이 전투를 포기하고 퇴각하면 계속 나타나 불시에 화살을 퍼붓고는 달아난다. 적이 흥분해 추격하면 매복한 지점까지 유인해 섬멸시킨다.

그래서 마사게타이족에게 돌진해 전면전을 벌이는 것은 자살행위와도 같았다. 토미리스는 계속해서 그만두고 물러갈 것을 종용했지만, 키루스의 전진은 최대의 실책으로 판명됐다. BC 530년 8월 토미리스의 군대는 피비린내 나는 싸움 끝에 키루스의 군대를 닥치는 대로 죽였고 키루스는 자결했다. 복수의 그날을 기다렸던 토미리스는 그의 시체에서 머리를 잘라내 피가 가득한 가죽 술통에 던졌다고 전해진다.

키루스 대왕은 29년간 통치하면서 페르시아 제국의 영토를 서남아시아, 중앙아시아, 인도에 이르기까지 넓혔다. 최전성기의 그는 3개 대륙에 걸쳐 4000킬로미터에 달하는 대제국을 건설했다. 그가 이란의 파사르가데(Pasargadae)에 새 수도를 정하자 이라크의 바빌론은 그 빛을 잃기 시작했다.

그가 이루지 못했던 이집트 정복은 그의 아들 캄비세스 2세(Cambyses II)가 해냈다. 그러나 캄비세스 2세가 왕위를 계승한 지 7년 만에 죽자 다리우스 1세가 혼란을 수습하면서 강력한 군주로 등장했다. 다리우스 1세와 그의 아들 크세르크세스 1세에 이르러서는 유럽의 그리스까지 넘보게 된다.

하지만 키루스든지, 누구든지 과욕의 끝은 몰락이다. 뱀이 양을 삼키는 것보다 더 중요한 것은 그 양을 소화시키는 것이다. 광대한 땅을 정복했으면 그다음에는 그 땅을 공고히 다져야 한다. 뱀이 함부로 코끼리를 넘보다가는 밟혀 죽든지, 배가 터져 죽는다. 차근차근 다지는 내실이 무모한 팽창에 앞서야 한다.

혁신이 멈추면 성공도 멈춘다. 혁신적이지 않고서는 성공을 보장할 수 없다. 리더는 늘 혁신적이어야 한다. 한두 번이 아니라 지속적으로 혁신을 이끌어야 한다. 지속적인 혁신만이 지속적인 성공을 가능하게 한다. 혁신은 필요할 때에만 하는 것이 아니라 항상 해야 하는 것이다. 또한 영토를 계속 확장하는 것에 앞서 이미 확보한 영토를 다지고 지킬 수 있어야 한다. 내실이 다져지지 않는 팽창은 결코 오래갈 수 없다. 그리고 키루스처럼, 자신에게 엄격하고 남들에게는 자비로우며 구성원들의 역량을 향상시키는 리더여야 할 것이다.

상식과 비상식을 뒤섞을 때 이긴다
칸나에 전투(BC 216년)

아프리카 북부의 튀니지에 위치했던 카르타고(Carthago)는 BC 7세기 페니키아(Phoenicia)의 무역도시 티루스가 건설한 식민도시였다. 카르타고는 BC 3세기 중반 지중해 서부의 강자로 떠올라 서쪽으로는 스페인 서남부, 동쪽으로는 이스라엘을 차지하고 있었다. 그리고 지중해의 코르시카(Corsica) 섬, 사르데냐(Sardegna) 섬, 로마와 카르타고 사이의 시칠리아 섬의 절반도 지배했다.

당시 이탈리아 반도의 대부분을 점령하며 세력을 확장하고 있던 로마로서는 그런 카르타고와 지중해 패권을 두고 다투지 않을 수 없었다. 양국은 각각 절반씩 차지하고 있던 시칠리아를 중심으로 23년간에 걸친 1차 포에니 전쟁(BC 264~BC 241)을 벌였다. 결국 로마가 승리하자 카르타고는 시칠리아를 로마에 넘기고 거액의 배상금을 지불해야 했다. 그 후 6년간 로마는 지중해 대부분을 장악하며 급팽창해나갔다.

로마의 위세에 밀린 카르타고는 서쪽의 스페인에서 힘을 키웠다. 카르타고의 걸출한 영웅이었던 하밀카르 바르카(Hamilcar Barca) 장군은 스페인 동쪽의 식민지 카르타고 노바(Carthago Nova)를 세웠고, 그의 아들 한니발 바르카(Hannibal Barca, BC 247~BC 183)는 대를 이어 스페인 식민지 확충에 나섰다. BC 221년 26세의 젊은 나이에 총사령관이 된 한니발은 3년 후 스페인 동쪽 해안의 로마 동맹도시였던 사군툼(Saguntum)을 쳤다. 그러자 로마는 그를 로마 법정에 세워야 한다며 그의 소환을 카르타고에 요구했다.

그러나 카르타고는 2차 포에니 전쟁(BC 218~BC 202)의 선포로 맞섰다. BC 218년 여름 한니발은 보병 3만 명, 기병 9000명, 전투용 코끼리 40마리를 이끌고 스페인을 떠나 피레네(Pyénées) 산맥을 넘었다. 계속해서 오늘날의 프랑스 남부 지역인 갈리아(Gallia)를 지나 알프스 산맥까지 가로질렀다. 그가 15일 만에 알프스 산맥을 횡단했을 때 2만 6000명의 병력과 코끼리 3마리만 남았다.

고대의 전투에서 코끼리는 일종의 전차였다. 보병부대의 전면을 향해 빠르게 돌진하는 코끼리 떼는 공포의 대상이었다. 하지만 코끼리를 먹이고 키우는 운용비용이 막심했고 코끼리가 놀라면 뿔뿔이 흩어지거나 역주행하는 문제도 있었다. 한니발은 알프스 산맥을 넘으면서 코끼리를 거의 다 잃었기에 로마와의 전투에서는 제대로 활용할 수 없었다.

그해 11월 그가 이탈리아 북단의 갈리아족 앞에 나타나자 예상

밖의 침투에 놀란 로마는 푸블리우스 스키피오(Publius Scipio) 장군을 급파했다. 그러나 한니발은 기마병을 활용해 티치노(Ticino) 강 근처에서 스키피오에게 패배를 안겼다. 티치노 전투는 작은 규모였지만 얼마 전 로마에 복속됐던 갈리아족에게는 큰 인상을 심어주었다. 한니발은 자유와 전리품 분배를 약속하며 갈리아족을 휘하로 끌어들였다. 그렇게 증원된 군대를 이끌고 그는 로마를 향해 남하하기 시작했다.

그의 이탈리아 공략은 무모했다. 현지에서 조달한 물자로 전투를 벌여야 했고 그의 병력도 로마 정예군에 비하면 오합지졸이었다. 그가 이탈리아 북부의 트레비아(Trebbia) 강 근처에 도착하자 로마의 티베리우스 롱구스(Tiberius Longus) 장군이 맞았다. 부상한 스키피오도 남하해 합류했다. 롱구스는 증오와 야망으로 불탔다. 한니발을 꺾고 로마의 구세주가 되고 싶었다. 로마군이 카르타고군을 압도할 것으로 자신했다.

그런데 한니발의 행동이 혼란스러웠다. 그의 소규모 기병대는 강을 건너다가 후퇴하기를 반복하는 것이었다. 참다못한 롱구스가 공격에 나섰다. 세력을 과시하려는 듯이 군대 전체를 이끌고 매섭게 추운 겨울의 강을 건넜다. 몇 시간에 걸친 도하 끝에 로마군은 지친 몸을 이끌고 안개가 낀 새벽의 여명 속으로 진격했다.

그러자 한니발은 강 주위의 무성한 수풀에 쳐놓았던 덫을 작동시켰다. 2000명의 카르타고 매복병들이 갑자기 튀어나와 로마군의 후미를 급습한 것이었다. 로마군은 용맹하게 싸웠지만 수천 명의 군사는 차가운 트레비아 강물 속으로 가라앉았다. BC 218년 12월의 트레비아 전투는 로마군에게 재앙이었다. 4만 명의 병력 중에서 1만 명만 간신히 살아남았다.

색다른 전략을 거듭한다

한니발은 아펜니노(Appennino) 산맥을 넘고 늪지대를 지나 이탈리아 중부로 접어들었다. 한쪽의 시력을 잃었지만, 그는 BC 217년 5월 초 트라시메네(Trasimene) 호숫가에서 또 한 번의 매복작전으로 로마군을 격파했다. 로마는 파비우스 막시무스(Fabius Maximus)를 새 사령관으로 임명해 대응했다. 파비우스는 즉시 성벽을 쌓고 로마군을 증원했다. 하지만 한니발은 로마를 지나쳐 이탈리아 남동부의 비옥한 지대 풀리아(Puglia)로 내려갔다.

파비우스는 한니발의 기병대가 지나갈 산악지대에 병력을 배치하고 보급선을 끊어서 한니발의 군대를 고립시키는 작전을 썼다. 직접적인 교전 대신에 적을 지치게 해서 격퇴하겠다는 것이었다. 그러나 로마인들은 파비우스의 소모적인 지연작전이 명예롭지도 못하고 남자답지도 못하다며 비난했다. 한니발도 파비우스의 영역을 건드리지 않고 더 시골 지역으로 진군하면서 두 진영이 한패 같은 느낌을 주게 했다.

그는 풀리아를 무너뜨리고 알리파에 동쪽의 산악지대를 통과해 이탈리아 남부의 비옥한 평원 캄파니아(Campania)로 진입했다. 물러서 있던 파비우스가 행동에 돌입하지 않을 수 없게 됐다. 캄파니아 평원의 모든 출입로에 로마군을 배치하되 서로 지원할 수 있을 만큼 가깝게 배치했다. 파비우스는 한니발이 진입했던 통로를 출입할 통로로 재사용하지는 않으리라고 예상했지만, 알리파에 지역에도 병력을 배치했고 다른 통로들에도 병력을 배치했다.

파비우스는 한니발이 우리에 갇힌 야수라고 생각했다. 보급품이 바닥나는 대로 뛰쳐나올 것으로 보고 기다렸다. 몇 주가 지나자 한니발이 북쪽으로 기마병들을 보내 부유한 농가를 탈취하기도 했다. 하지만 파비우스는 그의 유인작전에 말려들지 않고 자신에게 유리한 조건에서 싸우기로 했다. 그러던 어느 날 밤 알리파에 지역을 지키던 로마 군사들은 무시무시한 광경을 목격해야 했다.

폭발적인 함성과 함께 수천 개의 횃불이 몰려드는 것이었다. 뿔에 감긴 천이 불타면서 산으로 질주하는 소들의 괴성도 들렸다. 로마군은 한니발의 엄청난 대군이 곧 포위할 것이라는 공포심에 질려 통로를 열어두고 도망쳤다. 얼마 후 한니발의 군대는 파비우스의 방어선에서 유유히 빠져나갔다. BC 216년 로마인들은 파비우스의 회피적인 지구전에 염증을 느껴 또다시 사령관을 교체했다.

상당수의 신규 징집병들을 비롯한 8만 명의 병력을 새로 이끌게 된 테렌티우스 바로(Terentius Varro) 사령관은 한니발에 대한 복수심으로 불타올랐다. 바로의 성격은 불같이 급했다. 한니발은 바로의 대군이 기동작전을 마음대로 펼치지 못하도록 이탈리아 남동부의 작은 마을 칸나에(Cannae)를 결전지로 선택했다. 칸나에는 거주민도 없이 절반이 폐허였지만 중요한 곡물 저장시설이 있었다. 하지만 바로는 자신감이 넘쳤다. 지형도 훤히 뚫려 있어 매복이나 속임수가 불가능했고 병력도 2배나 많았기 때문이다.

긴 창, 칼, 갑옷으로 무장한 로마 보병군단이 쐐기대형으로 진격하면 그 누구도 막을 수 없을 정도였다. 그러나 한니발은 로마군과 접전해오면서 로마 장창보병대의 지휘관들이 독자적인 판단을 하도록 훈련되지 못했다는 사실을 간파했다. 일단 진격하면 그 방향으로만 움직이고 바뀐 상황에 맞게 대처하지 못했다.

한니발은 전통적인 방식과 달리 전투대형의 중앙부에 중장보병 대신 경장보병을 느슨하게 배치해 중앙부를 일부러 약하게 했다. 중앙부 양쪽에는 강한 보병을 심었고 양익에는 기마병을 배치했다. 중앙부의 배가 앞으로 불룩하게 나온 초승달 모양의 전투대형이었다. 로마군이 볼 때에는 보병을 중앙부에 두고 기마병을 양익으로 하는 전형적인 전투대형이었다.

회피하고 지연시킨다

바로는 자신의 중앙부를 더 두툼하게 해 한니발의 중앙부를 쉽게 공략하고자 했다. 양측은 경장보병을 동원해 전초전을 벌인 후 서로를 향해 돌진했다. 한니발은 중앙부가 약하다는 것을 로마군이 알아차리도록 중앙부를 더 앞으로 전진시켜 로마군을 끌어들였다. 양측의 중앙부에서 수천 명의 군사가 필사적으로 싸웠다. 고함이 진동하고 먼지가 자욱했다.

한니발은 바로의 충동적인 성격에 불을 붙였다. 중앙부의 보병을 뒤로 물려 길을 트게 했다. 그러자 로마 보병이 강하게 파고들었다. 갑자기 좌익에 있던 카르타고 기마병이 로마군의 우익에 있던 기마병을 패주시키고 로마군의 뒤를 돌아 로마군의 좌익에 있던 기마병을 기습했다. 로마 기마병은 양익에서 다 무너졌다. V자 모양으로 깊숙이 직진하던 로마 보병은 점점 포위되고 있다는 사실을 알아채지 못했다. 카르타고군의 전투대형은 처음과 반대로 중앙부가 뒤로 우묵하게 들어간 초승달 모양으로 바뀌었다.

한니발은 결정적인 순간을 기다렸다. 중장보병이 중앙부로 이동하자 그는 양익의 기마병을 로마군의 배후로 보내는 신호를 쏘았다. 로마군이 완전히 포위됐다. 도륙이 시작됐다. 혼잡스럽게 무리지어 있던 로마군은 먼지 때문에 앞도 분간하지 못한 채 수천 명씩 살해됐다. 바로는 밀집대형을 끝까지 유지함으로써 1만 5000명의 병력과 함께 겨우 탈출했다. BC 216년의 칸나에 전투에서 전사한 로마 군사는 최대 5만 명으로 추산됐다. 1일 전사자 숫자로는 사상 최고 치였다가 1차 세계대전 때 비로소 깨졌다.

칸나에 전투에서 한니발이 보여주었던 전략은 그 후의 여러 역사적인 전투에서 응용되곤 했다. 1991년 2월 1차 걸프 전쟁에서 미국의 노먼 슈워츠코프(Norman Schwarzkopf) 사령관은 칸나에 스타일의 전략을 펼쳤다. 서쪽과 남쪽에서 각각 시작된 미국군 기갑부대의 양익이 이라크군을 포위하게 했던 것이었다. 그래도 한니발만큼

성공적이지는 않았다.**12**

한니발은 심리전의 대가였다. 그가 처음부터 로마 정복을 겨냥한 것은 아니었다. 그의 병력은 적었고 로마의 성벽은 견고했다. 그는 이탈리아 반도를 혼란에 빠뜨림으로써 로마와 주요 도시국가들 사이의 동맹을 깨뜨리고자 했다. 그렇게 되면 로마를 고립시키고 분리시켜 최종적인 일격을 가할 수 있을 것이었다. 물론 그의 기대대로 되지는 않았다. 세 차례의 연승과 칸나에 전투에서의 대승에도 주요 도시국가들이 로마와의 동맹에서 이탈하지 않았다.

한니발이 침공한 지 2년 만에 로마는 최대의 위기에 봉착했지만, 파비우스의 회피적인 지구전 방식이 효과를 보기 시작했다. 한니발의 군대는 점점 지쳐갔고 이탈리아 남부에서 오히려 고립되고 있었다. 스페인이나 카르타고 본토에서 증원군이 도착하지 않으면 고립은 더 심화될 수밖에 없었다. 그 후 수년간 2차 포에니 전쟁은 교착상태에 빠졌다. 한니발은 더 이상 혁신을 보여주지 못했다.

하지만 한니발의 초기 전투방식은 아주 혁신적이었다. 그는 예측할 수 없고 비전통적인 방식으로 질서정연하고 전통적인 로마인들을 뒤흔들었다. 예측불허의 알프스 산맥을 넘었고 불시의 매복작전으로 기습했다. 소의 뿔에 불을 질러 도망치게 하면서 그 뻔한 알리파에 통로를 다시 통과했다. 파비우스의 영역과 동떨어진 시골 지역을 침범함으로써 파비우스가 로마인들의 의심을 사도록 했다. 그 결과 파비우스가 서둘러 행동하지 않을 수 없게 했다.

전투대형의 중앙부를 일부러 약하게 만들고서는 적을 깊숙이 유인해 포위하고 섬멸했다.[13] 한니발은 힘으로만 싸우지 않고 힘과 꾀를 뒤섞어 싸웠고, 전통적인 방식으로만 싸우지 않고 전통적인 방식과 창조적인 방식을 뒤섞어 싸웠다. 예상 밖의 행동, 불시의 행동, 기만적인 행동, 독창적인 행동은 적을 혼란스럽게 하고 나를 크게 보이게 한다. 그런 사람이라는 명성만으로도 적의 심리를 압도하며 적을 분열시킨다.

똑같은 방법으로 싸우면 이미 혁신이 아니다. 나는 알지만 상대방은 모르는 변화의 혼용이 혁신이다. 평범과 비범, 원칙과 변칙, 정도와 외도, 상식과 비상식, 전통과 비전통, 정규전과 비정규전, 진지전과 기동전을 불규칙하게 뒤섞는 혁신으로 싸우면 상대방을 어지럽히며 승률을 높일 수 있다. 상대방이 강하고 빠르다면 정면으로 맞붙기보다는 회피하고 포위해 지연시키는 소모전이 더 혁신적이다. 리더라면 한니발처럼, 예측불허의 색다른 전략을 거듭함으로써 더 큰 전력의 상대방을 압도할 수 있어야 할 것이다. 혁신의 지속이 성공의 지속을 가능하게 한다.

> # 문제는 하나지만
> # 보는 각도는 수만 가지다
>
> 자마 전투(BC 202년)

BC 218년 17세의 스키피오 아프리카누스(Scipio Africanus, BC 235~BC 183)는 그의 아버지 푸블리우스 스키피오 장군을 따라 이탈리아 북부의 티치노 전투에 참가했지만, 한니발의 카르타고군에게 패배하는 아픔을 겪어야 했다. 그는 티치노 전투에서 사지에 빠진 아버지를 구해내는 용맹성을 보이기도 했다. 1년 후 그의 아버지는 스페인으로 파견됐다. 거기서 그의 아버지는 스페인 주둔 카르타고군이 이탈리아로 넘어가 한니발의 군대와 합세하지 못하도록 저지시켜야 했다.

카르타고는 한니발의 아버지 때부터 스페인에다 식민지를 세우고 광산을 개발해 막대한 부를 축적하고 있었다. 스페인은 카르타고의 군사기지 역할은 물론 로마로 침투하는 전진기지 역할도 했다. 스키피오의 아버지는 6년간 카르타고군을 저지하며 맞서 싸우다가 BC

211년 전사했다. 1년 후 스키피오 아프리카누스가 25세의 젊은 나이에 스페인 주둔 로마군의 지휘관을 자청했다. 그의 임무도 그의 아버지처럼 스페인 북동부의 에브로(Ebro) 강을 지키는 것이었다.

그의 감회는 남달랐다. 8년 전 스페인 주둔 카르타고군의 한니발이 그 강을 건너 피레네 산맥을 타고 알프스 산맥을 넘어 이탈리아 북단으로 진격했던 것이다. 당시 그의 아버지와 함께 이탈리아 북부에서 한니발과 교전한 적이 있었던 그는 적의 전력과 전략을 직접 경험해서 익히 알고 있던 터였다. 한니발의 군대는 상식적인 방식과 비상식적인 방식을 독창적으로 뒤섞는 전략으로 로마군을 연달아 패퇴시켰다. 그렇기에 한니발의 군대와 정면승부를 벌이는 것은 승산이 없어 보였다.

스키피오는 자기 한계를 객관적으로 인식할 줄 알았다. 그렇지만 세 가지의 창의적인 전략을 궁리함으로써 자기 신화를 창조하고자 했다. 첫째는 스페인 내부의 카르타고 군사기지를 격파해 스페인 땅의 카르타고군과 이탈리아 땅의 카르타고군 사이의 연결고리를 차단하는 것이었고, 둘째는 카르타고 본토를 공격함으로써 이탈리아에 주둔하던 한니발을 카르타고로 불러들이는 것이었고, 셋째는 파비우스처럼 직접적인 교전을 피하고 소모적인 지구전을 펼쳐 적을 지치게 하는 것이었다.

먼저 그는 에브로 강을 넘어 남쪽으로 해안을 따라 내려가 카르타고의 스페인 식민도시 카르타고 노바를 치기로 했다. 거기서 카르타고군은 막대한 부와 군사물자를 비축하고 있었다. 또한 반란에 대비해 다양한 스페인 부족민들을 포로로 잡아놓고 있었다. 당시 스페인 내부의 카르타고군의 수는 로마군의 2배였지만 스페인 부족들에 대한 지배력이 있어야 했기에 여기저기 분산돼 있었다. 그래서 카르타고 노바의 주둔 병력은 1000명에 불과했다.

에브로 강 너머의 정황을 정확히 파악한 그는 BC 209년 강에 대기하라는 상부 명령을 어기고 배를 타고 남쪽으로 이동했다. 바뀐 상황에서 달라진 정보를 정확히 손에 넣었다면 상부 명령을 어기고 독자 행동을 취할 수도 있어야 한다. 이순신 장군은 임진왜란 당시 선조의 명령을 어겼고, 롬멜 장군은 2차 세계대전 당시 리비아에서 히틀러의 명령을 어겼다. 일류 장군이라면 상부 명령을 초월해 더 큰 그림을 보는 대전략가여야 한다.

카르타고 노바는 난공불락처럼 보였다. 스키피오는 북쪽의 개펄에서 기다리다가 조수가 빠지자 성벽을 기어올라 기습했다. 단번에 카르타고군의 중심지를 차지했다. 판세가 뒤집혔다. 로마군은 막대한 부와 보급물자를 챙겼다. 포로들도 장악해 반란을 방지하는 데 활용할 수 있었다. 그 후 수년간 그는 스페인에서 카르타고군의 세력을 몰아내고 로마군의 세력을 확장시켰다.

다리를 친 후에 머리를 친다

BC 208년 그는 바에쿨라(Baecula) 전투에서 한니발의 동생 하스드루발(Hasdrubal)의 카르타고군을 무찔렀다. 하스드루발은 남은 정예부대를 모아 BC 207년 한니발의 행군로를 따라 이탈리아 북부에 도착했다. 하스드루발은 이탈리아 남부의 한니발과 합류해 로마를 공격할 계획이었지만, 그 후 로마군과의 교전에서 전사하고 말았다. BC 206년 스키피오는 일리파(Ilipa) 전투에서 카르타고군을 궤멸시킴으로써 스페인에서 카르타고 세력을 완전히 몰아냈다.

BC 205년 로마로 금의환향한 스키피오는 겨우 30세에 집정관이 됐다. 그러나 그는 이탈리아 반도에서 한니발의 카르타고군을 몰아내기로 결심했다. 그가 카르타고 본토를 치겠다고 하자 로마군 지휘부는 반발했다. 한니발에게 로마 중심부 공격의 빌미를 제공한다는 것이었다. 하지만 그를 신임하던 로마 원로원이 3만 8000명의 병력을 내주었다.

그는 논쟁을 피해 즉시 움직였다. 45일 만에 함선 30척을 만들었고 카르타고와 이웃한 매실레즈의 왕 마시니사(Masinissa)와 동맹을 맺어 잘 훈련된 기마병 6000명을 공급받기로 했다. BC 204년 봄 스키피오는 카르타고로 출범해 카르타고 인근의 우티카(Utica) 주변에 정박했다. 당황한 카르타고군이 총집결했다. 방어선이 두터워 로마군이 돌파할 수 없었다.

그렇다고 지체하다가는 보급품이 바닥나 버릴 것이었다. 스키피오는 협상을 제안했다. 적의 동태를 살피려는 의도였다. 스키피오의 협상단이 돌아와 보고했다. 적의 진영이 둘인데, 카르타고 쪽도 갈대 막사이고 동맹군인 누미디아(Numidia) 쪽도 갈대 막사인데 누미디아 쪽이 다소 어수선하다는 것이었다. 그 후 수 주간 스키피오는 협상을 망설이는 것 같았다. 처음에 협상을 결렬시키더니 다시 협상을 벌여 카르타고군을 혼란스럽게 했다.

드디어 어느 날 밤 로마군의 행동이 개시됐다. 로마군 침투조가 누미디아 진영에 잠입해 불을 질렀다. 순식간에 불길이 번지자 누미디아 병사들이 소리를 지르며 흩어졌다. 괴성에 잠이 깬 카르타고군은 동맹군을 구조하려고 문을 열었다. 또 로마군 침투조가 카르타고 진영에도 불을 붙였다. 곧 전투가 이어졌고 카르타고군은 절반의 병력을 잃어야 했다.

스키피오는 신속하게 카르타고 내륙으로 진입해 카르타고 도시들을 함락시켰다. 카르타고 중심부 성벽이 위험에 처하자 BC 203년 한니발은 로마를 포기하고 카르타고로 귀환했다. 한니발은 카르타고 남쪽에 진을 치고 결전에 나섰다. 그러나 스키피오는 카르타고 서쪽의 바그라다스(Bagradas) 계곡으로 후퇴했다. 거기는 카르타고의 경제 중심지로서 가장 비옥한 농토를 끼고 있었다. 그는 그곳을 휘젓고 다니며 닥치는 대로 파괴했다.

한니발은 피난처가 마련돼 있고 보급물자가 준비돼 있는 카르타고 근처에서 싸우고 싶었지만 비옥한 농경 지역을 빼앗기지 않으려면 신속히 스키피오를 따라잡아야 했다. 하지만 스키피오는 튀니지 서부의 자마(Zama)까지 한니발을 유인하려고 계속 전투를 거부하며 후퇴했다. 그는 자마 인근의 탁 트인 평원에서 든든한 입지를 확보했고 물이 없는 쪽은 한니발에게 넘겼다. BC 202년 10월 19일 결전의 날이 밝았다.

한니발의 병력은 동맹군을 포함해 보병 4만 6000명, 기마병 4000명, 전투용 코끼리 80마리였고 스키피오의 병력은 보병 3만 4000명, 마시니사 기마병 6000명이었다. 먼저 한니발이 80마리의 전투용 코끼리를 풀어 스키피오 진영을 공격했다. 그러자 로마군은 약속이나 한 듯이 양옆으로 길을 트고 코끼리들을 지나 보내면서 고함을 치고 창을 던졌다. 코끼리들이 놀라서 도망쳤고 일부는 되돌아서 카르타고 진영으로 달려들었다. 혁신에는 유통기한이 있다. 코끼리 투입은 더 이상 혁신이 아니었다.

부분 해법으로는 안 된다

양측의 보병이 일진일퇴하며 맹렬한 접전을 벌였다. 막상막하였다. 그러던 중 카르타고 기마병을 추격하던 마시니사 기마병이 되돌아와 카르타고군 후미를 쳤다. 카르타고군은 급속히 무너졌고 자마 전투는 로마군의 승리로 끝났다. 카르타고군은 2만 명이 전사했고 2만 명이 포로로 잡혔다. 로마군의 전사자는 1500명에 불과했다.

한니발은 추방돼 지중해 여기저기를 방랑해야 했다. BC 183년 흑해 연안에서 로마군에게 발각된 한니발은 64세의 나이에 독약을 먹고 자살했다. 그러나 스키피오는 아프리카 정복자라는 뜻의 '아프리카누스(Africanus)'라는 이름을 얻으며 로마의 알렉산드로스로 불렸다. 알프스 산맥을 넘어 로마를 휘저었던 한니발의 명성이 전체 그림을 볼 줄 알았던 스키피오의 대전략 앞에 무릎을 꿇은 셈이었다.

비슷한 시기에 비슷한 종말을 맞았던 항우(項羽, BC 232~BC 202)와 유방(劉邦, BC 247~BC 195)이 겹쳐진다. 초나라의 항우는 24세에 거병해 3년 만에 진나라를 패망시키고 18명의 왕을 책봉하는 기염을 토했다. 항우는 팽성(彭城) 전투에서 3만 명의 정예군으로 60만 명의 한나라 대군을 물리치는 등 70차례의 전투에서 다 이겼다. 그러다가 자마 전투와 거의 같은 때인 BC 202년 겨울에 벌어졌던 해하(垓下) 전투에서 항우는 대패하고 자결했다. 4년간의 초한 전쟁에서 최후의 승리는 약자였지만 전략과 용병술에서 우세했던 유방에게로 넘어갔다.

2차 포에니 전쟁에서 최후의 승자가 된 스키피오 아프리카누스는 같은 문제라도 전체 그림 속에서 다른 각도로 보았다. 다른 각도나 다양한 각도를 갖는 것이 혁신이다. 스키피오는 한니발의 주먹보다는 다리에 더 주목했다. 스페인 내부에 견고하게 구축돼 있는 카르타고의 군사기지와 보급기지가 한니발의 다리였다. 그는 한니발의 주먹을 치기 전에 먼저 다리를 쳤다. 카르타고 노바를 함락시키자 전쟁의 판세가 달라졌다. 한니발은 카르타고 본토에 더욱 의지해야 했다.

이제 그는 한니발의 머리를 치기로 했다. 한니발의 머리는 카르타고 본토였다. 그가 카르타고 본토에 상륙하자 한니발은 이탈리아 남부에서 지중해를 건너 카르타고 본토로 송환될 수밖에 없었다. 그는 카르타고인들의 두려운 심리와 부정적인 여론까지 활용한 셈이었다. 카르타고 본토에서의 전투방식도 혁신적이었다. 카르타고군을 견고한 진지에서 끌어내기 위해 갈대 막사에 불을 지르는가 하면 한니발을 추격하는 대신에 한니발이 추격하게 했다.[14]

카르타고의 수도로 직진하지 않고 지방의 비옥한 농토를 짓밟음으로써 카르타고의 젖줄을 끊어놓는 한편 한니발이 유리한 장소를 떠나 불리한 장소로 이동하지 않을 수 없게 만들었다. 그는 질질 끄는 후퇴작전으로 한니발을 지치게 한 후 마침내 한니발의 주먹에 맞섰다. 한니발은 여전히 비범했지만 이미 주도적인 위치를 상실한 후였다. 자마 전투에서 한니발의 대패는 예견된 수순이었다. 강자의 주먹과 맞붙기 전에 먼저 강자의 다리부터 쳐야 한다.

작은 전투에서는 부분 해법으로 이길 수 있지만 큰 전쟁에서는 전체 해법이 있어야 이길 수 있다. 단위 전투의 작은 그림뿐만 아니라 전체 전쟁의 큰 그림을 그릴 수 있어야 한다. 한두 가지의 혁신으로는 안 된다. 여러 방면에서 다양한 각도의 혁신을 서로 연결하고 융합하는 역량을 갖추어야 한다. 아무나 톱리더가 될 수 없다. **톱리더는 각각의 부분 해법에 정통하면서 전체 해법도 관통하는 대전략가여야 한다. 큰 그림이 있으면 전투에서 져도 전쟁에서 이길 수 있다.** 스키피오처럼, 여러 혁신을 연결해 큰 그림을 그려낼 수 있는 리더인가.

유연성, 견고한 덩치를 제압하는 기술
레그니차 전투(1241년)

1162년 출생의 테무친(鐵木眞)은 몽골의 유목 부족들을 통일하면서 칸의 자리에 올랐다. 그 후 중앙아시아까지 정복하고는 칭기즈칸의 이름을 얻었다. 칭기즈칸은 중국, 아프가니스탄, 페르시아에서도 잇따라 승리를 거두었고 1221년에는 그의 명장 수부타이(Subutai)가 이끄는 별동대가 저 멀리 흑해 동부의 그루지야(Gruziya)까지 공격했다. 러시아 전역도 몽골군의 공세에 몸살을 앓아야 했다.

그러다가 몽골군의 침공이 20년간 멈추었다. 1227년 칭기즈칸이 서하(西夏)를 정벌하던 중 병사했기 때문이었다. 칭기즈칸의 셋째 아들 오고타이(Ogotai)가 2대 대칸을 차지했다. 오고타이는 중앙아시아 등지에서 얻은 영토들을 통합하기에 바빴다. 점령지에 더 나은 행정체계와 종교의 자유가 제공되기도 했다. 그러나 몽골인들은 타고난 전사였다. 그들은 전리품 획득이나 영토 확장보다는 전투에서의 흥분을 더 추구하는 듯했다.

그들은 기동력과 전투력이 강한 기병이 대부분이었다. 말린 젖과 육포를 먹으며 종일 말 위에서 활을 쏘고 달릴 수 있었다. 그들은 말의 네 다리가 순간적으로 붕 떠서 활시위가 흔들리지 않을 때 화살을 당기곤 했다. 그들의 화살이 날아가는 최대 거리는 320미터였다. 후퇴를 가장한 유인작전도 탁월했다.

몽골군은 경기병 선봉대를 내보내 싸우는 척하다가 후퇴하게 함으로써 적의 기병대를 중기병 주력부대가 매복해 있는 곳까지 유인해 섬멸했다. 적은 숫자의 경기병대가 잡힐 듯이 거리를 유지하며 퇴각해야 했기에 아주 위험했다. '신의 소유물'이기에 이미 죽은 목숨과도 같다는 뜻으로 해석될 수 있는 '망구다이'가 그 임무를 맡았다. 망구다이는 더욱 용맹한 몽골 전사들이 자원해서 구성됐는데 일종의 자살 선봉대인 셈이었다.

가벼운 방패와 활로 무장한 망구다이는 적의 위치를 파악하고는 몽골군의 본대에 앞서 마구 달려가 공격한다. 그러면 그 숫자가 얼마 안 되는 것을 보고 적이 곧 반격하게 되는데, 그때 망구다이는 말 머리를 돌려 적을 유인하며 도망한다. 돌진해 오는 적 앞에서 급히 뒤로 돌다가 말에서 떨어지기도 하고 적에게 살해되기도 한다. 그러나 적이 깊숙이 따라붙으면 갑자기 중기병 주력부대가 사방으로 포위하며 궤멸시킨다.

몽골군은 동방의 점령지에서 정리 작업을 끝내고는 다시 탐욕의 눈길을 서방으로 돌렸다. 1240년 12월 몽골군은 헝가리 왕 벨라 4세

(Bella IV)에게 최후통첩을 보냈다. 몽골군에게 대항하다가 도망한 쿠만(Coman, 코만)족에게 제공된 정착지를 철회하라는 강압이었다. 벨라 4세는 거절했고 몽골군은 전쟁에 돌입했다. 칭기즈칸의 명장 수부타이가 몽골군을 지휘했다.

수부타이는 12만 명의 주력부대를 헝가리에 투입하는 동시에 오고타이의 아들 카단(Kadan)이 이끄는 2만 명의 정예부대를 폴란드 쪽에 보내 그곳의 군대가 헝가리 군대를 지원할 수 없도록 했다. 1241년 2월 혹독한 겨울 날씨가 이어졌다. 그런 날씨에 유럽 군대는 작전을 벌이지 않는 편이었다. 그러나 몽골군에게 혹한은 아무런 장애물도 아니었다.

카단의 정예부대는 루블린(Lublin)과 자비호스트(Zawichost) 그리고 그 두 도시 사이의 수많은 마을을 방화했고 남녀노소를 가리지 않고 학살했다. 얼어붙은 비슬라(Wisla)와 강을 건너 산도미에시(Sandomierz)도 불태웠다. 카단은 자신의 군대를 둘로 쪼개 폴란드와 보헤미아(Bohemia)를 휩쓸었다. 그러다가 슐레지엔(Schlesien) 공작 하인리히 2세(Heinrich II)가 군대를 동원하고 있다는 소문을 듣고는 다시 합류해 하인리히 2세를 치려고 부랴부랴 레그니차(Legnica)로 떠났다.

유인하고 후퇴한다

하인리히 2세의 휘하에 집결한 군대는 2만 5000명이었다. 그중에는 하인리히 2세의 슐레지엔 기사단(Schlesien Knights), 뛰어난 전사였던 템플 기사단(Templar Knights) 그리고 튜턴 기사단(Teutonic Knights)에서 파견된 분견대도 있었다. 하지만 농부와 광부가 주축이었고 제대로 훈련받지 못한 징집병과 지원병이 대부분이었다. 광활한 지역에서 오랜 전투 경험을 가진 몽골군에 비하면 약체였다. 1241년 어느 봄날 하인리히 2세의 군사들은 기독교 주민들의 기도를 받으며 그들의 본거지였던 레그니차를 지나갔다.

두 군대는 발슈타트(Wahlstatt)에서 멀지 않은 평원에서 만났다. 당시 보헤미아 왕 바츨라프 1세(Václav I)가 5만 명의 군대를 이끌고 거기서 단 하루 만의 거리에 떨어져 있었다. 카단은 뛰어난 정보망을 가동해 그 사실을 알아냈고, 그래서 하인리히 2세와 바츨라프 1세가 만나기 전에 속전속결하기로 했다. 카단은 먼저 망구다이를 내보냈다.

망구다이는 하인리히 2세의 군대 앞으로 달려가 100미터 이내의 단거리에서 정확하게 화살을 쏘아댔다. 망구다이는 기껏해야 수백 명에 불과했다. 하인리히 2세는 기사들을 출동시켰다. 망구다이는 심각한 피해를 보고 퇴각하더니 곧장 뒤돌아서서 다시 화살을 쏘기 시작했다. 하인리히 2세는 기사들을 비롯해 모든 기병을 총동원해 추격했다.

망구다이는 하인리히 2세의 기병들보다 조금 앞서 달리면서 감질나게 했고 또 뒤돌아서 화살을 쏘곤 했다. 망구다이는 겁에 질려 도망하는 듯이 보였다. 하인리히 2세의 기병들은 승리를 확신하며 큰 칼을 휘둘렀고 더욱 거세게 질주했다. 그 순간 측면에 매복해 있던 몽골 궁수들이 갑자기 나타나 화살을 퍼부었고 다른 몽골 전사들은 뒤에서 연막탄을 터뜨려 은폐했다.

하인리히 2세의 기병들이 기겁하며 말고삐를 당겼지만, 어느새 1인당 5인 이상의 몽골 전사들에게 포위됐다. 몽골 전사들이 활을 쏴 하인리히 2세의 기병들을 낙마시키자 몽골 중기병들이 달려들어 무참히 도륙했다. 하인리히 2세의 보병들도 쉽게 무너졌다. 하인리히 2세는 도망쳤지만 몽골 추격병들에게 붙잡혔다.

몽골군은 하인리히 2세의 수급(首級)을 창끝에 꽂은 채 레그니차 성벽 앞에서 행진했다. 레그니차 주민들은 겁에 질려 숨도 쉴 수 없었다. 몽골군은 하인리히 2세의 기독교 군사들의 귀를 잘라 위대한 승리의 징표로 칭기즈칸의 장손자 바투(Batu)에게 보냈다. 기독교 군사들의 잘린 귀는 아홉 자루를 넘었다고 한다. 레그니차 전투는 몽골군의 대승으로 끝났다.

이제 바츨라프 1세의 보헤미아 군대가 점점 좁혀왔다. 카단은 정면승부를 피했다. 전력의 열세 때문이었다. 카단은 바츨라프 1세를 계속 묶어두는 전략으로 나갔다. 서쪽으로 향하는 척하면서 유인했다. 바츨라프 1세가 걸려들자 카단은 헝가리를 향해 소부대로 나누어 남진하면서 닥치는 대로 방화하고 약탈했다.

한편 1241년 4월 11일 수부타이의 주력부대는 모히(Mohi) 전투에서 벨라 4세의 헝가리 군대를 철저히 파멸시켰다. 그 와중에 벨라 4세는 도주했다. 타고 가던 말이 지치면 새 말로 갈아타기를 반복해 간신히 몽골 추격대를 따돌릴 수 있었다. 벨라 4세는 카르파티아(Carpathia) 산맥을 넘어 크로아티아로 향했고 도중에 가족과 합류했다.

그러나 적의 왕족이 백성을 두고 도망하면 절대로 용서하지 않는다던 몽골 추격대는 결코 포기하지 않았다. 베네치아 상인들이 포함돼 있던 것으로 보이는 스파이 네트워크를 통해 끝까지 추격했다. 벨라 4세는 아드리아(Adria) 해에 있는 트로기르(Trogir) 섬에까지 갔지만 거기서도 몽골 추격대의 추격을 받아야 했다. 그러다가 순식간에 몽골 추격대가 사라졌다. 오고타이가 사망했다는 소식을 접했기 때문이었다.

파상공세를 퍼붓는다

벨라 4세의 헝가리 군대를 격파한 후 수부타이의 몽골군은 빈(Wien)의 교회 첨탑이 보일 정도로 빈에 가까이 접근했고 또 남쪽으로도 서서히 이동했다. 몽골 정찰부대는 베네치아에서 북쪽으로 100킬로미터 떨어진 곳에까지 나타나 이탈리아인들의 공포를 자극하기도 했다. 갑자기 몽골군이 중앙아시아로 철수한 것은 오고타이의 사망 이후 새 지도자를 뽑아야 했기 때문이었다. 그래서 정복 직전의 유럽이 구원을 받을 수 있었다. 유럽 교회의 기도 덕분이었을까.

그러나 그 상처는 너무 깊었다. 폴란드 지역은 인구가 격감해 지금의 독일 지역으로부터 이주민들을 받아들여야 했다. 1241년 이후 유럽인들은 잔인한 몽골인들의 불가해한 공격에 늘 노출돼 있다는 공포에 시달렸고 유럽 교회들은 구원을 바라며 자주 기도를 드렸다. 유럽인들의 심리적인 충격은 실제적인 충격보다 더 오래갔다.

몽골군의 승리는 유연한 기동성의 승리였다. 유럽의 기사들은 유럽의 인종, 문명, 기독교가 압도적인 우위에 있다고 확신하면서 다른 인종, 문명, 종교에 대해 배타적이었다. 그에 반해 몽골군은 극악무도했지만 점령지의 풍속과 종교를 허용하고 흡수했다. 싸우는 방식에서도 극명한 차이를 보였다. 유럽의 기독교 기사들은 갑옷으로 중무장하고 군기를 날리며 앞으로 진격하는 것에만 익숙해 있었다.[15]

그러나 몽골군은 오랜 원정과 여러 지역에 걸친 전투 경험을 통해 새로운 상황에 유연하게 대처하는 기동성을 계속 키우며 유럽 일대에 파상공세를 펴부을 수 있었다. 1220년의 호라즘 정복을 통해 중앙아시아 전역을 차지한 칭기즈칸의 본진은 아프가니스탄과 인더스 유역까지 침공했다. 칭기즈칸의 명장 수부타이가 이끌던 별동대 2만 명은 1221년 아르메니아, 아제르바이잔을 점령했고 그루지야도 멸망시켰다. 1223년에는 우크라이나 지역에서 쿠만족과 러시아의 연합군을 대파했다.

수부타이의 별동대는 3년에 걸쳐 9000킬로미터를 이동하며 코카서스 일대, 흑해 동부, 러시아 남부를 휩쓸었다. 킵차크칸국(Kipchak Khanate)의 창건자 바투(Batu)는 1235년 3만 5000명의 몽골군을 이끌고 시베리아 서남부, 흑해 연안, 발칸 반도, 불가리아, 헝가리, 오스트리아를 공략했다. 1237년 겨울 다른 몽골군은 우랄 산맥을 넘어 북동 지역에서 라잔, 블라디미르, 모스크바 쪽으로 진격해 저항하는 도시들을 파괴하고 주민들을 몰살했다. 1240년 바투는 키예프(Kiev)를 격파했고, 1241년 수부타이는 폴란드와 헝가리를 휩쓸면서 오스트리아와 발칸 반도로 진격했다.

몽골군은 숫자상으로 열세였지만 전격전을 벌였고 망구다이 전략으로 적을 유인하고 포위하고 섬멸했다. 저항하는 군대와 도시는 철저하게 도륙하고 파괴함으로써 심리전에서도 적을 압도했다. 유럽인들에게 몽골군은 지옥의 군대였다. 1241년 몽골군이 어느 순간 철수했지만 언젠가 다시 나타나 유럽을 초토화할 것이라는 공포를 유럽인들은 떨쳐낼 수 없었다.

전진과 정면대결밖에 모른다면 많은 숫자로도 질 수밖에 없다. 유연성이 없는 전투력으로는 승리를 장담하기 어렵다. 기동성과 자급 능력 그리고 사방의 어디에선가 돌발적으로 출몰하는 전격전을 당해낼 상대는 없다. 정면은 대체로 강하고 견고하다. 취약한 측면이나 허술한 배후를 기습해야 한다. <mark>정면보다 측면이나 배후를 건드리는 것, 직접적인 것보다 우회적인 것, 노골적인 것보다 교묘한 것이 상대방에게 더 깊은 충격을 준다.</mark> 카단처럼, 상대방의 강약에 따라 속전속결로 밀어붙이는가 하면 유인한 후 후퇴하기도 하는 리더여야 할 것이다.

최강을 최악으로 유도하라
델리 전투(1398년)

1336년 티무르(Timur, 1336~1405)는 바를라스(Barlas) 부족의 소수파 족장 가문에서 태어났다. 바를라스 부족은 칭기즈칸의 둘째 아들 차카타이(Chaghatai)의 트란속사니아(Transoxania) 정복전쟁에 참여했고 그 후 거기서 정착했었다. 트란속사니아는 오늘날의 우즈베키스탄으로 사마르칸트가 그 중심도시였다. 티무르는 부족끼리의 간헐적인 전투를 통해 전사로서의 경험을 쌓았다.

1361년 그는 사마르칸트를 침략한 카슈가르(Kashgar)의 칸 투글루크 티무르(Tughluq Timur)에게 충성을 맹세했다. 그러다가 자체 세력을 길러 1366년 사마르칸트를 장악했다. 그는 차카타이칸국(Chaghatai Khanate) 계열의 칸 중에서 자신만이 사마르칸트의 유일한 주인이라고 선언했고 분열된 몽골 제국의 복구자라고 자처하기도 했다.

1370년 그는 원정에 나섰다. 칭기즈칸처럼 유목민의 피가 들끓었고 알렉산드로스 대왕처럼 영광과 부를 추구했다. 그는 아랄 해 인근의 호라즘과 모굴리스탄(Mogulistan)의 몽골인들을 몰아내면서 35년간의 대장정을 시작했다. 서쪽으로는 카스피 해안의 분지 근처까지 진격해 마잔다란(Mazandaran)과 호라산(Khorasan)을 점령했다. 1382년 페르시아에 이르러서는 모든 적을 섬멸하고 그 지역으로 가는 무역로를 차지했다.

북쪽으로는 쿤두즈(Kunduz)에서 킵차크칸국의 토크타미시(Tokhtamysh) 칸과 맞붙었다. 16킬로미터에 달하는 전선을 따라 수십만 명의 양측 군사들이 접전했다. 티무르는 잔혹했지만 혁신적이었다. 그는 토크타미시의 기수들에게 뇌물을 잔뜩 먹여 그들의 군기가 내려지는 것처럼 보이게 했다. 그러자 킵차크 군사들은 자신들의 지휘관이 죽은 것으로 알고 철군했다. 1391년 그는 쿤두즈 전투에서 위대한 승리를 거두면서 최고 전성기를 누렸다. 1396년 그는 남쪽으로 이집트 국경까지 진군했고 서쪽으로는 기독교 국가였던 그루지야까지 나아가 약탈하고 파괴했다.

그가 승리할 때마다 그의 재산과 군사와 악평은 늘어났다. 호라즘의 한 도시가 잘 버티자 그는 끝내 그 도시를 점령하고는 주민 2000명의 손발을 묶어 자신이 만든 탑의 벽에다 산 채로 묻었다. 시리아의 도시 시바스(Sivas)가 저항하자 그는 그 도시도 정복한 후 주민 3000명을 산 채로 땅에 묻었다. 그의 군대가 가는 곳마다 온갖 고문과 살인이 자행됐다. 그는 승리할 때마다 거둬들인 적들의 해골을 전투 현장마다 갖고 가서 산더미처럼 쌓아두곤 했다.

1396년 60세의 그는 사마르칸트로 돌아가 26년간의 원정을 멈추는 듯했다. 그는 2년 동안 사마르칸트에 머물면서 모스크(mosque, 이슬람교의 예배당), 궁전, 공원을 비롯한 도시 재개발 사업에 착수했다. 그 결과 사마르칸트는 '이슬람의 진주'이자 '우주의 중심'이라는 전설을 얻게 됐다. 하지만 그는 오래 머물러 있을 수 없는 인물이었다. 때마침 인도 지역의 델리 술탄 왕국(Delhi Sultanate)이 내전을 치르는 중이라는 소식이 날아들었다. 내부 분열은 반드시 외부 침공을 불러들이게 된다.

전투력을 넘어서야 한다

알렉산드로스 대왕도, 칭기즈칸도 인도 지역을 제대로 점령하지 못했다는 사실과 델리 술탄 왕국의 부가 대단하다는 사실이 티무르의 구미를 당겼다. 1398년 3월 그는 델리 술탄 왕국을 '이교도의 국가'로 규정하고 거룩한 전쟁, 지하드(Jihad)의 깃발을 내걸었다. 그는 지하드를 상징하는 백의(白衣)로 자신의 탐욕을 가린 채 설령 전사해도 즉시 천국행이라며 그의 군사들을 부추겼다.

그의 군사들은 아프가니스탄에서 호전적인 부족들과 싸워야 했고, 해발 6000미터의 힌두쿠시(Hindu Kush) 산맥을 넘어야 했으며, 인도의 코끼리 부대와 맞서야 했다. 그의 인도 진군은 한니발의 알프스 산맥 횡단에 버금가는 것이었다. 그는 힌두쿠시 산맥에 도착해 주력부대를 남기고 소규모 부대만 이끌었다. 사나운 카피르(Kafir) 부족을 설득해 안내를 맡겼다. 해발 3800미터의 통로를 따라 밤에만 행군이 이어졌다.

발밑의 땅이 얼어붙어야 무너질 위험이 덜해지기 때문이었다. 그래도 미끄러져 끝이 없는 구렁으로 떨어지며 비명을 지르는 군사와 군마가 속출했다. 그의 선발대는 군마를 다 잃었지만 행진을 계속했다. 힌두쿠시 산맥의 건너편에 도착하자 그의 선발대는 카피르 부족을 급습했다. 끔찍한 싸움 끝에 카피르 부족이 몰살됐다. 그 후 그의 주력부대도 합류했다.

1398년 9월 무렵 그의 군대는 인더스 강까지 도착했다. 공병들이 다리를 만들었고 이틀 만에 도강이 끝났다. 그의 군대는 델리로 가는 도중에 있는 도시와 마을들을 불태웠고 미처 도망하지 못한 주민들을 죽이거나 포로로 잡았다. 사마르칸트에서 1600킬로미터를 내달려 델리에 도착할 즈음 포로는 10만 명으로 늘었다. 델리 기병대가 기습했지만, 그의 군대는 가볍게 물리쳤다.

그때 포로들이 환호하는 것을 보고 티무르는 반란이 두려워 포로들을 하나도 안 남기고 다 학살했다. 그러나 인도인들의 공포심만큼이나 티무르 군사들의 공포심도 컸다. 인도군의 코끼리 부대 때문이었다. 100마리가 넘는 전투용 코끼리들의 상아에 매달린 대형 독검에 살짝 긁히기만 해도 즉시 죽게 된다는 이야기가 떠돌았다. 심지어 티무르 군대의 장교들조차 벌벌 떨었다.

티무르는 현실을 직시했다. 코끼리 이야기에 두려워 떠는 장졸들을 처형하는 한편 독창적인 대책도 마련했다. 그는 참호를 파서 보호하게 했고 네 갈래의 큰 쇠못을 수백 개 만들어 길목에다 뿌리게 했다. 그다음으로 그는 아주 특이한 조치를 취했다. 최전선에 낙타들을 동원했던 것이다. 낙타들의 등에는 짚과 나무가 높게 쌓여 있었다.

1398년 12월 17일 델리 술탄 마무드(Mahmud) 칸의 군대가 물밀듯이 밀어닥쳤다. 인도군은 양쪽에 기병을 배치하고 중앙에 코끼리 120마리를 정렬시켰다. 코끼리 부대 뒤에는 보병대가 위치했다. 코끼리 부대가 전선을 뚫으면 그 뒤를 돌격한다는 전략이었다. 양쪽은 청천벽력 같은 소리를 내며 교전했다. 어느 쪽도 물러설 수 없는 한판이었다.

이전에 없던 혁신이다

티무르의 군대가 우위를 차지하는 것처럼 보이자 술탄은 코끼리 부대의 출격을 명령했다. 1킬로미터 전방에서 코끼리들이 거대한 먼지구름과 굉음을 일으키며 달려들었다. 코끼리들의 머리와 몸은 쇠미늘 갑옷으로 무장돼 천하무적이었고 코끼리들의 상아에 매달린 대형 독검은 햇빛에 번쩍였다. 코끼리들의 등에 탄 인도군 궁수들은 활시위를 당기고 있었다.

그때 티무르가 급히 명령을 내리자 몰이꾼들이 낙타들을 맨 앞으로 정렬시키고는 낙타들의 등에 있던 짚과 나무에 불을 지르며 강철 채찍을 휘둘렀다. 불에 살이 타고 연기에 숨이 막히자 낙타들이 미친 듯이 코끼리 떼를 향해 돌진했다. 불타는 낙타들이 울부짖으며 내달리자 쉽게 당황하는 코끼리들이 혼비백산했다. 곧장 뒤돌더니 인도군 전열로 질주했다.

악쓰고 울부짖는 소리 때문에 아무런 명령도 듣지 못한 코끼리들이 인도군 보병들을 짓뭉개며 치명타를 입혔다. 어떤 코끼리들은 쇠못을 밟았고 다른 코끼리들은 인도군 보병들을 낙엽처럼 공중에 날렸다. 순식간에 인도군은 궤멸상태에 빠졌다. 티무르는 적의 최강을 무장해제해 최악으로 역전시켰다. 그의 교활한 계책 때문에 최강의 코끼리 부대가 최악의 자해집단이 되고 만 것이었다.

티무르 군사들은 사흘 동안 5만 명의 남녀노소 인도인들을 학살했고 2주 동안 보물과 노예와 여자를 마음껏 약탈했다. 델리는 연기로 자욱했고 역병까지 돌았다. 델리가 재건되는 데는 한 세기가 더 흘러야 했다. 티무르는 자신 앞에 수많은 인도인의 무릎을 꿇렸고 코끼리들마저 한 마리씩 무릎을 꿇렸다. 그는 '세계 정복자'라는 별명답게 러시아 일대의 차카타이칸국, 중앙아시아 일대의 킵차크칸국, 이란 일대의 일칸국(Il khanate)뿐만 아니라 인도의 델리 술탄 왕국까지 무너뜨렸다.

그는 델리 전투에서 대승을 거두고는 코끼리 부대를 이끌고 사마르칸트로 귀환하더니 몇 년 후 오스만(Osman) 제국도 공격했다. 1402년 7월 20일 그는 앙카라(Ankara) 근처의 들판에서 오스만 군대를 맞았다. 무더운 날씨였지만 오스만 제국의 바야지트 1세

(Bayazit I)는 신선한 수원이었던 쿠부크 크리크(Cubuk Creek)와 나란히 군마들을 배치했다. 하지만 티무르는 약아빠졌다. 공병들을 동원해 쿠부크 크리크의 상류에 댐을 쌓고 물길을 돌렸다.[16]

타는 열기 속에서 종일 전투가 벌어졌다. 티무르 군사들은 충분한 물을 공급받으며 싸웠고 오스만 군사들은 심한 갈증 때문에 더 이상 싸울 수 없었다. 앙카라 전투도 티무르의 승리로 끝났다. 바야지트 1세는 사로잡혔고 앙카라는 약탈당했다. 그 후에도 그는 세계를 계속 돌며 파괴와 약탈을 일삼았다. 그는 노쇠한 나머지 들것에 실린 채 전투를 치르기도 했다. 그러다가 1405년 중국에서 병사했다. 그는 '신의 채찍'으로 불리기를 원했지만, 사실은 악마의 화신이었다.

인생은 예상대로 풀리지 않는다. 상황이 급변하고 문제가 속출한다. 경쟁자들은 지치는 법이 없고 포기하지도 않는다. 강한 데다 교활하기까지 하고 역동적이다. 그런데도 나는 순진하기만 하지 않는가. 더 강인하고 지혜롭고 열정적이어서 악한 경쟁자들을 압도할 수 있어야 한다. 그러나 전투의지만으로도, 전투력만으로도 안 된다. 혁신적인 지략이 없이는 승리를 보장할 수 없다. 지략으로 싸우면 약자라도 강자를 이길 수 있다. 리더라면 티무르처럼, 이전에 없던 혁신을 계속 동원해 상대방의 최강을 최악으로 돌려놓을 수 있어야 할 것이다.

혁신:
어제와 같은 오늘은
절대로 없다

한 번 쓴 전략은 과감히 버려라
예나 전투(1806년)

미야모토 무사시(宮本武蔵, 1584~1645)는 도쿠가와 이에야스 시대의 사무라이였다. 도쿠가와 이에야스가 지방 영주들의 군대를 해체하고 일본을 통일하자 사무라이들이 갈 데가 없었다. 그들은 낭인(浪人)이 됐다. 일부는 아예 딴 길을 걸었고 나머지는 곳곳에 검술학교를 세웠다. 무사시도 검술학교를 세우고는 일본 전역을 누비며 최강을 가리는 싸움판에 나섰다.**17**

1600년 세키가하라(関ヶ原) 전투에서 그는 도쿠가와 이에야스의 반대편에 섰었다. 그 전투에서는 1만 명이 학살됐고 나머지는 추방됐다. 거기서 그가 생존한 것은 기적이었다. 그는 13세에 첫 결투에서 이겼고 60세에 은둔생활로 들어갈 때까지 60여 차례의 결투에서 살아남았다. 그는 당대에 살아 있는 전설이 되었다. 그는 결혼을 하지 않았고 두발(頭髮)도 손질하지 않았다. 무기도 없이 기습당할

지 모른다며 그는 목욕도 하지 않았다. 그는 오직 검술을 완성하는 데만 몰두했다.

1605년 21세의 무사시는 교토에서 검술로 저명한 요시오카 가문의 수장이던 겐자에몬에게 결투를 신청했다. 겐자에몬은 온갖 뜨내기들이 덤비곤 했기에 그를 대수롭지 않게 여겼다. 하지만 그의 더러운 거지차림과 오만한 태도가 거슬렸다. 본때를 보여주어야 했다. 결투가 벌어지는 당일 겐자에몬은 부하들을 데리고 정시에 약속장소에 도착했다. 하지만 무사시는 나타나지 않았다. 한 시간이 흘렀고 겐자에몬은 부하를 그의 숙소로 보내 확인했다.

그제야 잠에서 깨어난 그는 곧 가겠다고 전했다. 겐자에몬은 화가 치밀어 들판을 서성였고 무사시는 여전히 꾸물거렸다. 마침내 무사시가 나타났을 때 그의 머리띠는 겐자에몬의 전통적인 흰색과 달리 자주색이었다. 겐자에몬은 그 촌뜨기를 빨리 해치우려고 성난 소리를 지르며 내달렸다. 둘 다 상대방의 이마를 베었는데 겐자에몬의 머리띠는 피로 물들었고 무사시의 머리띠는 멀쩡했다. 혼란에 빠진 겐자에몬이 다시 공격했지만 그의 칼에 머리를 맞아 쓰러졌다.

그는 일부러 자주색 머리띠를 둘러매 겐자에몬의 시선을 분산시켰고 약속시간보다 늦게 나타나 겐자에몬의 집중도를 깨뜨렸다. 그는 조급하게 돌진하는 겐자에몬을 어렵지 않게 제압할 수 있었다. 적의 심리상태를 흔들어 적이 감정적으로 반응하게 함으로써 적의 허점을 찌를 수 있다. 며칠 후 무사시는 겐자에몬의 동생마저 결투에서 죽였다. 그러자 겐자에몬의 아들 마타시치로가 결투를 신청했다.

이전의 두 결투에서 그는 일부러 몇 시간 늦게 도착해 상대방의 분노를 촉발시켰지만 이번에는 일찍 가서 나무 위에 몸을 숨겼다. 마타시치로는 한 무리의 부하들을 데리고 나타났다. 그들이 풀숲에 납작 엎드려 숨자 갑자기 무사시가 나무 위에서 뛰어내리며 단칼에 마타시치로의 목숨을 끊었다. 나머지 부하들이 너무 놀라 어정쩡하게 줄지어 서자 그는 몇 초 만에 차례로 그들을 쓰러뜨렸다. 그 결투를 통해 그는 최고 수준의 검객으로 각인됐다.

늘 통하는 비결은 없다

그는 계속 일본 전국을 돌며 도전자를 찾았다. 어느 날 바이켄이라는 사무라이에 대한 소문을 들었다. 바이켄은 끝에 쇠공이 달린 사슬과 낫을 쓴다고 했다. 바이켄이 쇠공을 휘두르면 상대방은 공포에 질려 뒷걸음치게 되는데 그 순간을 놓치지 않고 바이켄의 낫이 번쩍이며 살해한다는 것이었다. 그는 바이켄의 무기 사용법을 보고 싶었지만 바이켄은 결투뿐이라고 잘라 말했다.

무사시는 장검과 단검을 하나씩 들고 바이켄의 막사 앞에 나타났다. 바이켄은 칼을 두 자루 사용하는 사무라이를 본 적이 없었다. 무사시가 선제공격에 나섰다. 바이켄은 뒷걸음치며 쇠공을 던질 틈을 찾았다. 그러나 그가 갑자기 단검으로 후려쳐 바이켄의 균형을 깨뜨리는가 싶더니 한순간에 장검을 찔러 바이켄을 죽였다.

1612년에는 그에게 가장 중요한 결투가 있었다. 상대방은 위대한 사무라이로 알려진 사사키 고지로(佐夕木小次郞)였다. 고지로는 제비 꼬리의 움직임에서 탁월한 검법을 개발해냈고 아주 긴 칼을 사용한다고 했다. 결투 장소는 고지로가 사는 집 근처의 작은 섬이었다. 그런데 결투 하루 전 무사시는 자신의 숙소를 떠나 친척 집으로 갔다. 그러자 그가 도망쳤다는 소문이 났다.

다음 날 아침 8시 섬에 모인 구경꾼들이 전령을 보낼 때까지 그는 잠자리에서 일어나지 않고 있었다. 그는 곧장 바닷가로 갔다. 사공이 노를 저어 섬으로 가는 동안 그는 비상용 노로 뾰족한 목검을 만들고는 배 안에 누워 휴식을 취했다. 배가 결투장에 다다르자 그는 헝클어진 머리카락을 수건으로 질끈 동여매고 긴 노를 흔들거리며 배에서 뛰어내렸다.

고지로는 정시에 도착했지만, 그는 아주 늦게 왔다. 고지로는 화가 나서 외쳤다. "약속시간을 어기다니 그렇게 겁나더란 말이냐." 그는 잠자코 한 발자국 다가섰다. 고지로는 장검을 빼들고 칼집을 바닥에 던졌다. 무사시가 비웃었다. "승자는 칼집을 팽개치지 않는다. 이제 너는 최후를 맞이할 것이다." 그는 고지로의 화를 돋우며 고지로의 장검보다 더 긴 노로 고지로의 미간을 겨누었다.

고지로가 잽싸게 그의 머리를 가격했지만, 그의 수건만 둘로 갈랐을 뿐이었다. 그 순간 그의 날카로운 노가 고지로의 발을 후려쳤다. 구경꾼들의 숨이 멎었다. 고지로가 가까스로 일어나자 그는 고지로의 머리를 강타해 죽였다. 그는 머리를 숙여 절하고는 배를 타고 유유히 떠났다. 그 후로 무사시는 천하무적으로 불렸다.

혁신:
어제와 같은 오늘은
절대로 없다

무사시는 신사적이지 않았지만 늘 이겼다. 그의 이기는 비결은 상대방과 상황에 따라 전략을 달리했다는 데 있었다. 그의 적들이 기존의 훈련된 기법을 더 중시했다면 그는 달라진 상황을 더 중시했다. 그는 규칙을 깨뜨렸고 전략을 알아채지 못하게 했다. 어떤 때는 늦게 나타났다가 다른 때는 일찍 나타났다. 어떤 상대와는 두 칼을 쓰다가 다른 상대와는 목검을 썼다. 그는 어제의 공식을 오늘의 상황에 억지로 맞추지 않았다.

어제의 공식에 집착하는 것은 상상력이 결핍됐기 때문이다. 어제의 경직된 눈이 아니라 오늘의 신선한 눈으로 오늘의 달라진 상황을 볼 수 있어야 한다. 《손자병법》에 따르면 한 번 승전하게 한 병법은 되풀이하지 않는다. 시공간에 따라 응전하는 형태는 무궁무진하다. 고수에게 불변의 법칙은 없다. 늘 통하는 전략도 없다. 마법 같은 공식도 없다. 오늘의 달라진 상황과 거기에 따른 전략의 수정이 있을 뿐이다.

오늘은 오늘의 눈으로 본다

나폴레옹 보나파르트는 24세에 프랑스 혁명군 대위에서 준장으로 진급했고 35세에 황제가 됐다. 그는 위대한 장군이었고 전쟁의 천재였다. 그러나 프리드리히 호엔로에(Friedrich Hohenlohe)를 비롯한 프로이센 장군들은 그렇게 생각하지 않았다. 그들에 따르면 나폴레옹은 운이 좋았을 뿐이었고 프랑스 군대는 엉성했다.

호엔로에는 프로이센을 강대국으로 키워낸 프리드리히 대왕 밑에서 복무한 적이 있었고 승진을 거듭해 장군이 됐다. 그는 다른 장군들과 마찬가지로 프리드리히 대왕의 승전 사례들을 맹렬히 탐구했다. 그에게 전쟁은 수학적인 원리가 시간을 초월해 적용되는 과업이었다. 프로이센 군인들은 정교한 전투기술을 한 대의 획일적인 기계처럼 수행할 수 있도록 훈련을 반복했다.

1806년 10월 드디어 기회가 왔다. 나폴레옹의 협정 파기가 계속되자 프로이센의 프리드리히 빌헬름 3세(Friedrich Wilhelm III)가 전쟁을 선포하게 된 것이었다. 호엔로에 등 프로이센 장군들은 프리드리히 대왕의 모범을 따라 일사불란한 대형으로 프로이센 남부를 통과해 프랑스 군대를 공격하려고 했다. 그들은 작전이 프랑스 군대에 누출된 것을 깨달았지만 그대로 프로이센 군대를 움직였다.

그런데 나쁜 소식이 날아들었다. 정찰대에 따르면 분산돼 있는 줄로 알았던 나폴레옹의 부대가 서쪽으로 진군해 본대와 합류한 후 프로이센 남부로 모여들었다. 게다가 프랑스 군인들은 배낭을 짊어지고 행군했다. 프로이센 군대가 느려터진 짐수레로 보급품을 운반한 데 반해 프랑스 군대는 개인 배낭을 활용함으로써 기동력을 크게 높일 수 있었다.

갑자기 나폴레옹의 군대가 북쪽으로 선회해 프로이센의 심장부인 베를린으로 직진했다. 프로이센 장군들은 우왕좌왕하면서 이리저리 군대를 이동시켰다. 공포감이 엄습했다. 프로이센 왕이 퇴각을 명령했다. 북부에서 재결집해 프랑스 군대의 측면을 치겠다는 것이다. 당시 호엔로에는 퇴각하는 프로이센 군대를 보호하는 후위대를 맡았다.

1806년 10월 14일 그는 예나(Jena) 근처에서 나폴레옹과 맞닥뜨렸다. 양측의 병력은 엇비슷했다. 전투는 막상막하였지만 프랑스 군대가 피어첸하일리겐(Vierzehnheiligen) 마을을 점령했다. 그는 그곳을 탈환하라는 명령을 내렸다. 그러자 프리드리히 대왕의 전례를 따라 군악대 장교가 북으로 구령 박자를 연주했고 프로이센 군인들은 군기를 휘날리며 완벽한 대열을 만들었다. 프로이센 군인들은 탁 트인 평지에 있었고 프랑스 군인들은 지붕 위나 벽 뒤에 있었다. 프로이센 군인들은 프랑스 군인들의 손쉬운 과녁이었다.

당황한 호엔로에가 진격을 멈추고 대형을 바꾸라고 지시하자 다시 북소리가 울리고 프로이센 군인들은 빈틈없이 대열을 맞추어 행진했다. 그때 프랑스 군인들이 느닷없이 나타나 공격했다. 프로이센 군인들은 카드로 만든 집처럼 삽시간에 무너졌다. 프로이센의 요새들은 차례로 함락됐고 프로이센 왕은 동쪽으로 피신해야 했다. 그렇게 예나 전투는 프로이센 군대의 패배로 끝났다.[18]

나폴레옹의 전략은 혁신적이었고 나폴레옹의 군대는 빨랐다. 그러나 프로이센 장군들은 이전에 통했던 공식을 반복했고 프로이센 군대는 열병식에 참가한 자동인형처럼 움직였다. 젊은 나폴레옹은 전투마다 다르게 싸웠지만 늙은 프로이센 장군들은 과거의 성공에 매달렸다.

어제의 성공 경험이 오늘에는 전혀 작동되지 않는다. 대상과 상황이 바뀌었기 때문이다. 어제의 성공은 오늘의 성공에 가장 큰 걸림돌이 될 수 있다. 오늘은 오늘의 신선한 눈으로 봐야 하고 오늘의 문제는 오늘의 해법으로 풀어야 한다. 고수에게는 늘 통하는 비결이 없다. 불변의 법칙도 없다. 마법 같은 공식도 없다. 고수는 달라진 대상과 상황에 따라 전략을 수정하고 변경한다. 그때그때의 유연한 순발력을 발휘할 뿐이다. 리더라면 무사시처럼, 전통과 규칙을 깨뜨리고 전략을 숨기며 도무지 예상할 수 없는 방식으로 싸워야 할 것이다.

혁신:
어제와 같은 오늘은
절대로 없다

약점을 무기로 바꾸는 법
아우스터리츠 전투(1805년)

1800년 나폴레옹 보나파르트(Napoleon Bonaparte, 1769~1821)는 이탈리아 북부의 마렝고(Marengo) 평원에서 오스트리아군을 물리치고 이탈리아 북부를 차지했다. 마렝고 전투에서 패배한 오스트리아는 프랑스와 강화조약을 맺고 오스트리아와 벨기에에서 프랑스가 영토를 확장하는 것을 묵인해야 했다. 5년간 불안한 평화상태가 지속됐다.

그러다가 나폴레옹이 황제의 자리까지 오르자 당시 오스트리아군의 원로이자 실세였던 카를 마크(Karl Mack) 장군은 대규모 군대를 동원해 프랑스를 먼저 치자고 제안했다. 그의 제안이 서서히 힘을 얻으면서 1805년 4월 오스트리아·러시아·영국이 3국 동맹조약을 체결했다. 그해 여름 3국은 전쟁 계획을 짰다.

9만 5000명의 오스트리아군이 이탈리아 북부의 프랑스군을 치는 한편 마크 장군의 병력 7만 명이 도나우(Donau) 강을 따라 서쪽으로 이동해 오늘날의 독일 남동부의 바이에른(Bayern) 왕국이 프랑스로 넘어가지 못하도록 막는다는 것이었다. 그럴 뿐만 아니라 몇 주 후 7만 5000명의 러시아군이 바이에른에서 합류해 함께 프랑스를 침공하기로 했고 영국군은 해상에서 프랑스를 공격하기로 했다.

그해 9월 나폴레옹은 최대의 위기를 맞았다. 오스트리아 남부에서는 오스트리아군이 이탈리아 북부의 프랑스군을 공격하고 있었고, 오스트리아 동부에서는 마크 장군의 병력이 바이에른 지방으로 들어가고 있었다. 러시아의 미하일 쿠투조프(Mikhail Kutuzov) 장군이 이끄는 대규모 병력도 마크 장군의 병력과 바이에른에서 합류하기 위해 움직이고 있었다. 오스트리아의 빈 동부에는 오스트리아와 러시아의 예비부대가 대기 중이었다.

9월 중순 마크 장군은 바이에른 왕국의 중심지 울름(Ulm)으로 진격해 진영을 갖추었다. 그는 이탈리아 북부의 프랑스군이 오스트리아군의 공격을 받으면 바이에른 지방에 7만 명 이상의 병력을 급파하기는 어려울 것으로 보았다. 그는 승리를 자신했다. 그러나 9월 말이 되자 예상 밖의 상황이 벌어졌다. 프랑스군이 곳곳에서 동시다발로 출몰했다. 어디가 진짜인지 혼란스럽게 만들었다.

10월 초에는 프랑스군이 도나우 강을 건너 울름 동쪽으로 이동해 마크 장군의 병력이 오스트리아로 되돌아가는 길을 차단하고 러시아군의 이동로도 막았다. 물론 오스트리아 남부에도 프랑스군 일부가 남아 이탈리아로 남하하는 길목을 봉쇄하고 있었다. 7만 명의 프랑스군이 어찌 그리 빨리 여러 곳에 나타날 수 있었단 말인가. 마크 장군은 겁에 질려 이리저리 탈출구를 모색했다.

10월 11일 그는 프랑스군의 규모가 작은 북동쪽 길을 찾아냈다. 그러나 이틀 후 그가 퇴각 명령을 내릴 즈음 갑자기 대규모의 프랑스군이 나타나 북동쪽 진로마저 차단해버렸다. 10월 20일 그는 러시아군이 지원병력을 보내지 않기로 했다는 소식을 접하고는 프랑스군에 백기를 들었다. 프랑스군의 동시다발적인 기동전에 6만 명이 넘는 오스트리아군이 한 번 싸워보지도 못하고 포로가 되고 만 것이었다.

나폴레옹은 러시아의 쿠투조프 장군보다 더 빨리 바이에른에 진격함으로써 러시아군을 차단하는 동시에 마크 장군의 오스트리아군도 포위할 수 있었다. 이제 나폴레옹의 목표는 쿠투조프 장군의 러시아군을 따라잡는 것이었다. 나폴레옹은 병력 대부분을 빈으로 행진시켜 퇴각하는 러시아군을 공략하고자 했다.

유연한 사고가 이긴다

그러나 날씨는 궂었고 프랑스군은 지쳐 있었다. 노련한 쿠투조프 장군의 계책도 먹혔다. 러시아군은 가까스로 프랑스군을 피해 오스트리아군이 머물고 있던 빈 북동쪽의 올뮈츠(Olmütz) 마을로 들어갈 수 있었다. 갑자기 전세가 역전됐다. 프랑스군의 신속한 기동전이 불가능해졌다. 여기저기 분산돼 있었기에 나폴레옹의 군대는 근거리에서 서로 지원하며 재빨리 움직이는 것이 어려웠다. 병사들도 지쳐 있었고 군수품은 모자랐다.

이탈리아 북부의 프랑스군과의 싸움을 포기하고 퇴각하던 오스트리아군은 북동쪽으로 진군해 나폴레옹의 남부전선에 위협을 가했다. 북쪽에서는 나폴레옹의 곤경을 알아챈 프로이센이 참전을 고민하는 중이었다. 남쪽과 북쪽에서 동시에 공격이 진행된다면 나폴레옹의 통신망과 보급망은 완전히 차단되고 나폴레옹의 운명은 끝날 수도 있었다.

나폴레옹의 고민은 깊어만 갔다. 쿠투조프 장군을 더 추격하자니 전선이 가늘어질 것이고, 가만히 있자니 적의 압박이 목을 조일 것이었다. 퇴각하기도 쉽지 않았다. 11월 중순의 기후가 악화되는 중이었고 적의 대대적인 반격이 예상됐다. 퇴각은 병사들의 사기를 떨어뜨리고 울름 전투의 승리를 헛되게 만들 것이었다. 프랑스군의 퇴각을 틈타 프로이센군과 영국군이 개입할 가능성도 컸다.

나폴레옹은 지도를 펴놓고 뚫어지게 바라보며 며칠 동안 깊은 생각에 잠겼다. 한편 올뮈츠에서는 오스트리아의 왕과 러시아의 왕까지 가담해 나폴레옹의 움직임을 주시하고 있었다. 그들은 울름에서의 패배를 설욕할 수 있을 것으로 기대했다. 11월 25일 나폴레옹이 병력 대부분을 빈과 올뮈츠의 중간에 있는 아우스터리츠(Austerlitz)로 이동시켰다는 보고가 오스트리아 정찰병들로부터 날아들었다.

나폴레옹이 프라첸 고원을 점령하려는 것처럼 보였다. 나폴레옹의 병력은 5만 명이었다. 오스트리아와 러시아의 동맹군에 비해 절반도 안 됐다. 11월 27일 오스트리아의 프란츠 1세(Franz I)는 유리한 상황이었지만 프랑스군의 공격력을 감안해 휴전협정을 제안했다. 시간을 벌어 프랑스군을 완전히 봉쇄하려는 속셈도 있었다. 동맹군 장군들은 나폴레옹이 함정에 걸려들지 않을 것이라고 보았다. 그런데 나폴레옹은 겁에 질려 휴전협상에 적극적으로 나서는 듯했다.

11월 29일 나폴레옹은 프라첸 고원을 점령하더니 주둔을 포기하고는 서쪽에 자리를 잡고서 연거푸 기병대의 위치를 재배치했다. 갈팡질팡하는 것 같았다. 다음 날 나폴레옹은 러시아의 알렉산드르 1세를 직접 만나고 싶다는 요청을 해왔다. 알렉산드르 1세(Aleksandr I)는 특사를 보냈다. 특사의 협상 조건을 그대로 받아들인 것은 아니었지만, 나폴레옹은 기죽은 듯이 특사의 말을 들었다. 그런 소식이 전해지자 젊은 알렉산드르 1세는 더 이상 기다리고만 있을 수 없어 안달이 났다.

프라첸 고원을 포기한 나폴레옹은 자멸의 길에 접어든 것 같았다. 남부전선은 취약했고 빈으로 가는 남서쪽 퇴각로는 노출된 상태였다. 동맹군이 남부의 핵심거점인 프라첸 고원을 점령해 남부전선을 무너뜨리고 남서쪽 퇴각로를 막은 다음 북쪽으로 이동해 프랑스군을 포위한다면 나폴레옹에게는 죽음만 남게 되는 상황이었다. 그 절호의 기회를 알렉산드르 1세로서는 놓칠 수 없었다. 주저하던 프란츠 1세를 설득해 12월 2일 아침 공격을 개시했다.

약점이 드러나게 만든다

동맹군의 2개 사단이 프랑스군의 북쪽을 공격하는 동안 동맹군의 대부분은 프라첸 고원으로 이동해 그곳을 점령한 후 취약한 남부전선을 공략하기 위해 남쪽으로 이동하고 있었다. 그런데 그날 오전 9시 프라첸 고원에 남아 있던 동맹군의 나머지 부대가 남쪽으로 향했을 때 뜻밖의 소식이 날아들었다. 대규모의 프랑스군이 갑자기 동쪽으로 방향을 잡고 프라첸 마을과 동맹군 전선의 중심부로 진격하고 있다는 것이었다.

쿠투조프 장군은 위험을 직감했다. 남부전선에 너무 많은 병력을 보낸 바람에 동맹군 전선의 중심부가 뚫릴 지경이었다. 맨 마지막에 프라첸 고원을 빠져나간 부대를 되돌리려고 했지만 이미 늦었다. 그날 오전 11시 프랑스군은 프라첸 고원을 재탈환하는 데 성공했다. 남서부로부터 증원부대까지 도착해 프랑스군의 남부전선이 강화됐다. 동맹군의 포위작전은 수포로 돌아갔고 전세는 역전됐다.

프랑스군은 프라첸 마을을 통해 동맹군 전선의 중심부를 돌파하는 한편 남부로 통하는 퇴각로도 차단했다. 동맹군은 북부, 중앙, 남부로 분열되고 고립됐다. 최남단에 있던 러시아군은 더 남쪽으로 후퇴하려고 시도하다가 꽁꽁 언 호수와 습지에 빠져 수천 명이 목숨을 잃었다. 러시아군은 전사자 2만 명을 내고 폴란드로 물러났다.

그날 오후 5시 휴전협정이 체결됐다. 동맹군의 손실은 막대했다. 동맹도 붕괴되고 말았다. 현재의 슬로바키아 슬라프코프(Slavkov) 인 아우스터리츠에서 프랑스군이 거둔 승리는 나폴레옹의 생애 가운데서 가장 빛나는 승리로 기록됐다. 나폴레옹은 약세와 수세에도 불구하고 이겼다. 유연한 사고 덕분이었다. 그에게 고정불변의 원칙은 없었다. 상황에 따라 변칙을 구사했다. 그는 목표와 전략을 정해 놓고 돌격하기보다는 상황의 변화에 따라 목표와 전략을 바꾸었다.

그는 공격과 방어를 별개로 보지 않고 하나로 묶어서 보았다. 방어태세를 갖추는 듯이 해서 공격을 숨겼고 공격태세를 취하는 듯이 해서 취약한 부분을 방어했다. 그는 빈을 점령한 후 아우스터리츠로 진격해 공격태세를 취함으로써 압도적인 숫자의 동맹군을 놀라게 했다. 그 후 나폴레옹은 한발 물러나 방어태세를 갖춘 다음 공격과 방어 사이를 오가면서 혼란에 빠진 듯한 모습을 연출했다. 러시아의 특사 앞에서도 일부러 약한 모습을 보였다. 오히려 그의 유인작전에 동맹군이 말려들었던 것이다.

올뮈츠에서 동맹군은 막강한 방어태세를 유지하고 있었지만, 나폴레옹을 가볍게 보고 쉽게 움직였다. 나폴레옹은 즉시 공세로 전환해 반격을 가했다. 공격하려던 상황이 방어해야 하는 상황으로 급변하자 동맹군의 사기는 땅에 떨어졌고 러시아군은 서둘러 퇴각하다가 얼음 구덩이에 빠지고 말았다. 나폴레옹은 물리적인 측면뿐만 아니라 심리적인 측면에서도 성공한 것이었다.

공격과 방어를 유연하게 섞어야 한다. 거칠게 공격만 하다가는 신중함을 잃게 되고 늘 방어만 하다가는 구석까지 몰리게 된다. 두 경우 다 적에게 간파당하고 만다. 허점을 흘리며 방어태세를 갖추면 적이 방심하며 공격하다가 약점을 노출하게 된다. 그러면 한순간에 반격을 가할 수 있다. 고정불변은 없다. 대상과 상황에 따라 유연하게 바꾸어야 한다. 전세가 불리해도 유연성과 지략이 이기게 한다.

침묵하다가 반격한다

1932년 프랭클린 루스벨트는 뉴욕 주지사 임무를 마치고 민주당 후보로 대선에 나섰다. 상대는 대통령이었던, 공화당의 허버트 후버(Herbert Hoover)였다. 당시 미국은 한창 대공황을 겪던 중이었고 후버는 그 난국을 돌파할 능력이 없어 보였다. 후버는 자신의 전력에 약점이 많았던 탓에 루스벨트를 사회주의자로 내몰며 거세게 밀어붙였다.

루스벨트는 직접 대응하지 않았고 전국을 돌며 대공황에서 탈출하는 구상을 소상히 밝히지는 않았지만, 자신감을 내비쳤다. 후버의 격렬한 공세에도 루스벨트는 예상보다 훨씬 큰 차이로 이겼다. 선거 후 몇 주간 루스벨트는 대중 앞에서 거의 모습을 감추었다. 그러자 보수파 정적들의 공격이 시작됐다. 대통령직을 수행할 준비가 안 돼 있다는 비판이 집요하게 나돌았다.

하지만 루스벨트는 대통령 취임식에서 감동적인 연설을 했고 취임 후 몇 개월간 적극적인 공세로 전환해 신속한 입법조치를 단행했다. 헐뜯던 목소리들이 사라졌다. 그 후 몇 년간 그런 방식의 싸움이 되풀이됐다. 대법원이 루스벨트의 사회정책을 위헌이라고 판시했다. 정적들이 사방에서 언론을 통해 공격했다. 루스벨트는 일단 피했고 집중포화는 더 거세지는 것 같았다.

그러나 루스벨트는 때를 기다렸다. 맞대응하지 않음으로써 일방적인 공격과 비방이 되게 했다. 그러다가 선거를 한두 달 앞두고 공세로 전환하곤 했다. 방심하고 있던 정적들은 일격에 무너졌고 진상을 알게 된 유권자들의 관심은 루스벨트에게로 쏠렸다. 루스벨트는 침묵하다가 적시에 정적들의 공격과 비방을 조롱거리로 만들었다.

루스벨트는 정적들이 먼저 요동하도록 놓아두었다. 공격하든지, 상세히 입장을 설명하든지 여하튼 어디에선가 약점이 드러날 것이기 때문이었다. 루스벨트가 침묵하는 동안 정적들이 이성을 잃고 도를 넘어서는 발언들을 마구 쏟아내 유권자들의 마음을 질리게 하고 나면 루스벨트는 그 발언들을 근거로 최후의 일격을 날리곤 했다.[19]

루스벨트가 그렇게 한 데는 신체적인 이유도 있었다. 루스벨트는 39세에 척수성 소아마비에 걸려 하반신을 쓸 수 없었다. 그런 약점 때문에 일단 뒤로 물러났다가 적기에 반격을 가하는 유연성을 더욱 기를 수 있었다. 그 결과 루스벨트는 대공황을 이겨내고 2차 세계대전을 승리로 이끌면서 미국의 유일한 4선 대통령이 됐다.

참지 못하고 조급한 사람은 상대방의 약점이 드러나는 적기를 기다리지 못할 뿐만 아니라 다양한 가능성에 대해서도 곰곰이 생각하지 않는다. 급하게 돌진하다가 선택의 폭을 좁히고는 마침내 막다른 골목에 빠진다. 공격자가 아무리 강할지라도 약점은 있게 마련이다. 미리 절망해서는 안 된다. 강점에 의존하는 것 자체가 외통수의 약점이 될 수도 있다.

한발 물러나 기다리면 상대방의 허점을 찌르는 반격의 기회를 잡을 수 있다. 상대방이 먼저 날뛰도록 인내하는 사람이 늘 유리한 고지를 차지한다. 심사숙고하며 신중하게 방어하다가 재빠르고 대담하게 반격해야 한다. 그런데 상대방이 똑같이 인내하고 기다린다면 오히려 기회를 틈타 공격에 나서는 것도 유연하게 고려해야 할 것이다.

차분히 기다리면 선택의 폭을 넓힐 수 있고, 급하게 서두르면 선택의 기회를 놓치게 된다. 신중하게 방어하며 기다리다가 상대방의 약점이 드러날라치면 재빨리 반격한다. 아무리 강해도 약점은 있게 마련이다. 상대방이 먼저 움직이도록 인내하면 상대방의 약점은 드러나게 된다. 사고가 유연하면 이길 수 있다. 물리전과 심리전, 공격과 방어, 전진과 후퇴를 교묘하게 뒤섞어 상대방을 어지럽게 하고 날뛰게 해야 한다. 리더라면 나폴레옹처럼, 포위의 위기에서도 심사숙고하며 묘안을 짜내다가 일시에 돌파하고 격파할 수 있어야 할 것이다.

현실보다 인식이 더 중요하다
셰넌도어 전투(1861~1865년)

미국 남북전쟁(1861~1865)이 발발한 지 1년쯤 되자 남부연합의 상황은 암담했다. 주요 전투에서 잇따라 패했고, 사기는 떨어졌으며, 신병 모집도 쉽지 않았다. 북군의 조지 매클렐런(George McClellan) 소장은 남군의 그런 약점을 간파하고는 대규모 병력을 이끌고 버지니아 해안을 향해 출발했다. 거기서 남군의 수도 리치먼드(Richmond)까지 진군할 계획이었다. 워싱턴 인근의 북군도 링컨의 출병 약속에 따라 리치먼드 쪽으로 합류할 예정이었다.

그렇게 되면 리치먼드의 운명뿐만 아니라 남부연합의 운명도 끝이었다. 당시 남군의 스톤월 잭슨(Stonewall Jackson, 1824~1863) 장군은 자신이 직접 모집하고 훈련시킨 3600명의 병사와 함께 버지니아의 셰넌도어(Shenandoah) 계곡에 주둔하고 있었다. 그는 소규모의 오합지졸들을 데리고 리치먼드를 지켜내야 했다. 그는 도무지 싸움이 안 되는 약세였지만 문제의 표면을 넘어 그 이면을 보려고 애썼다. 아무리 강자라도 아킬레스의 건, 그러니까 치명적인 약점이 있다. 그것을 찾아내 공략해야 한다.

매클렐런은 웨스트포인트 사관학교(West Point Academy) 시절 그의 급우였는데, 말이 많고 경솔한 것 같았지만 사실은 걱정이 많고 실수하지 않으려고 지나치게 조심하는 성격이었다. 매클렐런은 남군의 2배가 넘는 9만 명의 병력을 이미 가지고 있었지만, 더 압도적인 우위를 차지할 때까지는 움직이지 않을 것이었다. 매클렐런은 링컨이 약속한 증원군을 기다릴 것이고 링컨은 딴 지역에서 문제가 생기면 증원군을 보내지 않을 것이 분명했다. 상대방의 입장에서 지피지기하는 공감능력이 상대방의 가장 낮은 곳의 뒤쪽에 숨어 있는 아킬레스의 건을 찾아낸다.

1862년 3월 22일 북군의 너새니얼 뱅크스(Nathaniel Banks) 장군은 매클렐런의 군대와 합류하기 위해 셰넌도어 계곡에 주둔하고 있던 병력 중 3분의 2를 동쪽으로 이동시켰다. 워싱턴 근교에 있던 어빙 맥도웰(Irvin McDowell) 장군의 북군도 곧 리치먼드로 행군할 것이었다. 잭슨은 신속하게 움직여야 했다. 그는 북쪽으로 이동해 컨스타운(Kernstown) 근처의 셰넌도어 계곡에 남아 있던 북군을 급습했다. 전투는 치열했고 남군은 재앙에 가까운 패배를 당했다.

그런데도 잭슨은 이상하게 만족하는 듯했다. 며칠 후 링컨이 뱅크스의 병력을 되돌려 보냈고 맥도웰의 병력도 그대로 머물게 했다는 소식이 들렸다. 컨스타운 전투는 링컨의 걱정을 불러일으키기에 충분했다. 링컨은 셰넌도어 계곡이 다시 평온해진 후에야 뱅크스의 병력과 맥도웰의 병력을 매클렐런에게 보낼 참이었다. 매클렐런은 링컨의 조치를 따르지 않을 수 없었다. 당장에라도 리치먼드를 공격할 수 있었지만 증원군을 더 기다리기로 했다.

컨스타운 전투 후 잭슨은 뱅크스의 전선에서 벗어나 남쪽으로 후퇴해 몇 주간 숨어 지냈다. 1862년 5월 초 링컨은 셰넌도어 계곡이 잠잠해졌다고 판단하고는 맥도웰을 리치먼드로 이동시켰다. 뱅크스도 맥도웰과 합류할 준비를 했다. 다시 잭슨의 움직임이 빨라졌다. 그는 맥도웰을 향해 동쪽으로 이동하다가 다시 돌아서서 계곡을 향해 서쪽으로 행진했다. 그의 종잡을 수 없는 행동에 링컨은 또 흔들렸다.

링컨은 맥도웰의 전진을 중단시켰고 뱅크스의 병력 중 절반만 맥도웰에게 보내 잭슨의 공격을 방어하도록 했다. 북군의 계획은 망가졌고 병력도 여기저기 분산돼 서로 지원할 수 없게 됐다. 그러기를 기다렸다는 듯이 잭슨의 맹공이 개시됐다. 1862년 5월 24일 인근의 남군 병력과 합세해 전력을 더 키운 그는 병력 분산으로 한층 약화된 계곡의 북군을 향해 진격했다. 그가 북군의 측면을 기습하자 북군은 포토맥 강으로 급히 후퇴했다.

그의 추격은 계속됐고 북군의 수도 워싱턴은 공포의 도가니에 빠졌다. 링컨은 맥도웰의 병력 중 절반을 불러들여 워싱턴을 방어하게 했다. 또다시 매클렐런은 그 자리에 주저앉아 있어야 했다. 잭슨은 추격을 멈추고 물러났다. 그는 3600명의 소규모 병력으로 3개월간

6만 명의 북군을 이리저리 따돌렸다. 그러는 동안 남군은 리치먼드 방어를 충분히 준비할 수 있었다. 그 결과 남북전쟁의 양상이 뒤바뀌었다.[20]

잭슨은 가소로울 정도로 약세였지만 정보, 속도, 기동력, 기습에서는 북군보다 우위였다. 그는 적을 당황하게 하고 엉뚱한 길로 이끌며 뜻밖의 순간에 공격하면 소규모로 대규모를 이길 수 있다고 자신했다. 그는 예측불허의 행군과 신속한 기습을 통해 북군을 속였다. 그의 허세는 실세처럼 부풀려질 수 있었다. 링컨과 매클렐런은 그런 그에게 기발한 책략과 대규모 병력이 있다고 믿을 수밖에 없었다. 그래서 함부로 공격에 나서지 못했고 병력을 잘게 쪼개어 방어에 치중했다.

단기간에 나의 약한 현실을 바꿀 수는 없지만 나에 대한 상대방의 인식은 바꿀 수 있다. 내가 약세일지라도 예측할 수 없는 방식으로 무모하리만치 과감하게 급습하면 상대방은 나의 세력에 대해 과대평가하면서 뒤로 물러나 방어에 전념하게 될 것이다. 시간이 흐를수록 더 위축될 수밖에 없는 약세라면 불시에 전격전을 벌임으로써 굳어진 판세에 충격을 가할 수 있다.

종잡을 수 없이 행동한다

1940년 말 영국군은 이집트에서 확고한 위치를 다진 데 이어 리비아 북동부의 항구도시 벵가지(Benghazi)도 확보할 수 있었다. 영국군은 서쪽으로 리비아의 수도 트리폴리(Tripoli)까지 진격해 이탈리아군을 리비아에서 완전히 몰아내고자 했다. 그러다가 당시 중동 지역의 영국군 총사령관이었던 아치볼드 웨이벌(Archibald Wavell) 장군의 명령에 따라 영국군의 행군이 중단됐다.

이탈리아군이 사막전에 약하기 때문에 영국군이 리비아에서 방어선을 구축하고 병력을 증원한 후 1941년 4월쯤 총공세를 펼친다는 계획이었다. 1941년 2월 에르빈 롬멜 장군이 지휘하던 여단급 독일군이 트리폴리에 도착했다는 소식이 전해졌지만, 영국군은 그 계획을 바꾸지 않았다. 롬멜은 1년 전 프랑스에서 전격전으로 명성을 떨쳤지만, 트리폴리에서는 이탈리아군의 지휘 아래 있어야 했다.

그의 독일군은 보급 사정이 열악한 이탈리아군에 의존해야 했고 규모도 작아 영국군을 위협하기에는 역부족이었다. 게다가 트리폴리 방어에만 치중하라는 히틀러의 명령도 있었다. 그런데도 롬멜은 1941년 3월 말 동쪽으로 돌격했다. 그의 기계화 부대는 더 작은 단위로 쪼개어져 영국군의 측면과 후방을 불시에 습격했다. 엄청난 속도로 밤에 이동해 급습하자 영국군의 방어선이 여기저기서 뚫렸다. 몇 주 후 그는 카이로에 있던 웨이벌에게 모욕감을 안기며 이집트 국경까지 진군했다.

롬멜은 극심한 보급난과 험난한 지형에도 아주 적은 숫자의 탱크를 이리저리 끊임없이 가동해 영국군을 큰 혼란에 빠뜨렸다. 그의 행동은 제멋대로인 것 같았다. 예상 밖의 방향에서 출몰하고 포위하고 공격했다. 병력을 부풀리려고 먼지바람을 일으키는 트럭부대를 투입하기도 했다. 심지어 그는 가장 약한 탱크들을 전진시켰다가 후퇴시키는 유인작전을 펼쳤고 영국군 탱크들은 많은 먼지를 일으키며 추격하다가 독일군 포격선까지 진입하곤 했다.

롬멜의 전격전에 신속하게 대응해야 한다는 압박감 때문에 영국군의 실수는 거듭됐다. 언제 어느 방향에서 그가 출몰할지 몰라 영국군의 방어선은 길어지고 얇아졌다. 영국군은 압도적으로 우세했지만 그의 출몰 소식만 들어도 진지를 버리고 도망쳤다. 그의 파죽지세는 히틀러의 러시아 정복욕 때문에 꺾였다. 이집트 진격에 필요한 증원군과 보급품이 끊기게 된 것이었다.

롬멜은 영국군이 이집트에서 더욱 많은 병력과 보급품을 얻어 점점 더 강해질 것으로 보았다. 그렇게 되면 가뜩이나 적은 독일군은 더 쓸모없어질 것이 뻔했다. 그는 선제공격으로 판세를 뒤흔들었고 속도, 기동력, 기습, 기만을 총동원해 공격의 주도권을 장악해나갔다. 우발적이고 도발적인 전격전은 가소로운 병력으로 가공할 만한 성과를 올리게 한다. 그러나 자주 하면 실체가 탄로 나 몰살당할 수도 있다.

상대방을 이기려면 나에 대한 상대방의 인식을 교란시켜야 한다. **내가 강하면 약하다고 인식시키고 내가 약하면 강하다고 인식시켜야 한다. 단기간에 나의 약한 현실을 바꿀 수는 없어도 무모하리만치 돌발적인 행동을 통해 나에 대한 인식은 바꿀 수 있다.** 내가 약세일지라도 상대방을 당황하게 하고 엉뚱한 길로 유인하며 의외의 순간에 급습하면 상대방은 나의 세력에 대해 과대평가하면서 뒤로 물러나 방어에 치중하게 된다. 잭슨처럼, 가소로울 정도의 약세이지만 종잡을 수 없는 행동으로 굳어진 판세에 균열을 가할 수 있는 리더인가.

재정의할 때 재창조가 이뤄진다

미드웨이 해전(1942년)

1942년 4월 18일 미국 항공모함에서 발진한 B-25 폭격기 16대가 도쿄 상공에 나타나 일제히 폭탄을 투하하고는 사라졌다. 1941년 12월 7일 일본군의 진주만 공습에도 미국 해군이 여전히 살아 있다는 증거였다. 일본군 연합함대의 야마모토 이소로쿠 사령관은 뭐든지 빨리 조치해야 한다고 느꼈다. 그는 하와이 군도의 미드웨이(Midway) 섬들을 공격하기로 결심했다.

먼저 알래스카 근처의 알류산(Aleutian) 열도를 기습해 미국 해군의 관심을 돌려놓은 다음, 미드웨이의 미국 해군기지를 공습함으로써 미국 항공모함을 미드웨이로 유인해 격침한다는 작전계획이 세워졌다. 야마모토 사령관은 진주만 공습 때보다 더 막강한 전력을 미드웨이 해전에 결집시켰다. 항공모함 8척, 전함 11척, 순양함 20척, 구축함 60척, 잠수함 15척, 수송선 16척, 유조선 9척, 폭격기 650대가 동원됐다. 일본 해군에는 세계 최고 수준의 전함, 장거리포, 어뢰가 있었다.

그에 비해 미국 해군력은 크게 열세였다. 진주만 공습으로 전함은 다 격파돼 단 한 척도 없었다. 항공모함은 4척이 살아남았지만 미드웨이 해전이 일어나기 한 달 전에 있었던 산호해 해전에서 한 척이 일본에 의해 격침돼 모두 3척뿐이었다. 그나마 그 중 한 척은 급히 수리된 것이었다. 순양함은 8척, 구축함은 14척이었다. 게다가 일본 조종사들은 진주만 공습을 체험한 베테랑이었고 미국 조종사들은 대부분 신참이었다. 산악이나 정글에서의 게릴라전도 아니고, 산호와 해류가 뒤엉키는 바다에서의 전투도 아니고, 태평양 한복판에서의 전투인 만큼 전력이 우세한 일본 해군의 승리가 뻔히 보였다.

그러나 미국군 태평양함대의 체스터 니미츠 사령관은 일본군의 미드웨이 작전계획을 꿰뚫고 있었다. 이미 암호 해독반을 통해 일본군 암호를 다 풀어놓고 있었던 것이었다. 미국군은 알래스카 근처의 알류산 열도에 있는 기지를 포기했다. 태평양의 미드웨이 기지에서도 전폭기를 철수시켰다. 항공모함도 미드웨이 북쪽에다 정박시켜두고 일본 함대를 기다리게 했다.

1942년 6월 4일 새벽 5시 일본 항공모함 4척에서 폭격기 108대가 날아올라 미드웨이 기지를 공습했다. 그러나 미드웨이 기지를 완파하지는 못했다. 절반의 폭격기들만 출격시켜도 될 것으로 오판했기 때문이었다. 일본군은 2차 공습 시기를 저울질했다. 그 사이에 미국 함대가 빠르게 다가오고 있었다. 원래의 계획대로라면 일본군이 미드웨이 기지를 점령한 후 미국 함대가 나타났어야 했다. 상황이 계획과 다르게 전개되자 일본군은 당황했다.

일본군은 계획에 맞춰 움직이는 데 익숙해 있었다. 그래서 계획에 어긋나면 갈피를 잡지 못하고 허둥댔다. 미드웨이 기지에 대해 2차 공습을 할 것인지, 아니면 다가오고 있는 미국 함대에 맞서야 할 것인지 일본군의 고민은 거듭됐다. 그러다가 미국 함대를 공격하기로 결정하고는 함재기의 폭탄을 어뢰로 교체하기 시작했다. 일본 항공모함의 갑판 위에는 폭탄들이 쌓여갔다. 격납고 곁에도 폭탄들이 방치됐다.

하지만 일본군의 작전계획을 이미 간파하고 있었던 미국군의 반격은 빨랐다. 미국 항공모함에서 전폭기들이 떴다. 대부분이 일본군에 의해 격추됐지만, 급강하 전폭기 편대에서 폭탄 몇 개가 일본 항공모함 갑판 위에 투하됐다. 그러자 갑판 위에 쌓여 있던 폭탄들과 함께 대폭발이 일어났고 일본 항공모함은 침몰했다. 미국군은 전폭기를 총동원해 모두 4척의 일본 항공모함을 가라앉혔다. 일본군 폭격기들의 출격에 격침된 미국 항공모함은 1척뿐이었다.

미드웨이 해전에서 일본군은 항모 4척, 순양함 1척, 전투기 322대, 병력 3500명을 잃었다. 미국군의 손실은 항모 1척, 구축함 1척, 전투기 150대, 병력 307명에 그쳤다. 미국 해군이 미드웨이 해전에서 승리함으로써 태평양 전쟁의 판세가 바뀌었고 2차 세계대전도 1년 더 빨리 종식될 수 있었다.

혁신:
어제와 같은 오늘은
절대로 없다

미국 해군의 승리는 정보력과 공군력의 승리였다. 미국군 태평양 함대의 니미츠 사령관은 일본군의 작전정보를 사전에 확보해놓은 데 이어 해전의 개념을 군함 중심에서 전투기 중심으로 전환시켰다. 당시 미국군 태평양함대에는 전함이 전혀 없었지만, 일본군 연합함대에는 세계 최대의 야마토(大和)를 비롯해 11척의 전함이 있었다. 그러나 니미츠는 전투기를 앞세움으로써 전세를 역전시킬 수 있었다.

일본군은 1905년 쓰시마 해전에서 우세한 군함으로 러시아군을 대파한 이후 군함 중심의 해전을 고집했다. 일본군은 대형 군함을 계속 건조했고 해전에서 계속 승리했다. 1941년 12월에는 당시 세계에서 가장 컸던 야마토가 건조돼 미드웨이 해전에 나섰고, 1942년 8월에는 그다음으로 컸던 무사시(武藏)가 출전했다. 하지만 공군력에서는 일본 해군이 미국 해군보다 열세였다.

일본 전투기는 함대 공격용이어서 기체가 약했고 공중전에도 약했다. 미국 전투기의 총탄 한두 발에도 폭발했다. 일본 조종사들은 경험이 많았지만, 해전의 중심이 공군력으로 전환되자 그렇게 많던 경험도 별다른 소용이 없게 됐다. 미드웨이 해전 이후에는 전투기의 중요성이 더 커졌고 대형 전함은 오히려 약점이 됐다. 1945년 야마토는 오키나와 전투에서 300대의 미국 전투기 공격으로 침몰했고 무사시는 레이테만(Leyte Gulf) 전투에서 다섯 차례의 미국 전투기 공격으로 격침됐다.[21]

일본 군수산업은 시간이 오래 걸리는 대형 군함 제작에서 앞섰지만, 미국 군수산업은 기동성과 안정성을 갖춘 전투기 제작에서 앞섰다. 그런 상황에서 니미츠는 해전의 개념을 군함 중심에서 전투기 중심으로 재정의함으로써 지는 싸움을 이기는 싸움으로 바꿀 수 있었다.

주기적으로 재정의한다

기존의 개념을 재정의하면 새로운 기회를 잡을 수 있다. 호주의 카셀라 와인즈(Casella Wines)는 소비자들이 어려워하는 와인의 개념을 간단하게 재정의했다. '누구나 쉽고 즐겁게 마실 수 있고 색다른 재미를 느낄 수 있는 와인을 만든다.' 카셀라 와인즈는 복잡한 제조기술을 줄였고 긴 숙성 과정을 단축시켰다. 포도 품종도 2가지로 압축했다. 전문용어도 없애고 밝고 간결한 라벨을 붙여 새 브랜드 옐로테일(Yellow tail)을 출시했다. 2년 후 옐로테일은 호주와 미국에서 최고 브랜드가 될 수 있었다.

본죽의 김철호 사장도 환자나 노약자가 먹는 게 죽이라는 통념을 뒤집어 보았다. '소화가 잘되고 영양이 많고 맛도 좋은 죽을 먹고 싶은 만큼 준다.' 그렇게 죽을 재정의했더니 본죽은 개업한 지 6년 만에 체인 가맹점 1000호를 달성할 수 있었다. 스와치가 시계를 패션으로 재정의했듯이 나의 정체성, 사업, 제품, 고객을 진지하게 재정의하는 것만으로도 창조의 실마리를 잡게 될 것이다.

소니는 소형의 고음질 음악기기를 만드는 데 몰두했다. 소니에게

MP3 플레이어는 음질이 떨어졌고 애플의 아이팟은 너무 컸다. 그러나 애플은 음악기기를 재정의했다. '며칠을 들어도 다 듣지 못할 음악을 주머니 속에 넣고 다닌다면 얼마나 좋을까.' 소니가 MP3 플레이어를 '품질이 나쁜 워크맨'으로 보았다면 애플은 그것에서 '주머니 속의 레코드숍'을 떠올렸다. 스티브 잡스의 말마따나 소니는 뭘 몰랐고 애플은 뭘 알았다.

트위터는 자신을 소셜네트워크서비스(SNS)가 아니라 '뉴스 전달 매체'라고 재정의하고 페이스북도 자신을 SNS가 아니라 '소셜 플랫폼'이라고 재정의한다. 카카오톡은 자신을 문자 메시지 애플리케이션이 아니라 '모바일 플랫폼'이라고 재정의한다. 아마존닷컴은 자신을 '클라우드 컴퓨팅업체'라고 재정의함으로써 기존의 전자상거래 업체라는 이미지에서 크게 벗어나 있다.

100년을 이어 성장하는 기업들은 자기 정체성이 분명하다. 자신이 누구인지, 무엇을 만들어 제공해야 하는지, 무슨 가치를 창출해야 하는지 확실히 안다. 자신의 핵심가치와 핵심역량 그리고 경쟁기업과의 차별성을 제대로 인식하고 있다. 자기 자신과 자기 일의 정체성에 대해 주기적으로 재정의함으로써 재창조의 기회를 잡을 수 있어야 한다.[22]

자기 자신의 핵심가치와 핵심역량 그리고 남다른 차별성을 분명히 인식하는 데서 더 나아가 주기적으로 재정의할 수 있어야 한다. 대상과 상황이 계속 바뀌기 때문이다. 자기 자신과 과업의 정

체성을 재정의하면 재발견과 재창조의 기회를 잡게 된다. 니미츠는 해전의 개념을 상대방의 강점인 전함 중심에서 자신의 강점인 전투기 중심으로 전환해 미드웨이 해전을 승리로 이끌 수 있었다. 니미츠처럼, 기존의 개념을 상대방에게는 불리하고 자신에게는 유리하게 재정의함으로써 지는 싸움을 이기는 싸움으로 돌려놓을 수 있는 리더인가.

자멸로 돌진하는 무차별 돌격
과달카날 전투(1942~1943년)

1942년 일본군이 호주 동북부의 솔로몬(Solomon) 군도의 과달카날(Guadalcanal) 섬에 상륙해 비행장을 닦기 시작했다. 일본군이 제주도 크기의 3.5배인 과달카날 섬을 장악하면 호주가 일본군의 제공권 안에 들어가게 되고 미국에서 호주로 가는 해상 수송로도 봉쇄된다. 당시 호주는 전쟁 준비가 전혀 안 돼 있었고 전쟁 물자를 다 미국에 의존하고 있었다.

호주가 일본의 수중에 떨어지면 미국은 태평양 전진기지를 상실하게 돼 태평양 전체를 일본에 넘겨주어야 할 판이었다. 미국이 하와이에서 함대와 해병대를 출동시켜 태평양의 섬을 점령한다는 것은 불가능했다. 미국군은 반격에 나서지 않을 수 없었다. 1942년 8월 미국군은 1만 1000명의 해병 1사단을 급파했다.

당시 일본군이 제해권과 제공권을 쥐고 있었기에 미국군은 겨우 해병대를 상륙시킬 수 있었다. 그러나 일본군이 몰려온다는 소문에 미국군 함대는 탄약과 보급품을 절반도 내리지 않고 내뺐다. 다행히 상륙한 미국군은 일본군 주둔지에서 10일치의 식량을 뺏을 수 있었다. 미국군의 반격을 전혀 예상하지 못했던 일본군이 300명의 공병대만 선발대로 파견했었고 거기에 일본군 본대를 위한 군수품을 미리 비축해놓게 했던 것이다.

그래도 미국군은 여전히 탄약과 보급품의 고갈에 시달리며 일본군에 맞서야 했다. 미국군 지휘부는 장기전으로 가면 질 수밖에 없다는 불안감에 떨었다. 미국군은 전투 경험도 없었고 과달카날 섬의 지형도 제대로 파악하지 못했다. 그러나 일본군은 중국에서부터 태평양에 이르기까지 전투 경험이 많았다. 게다가 일본군 공병대가 정글로 도주하면서 미국군 진지에 대한 정보를 일본군 사령부에 다 전했다.

일본군에게 더 유리한 싸움이었다. 그런데 이상하게도 일본군 사령부는 괌에 주둔 중이던 7사단 28연대 보병 3400명만 투입했다. 이치키 기요나오(一木淸直, 1892~1942) 28연대장은 중국 등지에서 역전의 맹장으로 칭송받던, 관동군 최고의 대령이었다. 일본군은 함성만으로도 미국군을 제압할 수 있다는 자신감으로 넘쳤고 이치키 대령은 본대가 도착하기도 전에 선발대 900명으로 돌격에 나섰다.

1942년 8월 21일 새벽 2시 40분 일본군은 박격포의 포성과 선제사격으로 공격을 알렸고 정글에서 뛰쳐나와 강의 하구를 건너 돌진했다. 일본군 특유의 무시무시한 함성과 일본도의 번쩍거림과 돌격이 있었다. 그러나 그들을 기다린 것은 철조망과 맹렬한 기관총 세례였다. 미국군은 사격장에서 연습하듯이 명중시킬 수 있었다.

다시 이치키 대령은 바닷가로 나와 해변 모래사장으로 돌격했다. 미국군은 더 쉽게 처치할 수 있었다. 모래톱에 시체가 쌓여도 일본군은 후퇴하지 않았다. 쓰러진 일본군은 죽을 때까지 방아쇠를 당겼다. 날이 밝자 800구의 일본군 시체가 나뒹굴었고 생존자들도 부상으로 정글에서 죽었다. 이치키 대령은 연대기를 태우고 자결했고 일본군 28연대는 아주 사라졌다.

실제 상황은 늘 어긋난다

한 달 후 4000명의 일본군이 재공격을 감행했다. 미국군의 방어선이 넓고 예비대도 부족했기에 일본군이 한 지점을 집중공략하면 미국군은 뚫릴 지경이었다. 그러나 미국군은 일본군의 공격지점을 정확하게 예측했다. 비행장 앞의 작은 언덕에 최정예 부대를 배치했다. 이틀 동안 전투가 계속되면서 미국군은 일본군의 이상한 특징을 포착해냈다.

일본군은 준비가 철저하고 정밀했던 탓에 부대의 배치와 포진 그리고 작전 명령이 너무 교묘하고 복잡했다. 그러다 보니 실제 상황에서는 늘 어긋나는 게 있었고 부대끼리의 협조도 엉성했다. 그런 약점 때문이었는지 일본군은 무모할 정도의 정면돌격을 선호했다. 전투현장에서는 탄력적인 대처가 더욱 요구되는데 일본군의 무모한 돌격은 경직 그 자체였다.

일본군의 돌격에는 그다음이 없었다. 돌격이 처음이자 끝이고 전부였다. 어둠 속에서 일본군이 여기저기서 산발적으로 출몰하자 처음에 미국군은 많이 놀랐지만, 차츰 침착해지면서 일본군의 돌격을 손쉽게 막아낼 수 있었다. 비행장 언덕의 전투에서도 일본군은 다시 패배했다.

1942년 10월 일본군은 2만 명으로 증원됐다. 야포까지 동원됐다. 일본군은 완전군장에 포탄 1발씩을 더 짊어지고 비가 쏟아지는 정글을 헤치며 걸었다. 하루에 10킬로미터씩 닷새 동안 정글을 횡단했다. 지칠 대로 지친 몸을 이끌고 일본군은 또 비행장 언덕으로 돌격했다. 미국군은 일본군과 육박전을 벌이며 고지를 사수했다.

일본군은 그 이상한 돌격을 계속했고 미국군은 앞만 보고 달리는 일본군을 뒤따라가며 죽이기도 했다. 전투가 끝나자 비행장 언덕의 비탈에는 9000명의 일본군 시체들이 널브러져 있었다. 무모한 돌격이 일본군의 참패를 불렀다. 태평양 전쟁에서 일본군은 자주 일본도를 휘두르며 미국군에게 덤벼들곤 했다. 전투기 조종사들마저 일본도를 차고 비행했다. 일본군의 사무라이 숭배는 거의 맹신에 가까웠다.

일본군은 미국이나 유럽보다 떨어지는 경제력을 사무라이 투혼으로 극복하고자 했다. 그래서 승리를 거두기만 하면 승리 요인을 객관적으로 분석하지 않고 다 사무라이 정신 때문이라고 일반화했다. 일본군은 청일전쟁(1894~1895), 러일전쟁(1904~1905), 중일전쟁(1937~1945)에서 사무라이 투혼의 만세돌격(萬歲突擊)으로 큰 효과를 보았다. 그러나 상대방의 전투의지 결핍과 훈련 부족 그리고 넓은 평지가 승리의 객관적인 요인이었다.[23]

그런데 과달카날 전투는 달랐다. 미국군은 전투 경험이 없었지만, 전투의지와 훈련은 충분했다. 또 험난한 정글의 섬은 더 이상 물러설 곳도 없었고 돌격지점이라야 너무 좁고 뻔했다. 큰 어려움에 직면해 두려움이 극심할수록 한 번에 한 발씩 정확히 조준해야 한다. 무차별 돌격은 자멸을 재촉할 뿐이다.

주관적인 신념과 과감한 도전이 승리를 이끌기도 한다. 그러나 그것만으로는 계속 승리할 수 없다. 합리적인 상황 분석과 객관적인 전력 우위가 있어야 한다. 전투와 비즈니스는 경우에 따라 늘 달라진다. 리더는 주관적인 맹목성에서 벗어나 객관적인 상대성을 파악해야 한다.

대상과 상황은 계속 바뀐다. 아무리 준비가 철저하고 정밀하다고 해도 실제 현장은 늘 어긋나 있다. 원안대로 되지 않는다. 10년이 아니라 한 달 만에 강산이 변하는 시대다. 이전에 먹혔다고 해서 지금도 먹히는 것은 아니다. 이전의 비법을 버릴 수 있어야 좋은 리더십이다. 달라진 대상과 상황에 따라 탄력적으로 대처하는 능력을 길러야 한다. 큰 위기에 직면해 두려움이 극심할수록 한 발씩 정조준해야 한다. 투혼과 돌격만으로는 이길 수 없다. 이치키처럼, 이전에 통했던 방식이 지금도 통할 것으로 맹신하고 전진만 외치는 리더이지 않는가.

상황 분석이 전략 선택보다 앞선다
임팔 작전(1944년)

1944년 3월 8일 무다구치 렌야(牟田口廉也, 1888~1966) 중장이 이끄는 일본군 15군 소속의 3개 사단이 인도 동북부의 아삼(Assam) 주의 교통요지인 임팔(Imphal)을 향해 진격했다. 인도 인근의 미얀마 서북부를 관할하던 일본군 15군의 임팔 진격작전은 인도에서 중국으로 지원되는 연합군 보급선을 차단함으로써 인도와 중국에서의 연합군 활동을 압박하겠다는 것이었다.

일본군 15군은 1킬로미터 넓이의 친드윈(Chindwin) 강을 건너야 했고 70킬로미터 길이의 아라칸(Arakan) 산맥을 넘어야 했다. 그러나 다른 전선들에서 일본군이 연합군에게 밀리기 시작하던 터라 장거리 보급에 필수적인 차량과 항공기가 턱없이 모자랐다. 무다구치 중장은 '칭기즈칸 보급전략'을 채택했다. 그 옛날 칭기즈칸처럼 수천 마리의 소, 말, 염소, 양을 몰고 이동했다. 짐승들을 운송수단으로 쓰는 동시에 식량자원으로 활용하면 일석이조(一石二鳥)라는 판단이었다.

그의 오판은 금세 드러났다. 친드윈 강을 건너는 동안 절반의 짐승들이 떠내려가거나 익사했다. 남은 짐승들도 산악지대와 정글을 통과하면서 죽거나 도망쳤다. 느린 짐승들을 거느리고 이동하는 일본군은 제공권을 장악한 연합군 공군의 손쉬운 표적이었다. 공습 때마다 짐승들이 흩어졌고 짐승들의 등에 실린 보급물자와 식량도 증발했다. 일석이조가 아니라 설상가상(雪上加霜)이었다.

우기까지 겹치면서 일본군은 열대병에 걸려 죽든지, 굶어 죽든지 계속 죽어나갔다. 연합군의 보급과 화력은 막강했다. 거의 매일 수송기들이 쇠고기 통조림 등 풍부한 물자를 투하했고 전차, 야포, 박격포, 기관총도 압도적으로 우세했다. 일본군의 항공기는 100대에 불과했지만, 연합군의 항공기는 2000대에 달했다. 일본군은 어느 하나라도 나은 것이 없었다. 전략도, 전력도, 전세도 불리했다.

제공권마저 없었고 몇 대의 산악용 경포로는 불가항력이었다. 그렇지만 무다구치 중장은 진격만 외쳤다. 지치고 굶주린 일본군에게 남은 것이라고는 전의 상실과 죽음뿐이었다. 1944년 7월 초 마지못해 일본군 본영에서 15군에 철수 명령을 내렸을 때 8만 6000명의 일본군은 1만 2000명으로 줄어 있었다. 전사자 중 절반은 아사하거나 병사했다. 살아남은 일본군도 다 병약했다.[24]

칭기즈칸이 짐승 떼를 이끌고 질주했던 곳은 중앙아시아의 광활한 평원이었지, 강이나 정글이 아니었다. 차량이나 수송기가 없었던 당시에는 칭기즈칸 군대가 속도전에서도 앞설 수 있었다. 시공간의 달라진 여건과 무기 발달의 차이에도 그런 칭기즈칸 보급전략을 어설프게 밀어붙인 무다구치 중장의 무능이 15군 전체를 죽음으로 몰아넣었던 셈이다.

어제, 저기서의 성공전략이 오늘, 여기서 먹힐 수는 없다. 시공간의 여건과 대상이 바뀌었기 때문이다. 칭기즈칸, 나폴레옹, 이순신의 최고 전략일지라도 무용지물일 수 있다. 어디서나 통하는 만병통치약은 없다. 전투가 시작되면 이미 상황은 달라진다. 상황의 변화에 따라 즉흥적인 임기응변도 있어야 한다. 오늘의 성공은 오늘의 분석과 전략과 실행에 달려 있다. 전략을 세우고 실행하되 상황에 따라 전략을 넘어서는 초전략이어야 한다.

교리주의자는 고칠 수 없다

1950년 9월 15일 인천 상륙작전 이후 유엔군은 빠른 속도로 북진했다. 그러나 1950년 10월 중공군의 개입으로 치명적인 타격을 입고 유엔군은 퇴각을 거듭했다. 1951년 1월 중공군의 3차 공세에 밀려 유엔군은 1·4후퇴를 하며 서울도 내주었다. 1951년 2월 유엔군은 더 이상 밀릴 수 없어 반격을 계획했고 중공군은 미국군을 한국전쟁에서 철수시키려고 대대적인 4차 공세를 준비하고 있었다.

미국군 10군단의 에드워드 알몬드(Edward Almond, 1892~1979) 군단장은 방어선을 지키는 작전이 아니라 선제공격으로 중공군을 휘

저어놓는 작전을 구상했다. 중공군 병력에 맞는 방어선을 구축하려면 최소한 100만 명의 유엔군이 있어야 했는데 유엔군 병력은 턱없이 부족했다. 게다가 은밀한 기동과 은신의 귀재였던 중공군이 숭숭 뚫린 방어선을 파고들어 유엔군의 배후를 포위하는 침투는 막아낼 재간이 없었다.

알몬드는 마치 쥐떼에 뛰어드는 고양이처럼 적진으로 돌진해 요충지를 장악하고자 했다. 알몬드가 선택한 요충지는 원주와 양평군 지평리였다. 원주는 제천을 거쳐 충주로 향하는 통로였고 지평리에는 한반도 중부로 향하는 거의 유일한 도로와 철도가 통과하고 있었다. 알몬드는 지평리를 거쳐 원주로 진입하라고 미국군 2사단 23연대에 명령했다.

알몬드는 2차 세계대전 때의 조지 패튼 장군의 기동작전을 모방했던 것 같은데 그것은 대단한 착오였다. 당시 한국의 도로는 첩첩산중에다 좁았고 산비탈을 끼고 달리는 데다 예상되는 진로도 뻔했다. 그래서 이상적인 매복지를 제공했다. 실제로 미국군 23연대 병력 5400명이 지평리에 들어갔을 때 이미 중공군 5개 사단이 잠복해 있었다.

그러나 수많은 병력, 열악한 수송수단, 미국군 항공기의 맹폭으로 중공군의 보급은 매우 취약했다. 중공군의 공세는 7일간을 넘길 수 없었다. 그래도 한국의 지형이 중공군에게 유리하게 작용했다. 넓은 평원이었다면 중공군의 인해전술은 막대한 피해를 보았겠지만, 한국의 산악지대가 워낙 가파르고 골짜기도 많아 그 피해를 줄일 수 있었다.

미국군이 고지를 차지하고 있으면 중공군은 산줄기를 따라 접근했고 골짜기가 많아 포격에도 살상률이 낮았다. 집중포격을 하거나 항공기를 띄우면 중공군은 산줄기를 따라 후퇴해 참호와 동굴에 은신했다. 산비탈에 붙은 중공군은 거의 보이지 않다가 미국군 진지 앞에서 한꺼번에 육탄으로 몰려들거나 일제히 수류탄을 투척하곤 했다. 중공군의 수류탄 투척은 하늘을 덮을 정도였다.

탄력성이 더 요구된다

미국군 23연대는 쥐떼에 덤벼든 고양이는커녕 독 안에 든 쥐 신세였다. 폴 프리먼(Paul Freeman, 1907~1988) 23연대장은 고민을 거듭하다가 고지를 버리기로 했다. 한국전쟁에서 고지를 선점하는 것은 승리의 법칙과도 같았다. 그러나 프리먼은 평야와 얕은 구릉을 따라 사각형 방어진지를 구축했다. 방어선의 길이는 1.6킬로미터, 방어선의 높은 지대는 240미터였다. 400미터가 넘는 주변 고지들은 중공군이 장악했지만 거기서 미국군 진지까지 기관총 사거리가 미치지 못했다.

프리먼은 진지 안에 포대를 구축하고 탄약을 최대한 비축했다. 포위돼도 항공 보급이 가능하도록 방어선 안에 활주로도 닦았다. 이제 포병이 각개 격파되거나 포탄 공급이 끊길 위험은 사라졌다. 사각형 방어선에는 각 방향으로 작은 언덕들이 있어 망대 역할을 할 수 있었다. 사방에서 그 언덕들을 향해 중공군이 개미떼처럼 달려들었다. 그러나 중공군은 먼저 평야를 가로질러야 했다. 미국군 포병의 화망과 보병의 총격에 노출되는 시공간이 길어졌다.

중공군이 산비탈에 붙어도 망대 역할을 하던 언덕들이 낮아 충분히 미국군의 시야에 포착됐다. 그렇지만 23연대는 위태로웠다. 병력에 비해 방어선이 길었고 예비대도 없어 한 군데라도 뚫리면 끝이었다. 중공군의 공세로 사상자가 늘어나면서 방어선은 점점 얇아졌다. 전투가 시작된 지 4일째 중공군의 공격이 집중됐던 맥기 언덕에서 살아남은 미국군은 맥기 중위를 포함한 4명이 전부였다.[25]

중공군이 한 번만 더 공격한다면 방어선은 무너지고 23연대는 궤멸될 것이었다. 그런데 중공군이 거짓말처럼 물러갔다. 더 공격할 병력이 충분했지만, 보급품이 완전히 바닥났기 때문이었다. 지평리 전투에서 중공군은 4946명이 죽었고 79명이 생포됐다. 미국군 23연대는 사망자 52명, 실종자 42명에 그쳤다. 지평리 전투를 통해 미국군은 중공군이 굶주린 집단이라는 사실에 자신감을 얻었고 중공군은 미국군을 이길 수 없다는 사실을 확인했다.

알몬드 군단장은 달라진 여건에도 이전에 통했던 병법을 그대로 대입하는 교리(敎理)에 빠져 있었다. 그러나 프리먼 연대장은 고지를 선점해야 한다는 교리를 버리고 평야와 낮은 구릉을 선택하는 유연성을 보였다. 병법에 집착하는 장수는 전투에서 승리할 수 없다. 달라진 여건에 맞출 줄 아는 유연성이야말로 승리의 요인이다.

어디서나 늘 통하는 모범답안은 없다. 달라진 여건을 무시하고 기존의 이론이나 전략에 집착하는 교리주의자들의 질병은 그 어떤 명의도 고칠 수 없다. 학문이나 연구의 영역에서는 일관성이 더 요구될는지 몰라도 전투나 비즈니스의 영역에서는 탄력성이 더 요구된다.

또한 끝까지 버티고 해내는 집중력의 차이가 전투의 승패를 가른다. 스포츠에서도 마지막 집중력이 결승점을 올린다. 집중력이 없이 되는 것도 없다. 대상과 상황의 변화에 유연하게 대처하는 순발력과 자신의 역량을 키우고 활용하는 집중력이 동시에 요구된다.

일관성도 필요하고 유연성도 필요하다. 일관성과 유연성은 선택적이어야 한다. 변화가 느린 학문과 연구의 영역에서는 일관성이 더 필요하겠지만, 변화가 빠른 전쟁과 비즈니스의 영역에서는 유연성이 더 필요하다. **한 우물만 파는 우직함만으로는 안 된다. 바퀴를 달고 달리는 기둥처럼 유연한 중심이어야 한다. 달라진 여건을 무시하고 기존의 전략에 집착하는 교리주의자들의 질병은 그 어떤 명의도 고칠 수 없다.** 무다구치처럼, 아무 데서나 똑같은 병법을 휘두르는 리더이지 않는가. 이전의 병법을 버리지 않고서는 위대한 리더가 될 수 없다.

혁신:
어제와 같은 오늘은
절대로 없다

남다른 자기 방식으로 싸워라

베트남 전쟁(1965~1973년)

19세기 들어 프랑스가 베트남을 지배했다. 1차 세계대전이 끝나면서 베트남은 독립운동을 시작했다. 1945년 8월 일본이 패망하자 베트남 독립연맹 베트민(Viet Minh)이 해방운동을 일으키고 독립을 선포했지만, 프랑스는 인정하지 않았다. 1946년 말 하이퐁(Haiphong) 항구에서 프랑스와 베트민 사이에 무력충돌이 일어났다. 프랑스와 베트남 사이의 1차 베트남 전쟁은 1954년 디엔비엔푸(Dien Bien Phu) 전투에서 프랑스가 항복하기까지 9년을 끌었다.

1953년 11월 프랑스는 베트남 군대의 라오스 침공을 차단하기 위해 베트남 서북부의 산간 지역 디엔비엔푸에 주둔지를 만들었다. 라오스로 가는 길목의 디엔비엔푸는 너무 외졌기에 프랑스는 비행기로 1만 1000명의 병력과 물자를 수송해야 했다. 프랑스는 베트남이 1개 사단을 투입할 것으로 예상했다. 그 정도면 프랑스의 우세한 공군력과 화력으로 충분히 이긴다고 보았다.

그러나 베트남은 4개 보병사단과 1개 기갑사단을 투입했다. 모두 5만 명의 병력이 밀림과 산악을 통해 몰래 프랑스 군대를 포위했다. 1954년 3월 13일 베트남 군대는 프랑스 주둔지를 포격했고 2개월에 걸친 격전에서 프랑스 군대는 5000명의 전사자를 내면서 두 손을 들었다. 5월 7일 항복 선언으로 프랑스는 인도차이나 지배에서 완전히 철수해야 했다.

1차 베트남 전쟁 후 옛 소련과 중국의 입김에 의해 베트남은 북위 17도를 기준으로 남북이 갈라졌다. 북베트남에는 공산정권이 들어섰고, 남베트남에는 미국이 지원하는 반공정권이 들어섰다. 그 후 남베트남에서는 남베트남 정권의 부패와 폭정에 항거하는 혁명 세력이 점점 커졌다. 남베트남을 잃을지도 모른다고 판단한 미국은 1964년 8월 통킹만(Gulf of Tonkin) 사건을 조작하면서 2차 베트남 전쟁에 뛰어들었다.

베트남과 미국 사이의 2차 베트남 전쟁은 1975년 미국이 물러나기까지 11년을 끌었다. 미국은 북베트남의 전투력을 분쇄하려고 100만 톤의 폭탄을 퍼부었지만, 북베트남만 2차 베트남 전쟁에 끌어들인 셈이었다. 1975년 들어 북베트남의 총공세가 펼쳐졌고 4월 30일 마침내 옛 사이공이 함락되면서 남베트남이 패망했다. 2차 베트남 전쟁에 미국은 55만 명의 병력을 투입했고 5만 8000명을 잃었다.

남베트남 군대는 25만 명을 잃었고 남베트남 민족해방전선(NLF)

은 100만 명을 잃은 것으로 추산됐다. 32만 명의 병력을 파견했던 한국도 5000명의 전사자를 냈다. 베트남 전체의 민간인 사상자는 200만 명에 달했다. 2차 베트남 전쟁에서 미국이 철수함으로써 베트남, 라오스, 캄보디아 등 인도차이나에서 공산주의 세력이 확산됐다.

 강자였던 프랑스를 몰아내고 최강이었던 미국도 몰아낸 베트남은 여세를 몰아 이웃의 중국마저 몰아냈다. 베트남의 캄보디아 침공으로 인도차이나에서 베트남의 영향력이 커질 것을 우려한 중국은 1979년 2월 5개 사단을 베트남 국경으로 보냈다. 중국은 베트남이 협상 테이블에 나올 것으로 기대했다. 그러나 베트남 군대는 예전과 달리 속전속결로 총공세를 퍼부었다. 중국 군대는 서둘러 물러나 더 이상 피해를 늘리지 않은 것으로 만족해야 했다.

상황이 유리하면 출몰한다

메뚜기 같은 베트남이 코끼리 같은 강대국들을 차례로 물리칠 수 있었던 데는 보응우옌잡(武元甲, 1911~) 장군의 전공이 컸다. 그는 정규적인 군사교육을 받은 적이 없었지만, 독학과 야전 경험으로 최고의 경지에 올랐다. 그는 1911년에 태어나 100세를 넘기기까지 내무장관, 국방장관, 총사령관, 부총리를 역임하면서 베트남 국민의 추앙을 한 몸에 받았다.

 그의 아버지는 프랑스 군대에 잡혀 투옥됐다가 원인도 모르게 사라졌다. 그는 저항적인 분위기 속에서 자랐고 중학생 때에는 동맹휴교 등에 가담해 퇴학처분을 받았다. 20대에는 기자생활을 하며 저항하다가 투옥되기도 했고 이어 공산당원이 됐고 교사생활도 했다. 그러다가 후일의 호치민(胡志明) 주석을 만나 독립운동의 선봉에 서게 됐다. 1944년 12월 22일 그는 34명의 대원을 모아 게릴라 부대를 창설했는데, 그것이 1975년 베트남 통일 때 100만 대군으로 성장한 베트남 인민군의 기초가 됐다.

보응우옌잡은 이전의 병법들을 두루 독학했지만, 철저히 베트남적인 방식으로 싸웠다. 프랑스와 미국을 상대로 그가 할 수 있었던 것은 많지 않았다. 그는 3전략과 3전술을 구사했다. "적은 것으로 많은 것에 맞서고 작은 것으로 큰 것을 이긴다. 양질로 다량을 이긴다. 약한 것으로 강한 것을 이긴다." 이런 3전략에다 다음의 3전술이 보태졌다. "적이 원하는 시간에 싸우지 않는다. 적이 좋아하는 장소에서 싸우지 않는다. 적이 예상할 수 있는 방법으로 싸우지 않는다."

베트남은 작은 농업국이었고 낙후된 약체국이었다. 현대적인 군대도 없었다. 그러나 그의 전략과 전술 덕분에 강대국들의 현대적인 화력을 극복할 수 있었다. 프랑스와의 디엔비엔푸 전투에서 그의 군대는 상식을 깼다. 밧줄로 끌어서 야포를 이동시켰고 중장비를 분해해 짊어지고 가서 재조립했다. 105밀리미터 곡사포는 한 번에 1인치씩, 하루에 800미터씩 3개월 동안 운반했다. 200대의 자전거로 밀림을 뚫고 보급품을 날랐다.

프랑스 군대는 중형 야포의 등장을 상상도 못했다. 그러나 그의 군대는 참호와 땅굴을 파고 지구전과 포위전을 펼치며 프랑스 군대의 목을 압박했다. 그는 한발 물러서서 결정적인 순간을 기다렸다. 패배로 몰아넣는 조바심을 버리고 어떤 위기에도 평정심을 유지하려고 노력했고 오히려 적이 조급하게 만들었다. 그러다 승리의 기회가 확실하면 과감하게 공격했다. 단번의 싸움으로 승부를 가르고자 했다.

미국과의 2차 베트남 전쟁에서도 그는 자기 방식대로 싸웠다. 미국군 장군들이 그의 땅굴작전을 조롱하자 그는 자기 방식대로 싸우는 것이 전쟁이라며 일축했다. 그는 남다른 자기 방식으로 싸웠고 동일한 방식을 반복하지 않았다. 한 번 승리하게 한 방식은 머리에서 지웠다. 평범한 장수는 병법에 능하고 탁월한 장수는 상황에 능하다. 병법이 상황보다 앞설 수 없다. 어제의 승리한 병법은 오늘의 승리에 가장 큰 장애물이다.

그는 자신의 약점을 보완했고 적의 약점을 캐냈다. 상황이 유리하면 출몰했고 불리하면 물러섰다. 승기가 확실하면 기습했고 승기가 불확실하면 피했다. 그는 기존의 전쟁 개념도 바꾸어놓았다. 그에 따르면 전쟁은 군사적인 것을 넘어 심리적·정치적·외교적인 것이다. 그는 자유와 독립을 외치며 베트남인들을 규합했으며 베트남 전쟁의 참혹한 장면들이 미국의 TV에 방영되도록 해 미국인들의 전쟁 의지가 꺾이고 미국 내부의 반전여론이 확산되는 것을 노렸다.

그는 국민의 지지가 없이는 승리할 수 없다고 보았다. 승리하려면 모든 국민이 군인이 되고, 모든 마을이 요새가 되고, 모든 지역이 전쟁터가 되는 국민 총력전이어야 했다. 전쟁에서 사람과 무기가 다 중요하지만, 그가 더 중요하게 평가한 것은 사람이었다. 그에 따르면 자유와 독립을 위해 전쟁도 불사하고 전쟁하면 반드시 이긴다는 의지가 현대적인 무기에 앞서야 한다.

베트남이 오랜 역사 속에서 수많은 외침을 막아냈기에 아무리 전세가 불리해도 결국에는 이길 것이라는 자기 확신이 베트남 국민에게는 있었다. 베트남인들의 그런 확신이 베트남 군대의 사기를 진작시켰고 프랑스 군대와 미국 군대의 사기를 꺾었다. 프랑스 군대와 미국 군대는 전력과 무기에서 앞섰지만, 베트남 군대는 이겨야 할 이유와 이길 수 있다는 확신에서 앞섰다. 싸우면 반드시 이겨야 한다는 의지만 확고하다면 그 어떤 침략자도 물리칠 수 있다는 것이 베트남의 정신이었다.

약자가 강자와 맞붙으면 자멸이다. 후퇴, 잠복, 출몰, 도발, 기습으로 상대방을 화나고 조급하게, 지치고 허탈하게 해야 한다. **적이 원하는 시간에, 적이 좋아하는 장소에서, 적이 예상할 수 있는 방법으로 싸우지 않는다.** 상황이 유리하면 출몰하고 불리하면 물러선다. 승기가 확실하면 기습하고 불확실하면 피한다. 모기는 어둠 속에 잠복해 있다가 불시에 윙윙대며 나타나 공격한다. 기동성과 유연성이 있으면 약자도 강자를 괴롭힐 수 있다. 보응우옌잡처럼, 남다른 자기 방식으로 싸우며 한 번 승리하게 한 방식은 머리에서 지우는 리더인가.

3장

완주

::

세상은 최선이라는 말을
기억하지 않는다

난공불락의 성은 없다. 완벽한 강점이 완벽한 몰락을 초래할 수 있다. 지략과 집중력으로 싸우면 숫자적인 열세에도 이길 수 있다. 뱀이 코끼리를 삼킬 수도 있다. 그러나 마지막까지 집중하지 못하고 방심하는 순간, 승리는 코앞에서 사라진다. 강이 깊어도 건너가는 사람이 있고 산이 높아도 넘어가는 사람이 있다. 할 만큼 했다는 말로는 안 된다. 변명, 체념, 회피일 뿐이다. 결국 해냈다고 말할 수 있어야 한다. 완주야말로 혁신 중의 혁신이다.

완벽한 강점이 완벽한 몰락을 부른다

티루스 전투(BC 332년)

마케도니아 왕 필리포스 2세(Philippos II)는 당시의 알려진 세계를 다 정복하려던 야심가였다. 테베(Thebes)와 아테네를 정복했고 스파르타를 제외한 그리스의 모든 도시국가를 그리스 연맹으로 통합시켰다. 그러나 BC 336년 6월 앙심을 품은 한 귀족의 칼에 찔려 암살됐다. 그의 아들 알렉산드로스(Alexandros, BC 356~BC 323)가 20세에 왕위를 계승했다. 아버지가 다 정복해버리면 아들이 할 게 뭐냐며 툴툴거렸던 알렉산드로스도 세계 정복욕을 불태웠다.

그는 어린 시절 그의 어머니 올림피아스로부터 제우스가 그의 진짜 아버지라는 말을 듣곤 했다. 그는 제우스가 땅으로 내려와 자신을 잉태시켰다고 확신했다. 그는 위대한 사상가였던 스승 아리스토텔레스로부터 철학, 문학, 과학 그리고 정치를 배웠다. 감정을 통제하고 사물을 객관적으로 보는 훈련도 받았다. 그의 아버지 밑에서

완주:
세상은 최선이라는 말을
기억하지 않는다

는 탁월한 군사훈련을 받을 수 있었다. 아버지가 살해된 후 그는 최정예 군사 3만 명을 지휘하게 됐다.

그의 아버지가 갑자기 살해된 후 아테네가 그리스 연맹에서 탈퇴하자 다른 도시국가들도 하나씩 떨어져 나갔다. 북쪽의 부족들도 위협적이었다. 그러자 그는 예상을 깨고 번개처럼 움직였다. 테베를 정복하고 아테네로 진격했다. 아테네인들이 용서를 구하자 너그럽게 받아주었다. 그는 예측불허의 공격을 펼치고 예측불허의 자비를 베풀었다. 그의 다음 목표는 페르시아 제국이었다.

그는 그처럼 키가 작았던 나폴레옹만큼이나 야망이 컸고 직관력도 뛰어났다. 그는 적의 마음을 간파하고 차츰 적을 현혹해 적의 잘 짜인 계획을 흔들어놓곤 했다. 그는 용맹한 적에게 관대하기로 유명했지만, 끝까지 저항하는 적에게는 무자비했다. 그가 페르시아 제국을 공략하던 중 지중해 무역도시 티루스(Tyrus)를 격파한 것이 그 대표적인 사례였다.

그는 당시 페르시아 제국이 지배하고 있던 지중해 동부의 그리스 도시들을 해방시키기 위해 오늘날의 터키를 가로질러 진격하고자 했다. 그전에 먼저 발칸 반도 북서부 국경의 안전을 도모해야 했다. 도나우 강 건너편의 그곳에는 사나운 일리리아(Illyria) 유목민들이 있었다. 그는 군대를 급파해 자신의 존재를 부각시켰다.

그의 군대는 아주 신속한 기병대와 잘 훈련된 보병대로 구성돼 있었다. 그의 보병대는 길이 6미터의 창 사리사(sarissa)로 무장했고 8겹의 밀집방진으로 싸웠다. 그런데 그의 군대가 일리리아 요새 앞의 작은 평원의 험준한 비탈에서 일리리아인들에 의해 3면으로 포위당한 적이 있었다. 그는 그 위기에서 벗어나야 했다. 그는 중무장 보병대를 평원 위로 줄지어 내보내 일리리아인들이 보는 앞에서 밀집대형으로 군사훈련을 하게 했다.

그의 보병대는 수신호로 조용히 훈련했다. 어떤 명령이 떨어지자 사리사를 수직으로 세웠다가 다른 명령이 떨어지자 사리사를 수평으로 내렸다. 그러고는 왼쪽으로 돌다가 오른쪽으로 돈 다음 곧장 행진했다. 그런 낯선 광경에 놀라 그 자리에 얼어붙었던 일리리아인들이 더 자세히 보기 위해 산에서 내려오자 즉시 알렉산드로스의 군대가 격파했다.

그렇게 해서 발칸 반도 북서부 국경의 위험이 제거됐고, 알렉산드로스는 BC 334년 3만 5000명의 병력을 이끌고 다르다넬스(Dardanelles) 해협을 건너 터키를 가로질렀다. 그해 초여름 그는 터키의 코카바스 강 근처의 넓은 평원에서 방어대형을 펼치고 있던 페르시아 군대에 타격을 입히며 첫 승리를 거두었다. 그의 장군들은 그의 속도전이 페르시아 제국의 동쪽 심장부로 직행할 것이라고 보았다.

강점은 함정이 된다

하지만 그는 또다시 예상을 깨고 소아시아를 질러 페니키아 해안을 따라 남쪽으로 움직였다. 그는 서두르지 않았다. 페르시아 제국의 군대를 동쪽 중심부에 묶어둔 채 가는 곳마다 친절과 관용을 베풀어 무혈의 승리를 거두고자 했다. 전투보다 정치를 더 선호했던 것이다. 그는 남쪽으로 내려가 시리아의 다마스쿠스(Damascus)를 항복시킨 데 이어 BC 333년 겨울 지금의 레바논 연안의 대도시 시돈(Sidon)을 전투도 없이 접수했다.

그런데 레바논 남부의 항구도시 티루스가 그의 이집트 공략을 가로막아 섰다. 티루스는 이미 1000년의 역사를 자랑하는 세계 최고의 무역 중심지였다. '두로'로 기록돼 있는 성경(에스겔 28장 12~18절)에 따르면 티루스는 불의한 무역이 풍성했고 강포가 가득했다. 원래 티루스는 해안에 있었는데 바빌로니아인들의 거듭된 공세에 밀려 해안에서 좀 떨어진 작은 섬으로 옮겨졌다.

BC 333년 11월 티루스 섬의 건너편에 도착한 알렉산드로스는 멀리서 노려보는 수밖에 없었다. 2개의 자연 항구가 딸린 티루스 섬을 그냥 두고 이집트로 내려간다면 페르시아인들이 그곳을 함대기지로 이용할 것이 뻔했다. 미리 함락시켜 놓아야 했다. 그러나 티루스는 부강했고 난공불락이었다. 티루스인들도 그 점을 잘 알고 있었다. "네 큰 지혜와 네 무역으로 재물을 더하고 그 재물로 말미암아 네 마음이 교만하였도다"(성경 에스겔 28장 5절).

일찍이 바빌로니아 왕 네부카드네자르 2세가 12년간 티루스를 포위하고 여러 방법을 동원했지만 결국 포기하고 떠난 적이 있었다(성경 에스겔 29장 18절). 그런 이야기는 오히려 알렉산드로스의 가슴을 불타게 했다. 그는 과거의 전설을 넘어 새 전설을 창조하고 싶었다. 그는 티루스가 건너오지 않는다면 티루스로 건너가겠다고 결정했다. 하지만 그의 해군은 소규모였기에 육해 합동작전을 펼쳐야 했다.

그는 티루스인들에게 전령들을 보내 항복하지 않으면 죽음뿐이라는 최후통첩을 전했다. 그러자 티루스인들이 전령들을 붙잡아 높은 성벽에서 살해해 바다로 내던졌다. 그 장면을 지켜본 알렉산드로스는 이를 악물었다. 적을 잘 다룬다고 자부했던 그였지만 그런 모욕에는 오직 보복뿐이었다. 그러나 어떻게 할 수 있단 말인가.

티루스는 높이가 45미터에 이르는 석제 성벽으로 둘러싸여 있었다. 그 어떤 투석기로도 사거리를 맞출 수 없었고 기습도 불가능했다. 티루스 섬 근처의 바다 깊이는 6미터 정도였고 그 외의 다른 곳은 대부분 얕고 암초로 뒤덮여 있었다. 알렉산드로스가 함대를 보내 공격한다고 해도 티루스인들이 인공장벽으로 막고 배로 막으면 그뿐이었다.

그러나 완벽해 보이는 강점에도 반드시 약점은 있게 마련이다. 티루스인들은 과도하게 강점에 의존했다. 다른 대안이 없었다. 더는 도망칠 곳이 없었다. 후퇴가 불가능했다. 하지만 알렉산드로스는 원하는 시간을 마음대로 쓸 수 있었다. 그는 티루스 섬으로 가는 둑길을 직접 만들기로 했다. 그는 중장보병 밀집방진을 보낼 수 있도록 폭 60미터의 둑길 750미터를 구축하게 했다.

마케도니아의 기술병들이 바다를 가로지르는 길에 말뚝들을 박았고 말뚝들 사이의 틈은 옛 티루스 터에서 쉽게 구할 수 있는 돌,

석회암, 모래로 채웠다. 처음에는 공사 속도가 빨랐다. 티루스 섬에 가득했던 투석기들의 사거리 밖에서 공사가 진행됐고 수심도 얕아서 티루스의 함선들이 접근할 수 없었기 때문이었다. 공사가 더 진척되고 수심이 깊어지자 티루스인들이 궁수들을 잔뜩 실은 함선을 보내 마케도니아의 기술병들을 괴롭혔다.

알렉산드로스는 목제 관측탑 2개를 만들고 그 사이에 대형 호위선을 숨겼다. 작업 진척도에 따라 호위선이 전방으로 움직이며 기술병들을 보호했다. 하지만 티루스인들은 거대한 화공선으로 맞섰다. 티루스의 화공선은 후미가 무거워 뱃머리가 공중에 떠 있었다. 뱃머리 꼭대기에는 불이 잘 붙는 짚더미와 나무가 가득했다. 또 커다란 돛대 3개가 뱃머리에 달려 있었고 돛대 사이에는 기름과 유황으로 채워진 대형 가마솥이 걸려 있었다.

완주가 최고의 혁신이다

티루스인들은 바람이 부는 날을 기다렸다가 그 이상한 배를 항구 밖으로 내보냈다. 치켜든 뱃머리가 바람을 받아 둑길 앞쪽으로 밀려갔다. 용감한 티루스인들은 배에 불을 질렀고 배가 알렉산드로스의 호위선 쪽으로 돌진하자 바다에 뛰어내렸다. 기름과 유황이 쏟아지면서 불꽃이 하늘로 치솟았고 알렉산드로스의 목제 관측탑들과 호위선 그리고 수많은 기술병이 불바람 속에서 사라졌다.

그래도 알렉산드로스는 중단하지 않았다. 수천 명의 기술병이 동원돼 6개월간 둑길 공사가 지속됐다. 또한 그는 더 많은 배를 보내달라고 시돈에 요청했다. 배들이 도착하자 그는 총공세를 퍼부었다. 바다에 정박해 티루스 성벽을 향해 계속 돌을 쏘았다. 티루스인들도 항구를 봉쇄하고 투석으로 대항했다. 티루스인들은 마케도니아인들을 포로로 잡으면 성벽에 매달아 배를 가른 후 바다에 내던지곤 했다.

BC 332년 8월 마침내 7개월간의 공사 끝에 둑길이 티루스 성벽과 가까운 바다까지 이어졌다. 끝까지 해내는 것보다 더 강력한 혁신이 어디 있을까. 둑길의 끝부분은 강력한 요새지점과 맞닿기 때문에 성벽과 연결되지는 않았다. 알렉산드로스는 둑길 끝에다 투석기들을 갖다 놓고 돌을 쏘기 시작했다. 정박한 배들에서도 투석되고 둑길 끝에서도 투석되자 티루스 성벽의 몇 곳이 겨우 파괴됐다.

그는 해군을 파견해 티루스 섬의 남쪽에 설치된 인공장벽 하나를 무너뜨리게 하고는 큰 탑이 실린 배를 부서진 성벽까지 보냈다. 그 탑에서 병사들이 화살을 쏘아대면서 부서진 성벽 사이로 파고들었다. 티루스인들은 가시 갈고리가 달린, 긴 밧줄로 침입자들을 낚아서 성벽 위로 끌어올려 죽였다. 끓이고 녹인 납을 통에 넣어 붓기도 하고 불에 달군 모래와 자갈을 금속사발에 넣어 투하하기도 했다. 마케도니아인들은 미친 듯이 소리치다가 죽어갔다.

하지만 알렉산드로스는 물러서지 않았고 티루스는 끝내 함락되고 말았다. 티루스인 8000명이 살해됐는데 그중 2000명은 십자가에 시신이 매달렸다. 그를 무시한 대가를 널리 알리려는 조치였다.

완주:
세상은 최선이라는 말을
기억하지 않는다

남은 티루스인 3만 명은 포로가 돼 노예로 팔렸다. 그는 승리를 기념하기 위해 둑길을 완성했다. 그는 가장 큰 공성용 투석기를 티루스 성내의 헤라클레스 신전 앞으로 옮기게 했다.

그는 거기서 무릎을 꿇고 헤라클레스에게 감사했다. 마케도니아 왕실은 그리스 신화의 전설적인 영웅 헤라클레스의 후예라고 자처해왔다. 알렉산드로스는 티루스 섬으로 가는 둑길을 거의 끝내던 무렵 헤라클레스에 관한 꿈을 꾸었다. 헤라클레스가 마치 처형을 앞둔 마케도니아 포로처럼 티루스 성벽 위에서 손을 흔들며 그에게 도움을 요청하는 꿈이었다.[26]

알렉산드로스는 티루스를 거쳐 이집트로 내려갔고, 거기서 그는 이집트인들을 페르시아 제국의 위협에서 구해준 파라오로 불렸다. 그는 이집트에서 머물다가 다시 페르시아 정벌에 나섰다. 그는 BC 331년 가우가멜라 전투에서 페르시아의 다리우스 3세를 꺾고 중동의 패권을 차지했다.

강이 깊어도 건너가는 사람이 있고 산이 높아도 넘어가는 사람이 있다. 최선을 다했다며 변명하지 않고 끝까지 해내는 사람이 있다. 알렉산드로스가 그런 사람이었다. 적의 강점에서 약점을 찾아내고 길이 없으면 길을 만들어내는 그를 아무도 당할 수 없었다.

전적으로 약한 대상도 없고 전적으로 강한 대상도 없다. 천하무적이라도 약점은 있게 마련이다. 자신의 강점에 지나치게 의존하는 것 자체가 약점일 수 있다. 강점에 대한 의존도가 높을수록 대안을 마련하지 않는다. 완벽한 강점은 외통수의 함정이 된다. 강자 앞에서 지레 포기할 이유는 없다. 약점을 찾아내 공략하면 생존하고 승리할 수 있다. 최선을 다했다는 말은 핑계에 불과할 수도 있다. 끝까지 해내는 것이야말로 혁신 중의 혁신이다. 알렉산드로스처럼, 불가능해 보이는 난제 앞에서 오히려 새 신화 창조의 흥분을 느끼는 리더인가.

숫자가 아니라 집중력이다
가우가멜라 전투(BC 331년)

마케도니아의 알렉산드로스는 지금의 터키, 시리아, 레바논을 거쳐 이집트를 집어삼켰다. 알렉산드로스의 정복욕은 거기서 멈추지 않고 페르시아 제국을 무너뜨린 후 인도까지 가는 것이었다. BC 332년 알렉산드로스가 난공불락의 요새였던 지중해 항구도시 티루스를 공략하던 중 페르시아 제국의 다리우스 3세(Darius III, BC 380~BC 330년)로부터 한 통의 편지를 받았다.

당시 알렉산드로스는 다리우스 3세의 가족을 사로잡아 데리고 있었다. 다리우스 3세는 알렉산드로스에게 자기 가족의 몸값으로 1만 달란트를 주고 유프라테스 강의 서편 지역을 다 넘길 뿐만 아니라 자신의 딸까지도 결혼시키겠다고 제안했다. 알렉산드로스의 백전노장이었던 파르메니온(Parmenion)이 자기 같으면 받아들이겠다고 하자 알렉산드로스가 대답했다. "내가 파르메니온이라면 그렇게 할 것이다. 그러나 나는 알렉산드로스다."

알렉산드로스는 다리우스 3세에게 답장을 보내 언제든지 자기 가족을 데려갈 수 있으면 데려가 보라고 조롱했다. 중동 지역의 절반을 이미 차지하고 있고 나머지도 원하는 때에 얼마든지 얻을 수 있다고 장담했다. 다리우스 3세의 딸과 결혼하는 것도 원하기만 하면 언제든지 할 수 있는 것이라며 잘랐다. 알렉산드로스가 원했던 것은 페르시아 제국을 완전히 차지하는 것뿐이었다.

BC 331년 10월 1일 알렉산드로스와 다리우스 3세가 지금의 이라크 북부의 가우가멜라(Gaugamela) 평원에서 맞붙었다. 알렉산드로스는 페르시아 제국을 다 집어삼키고자 했고 다리우스 3세는 BC 333년 10월의 이수스(Issus) 전투에서의 패배를 설욕하고자 했다. 페르시아 군대는 20만 명에 육박해 보병과 기병을 합쳐 5만 명을 넘지 않았던 마케도니아 군대를 압도했다.

하지만 알렉산드로스는 숫자의 많고 적음에 괘념치 않았다. 알렉산드로스는 정찰병들을 적진으로 보내 일부러 잡히게 했고 야간공격을 계획하고 있다는 거짓 정보를 흘리게 했다. 또 소규모의 병력을 보내 페르시아 군대의 측면을 기습하게 함으로써 거짓 정보를 믿게 했다. 알렉산드로스의 군대는 일찌감치 잠자리에 들어 힘을 비축할 수 있었고 페르시아 군대는 밤을 새웠기에 지쳐 있었다.

가우가멜라 평원에 해가 떠오르자 알렉산드로스는 군대를 정렬하고 앞으로 진격했다. 다리우스 3세는 바퀴에서 날카로운 낫이 빠르게 회전하는 300대의 전차부대를 출격시켰다. 그러나 알렉산드

완주:
세상은 최선이라는 말을
기억하지 않는다

로스는 그것마저 예상하고 즉시 명령을 내렸다. 알렉산드로스의 창병들이 달려드는 말과 전차병을 향해 쉬지 않고 창을 던졌다. 다리우스 3세의 전차부대는 힘쓸 겨를도 없이 꼬꾸라지고 흩어졌다.

다리우스 3세는 기병들이 마케도니아 군대의 좌우 측면을 공격하게 했다. 그러나 마케도니아 군대는 잘 버텨냈고 대오를 흐트러뜨리지 않고 이동해 페르시아 군대의 좌측을 쳤다. 그러자 페르시아 군대가 전열을 재정비하면서 중앙에 틈이 벌어졌다. 그 틈을 놓치지 않고 알렉산드로스는 몸소 정예기병들을 이끌고 중앙의 다리우스 3세를 향해 돌진했다. 알렉산드로스의 정예기병들은 칼로 무를 자르듯이 중앙을 돌파해 다리우스 3세를 위협했다.

그때 다리우스 3세를 거의 죽일 수 있을 만큼 다리우스 3세의 전차에 바짝 따라붙은 것은 알렉산드로스의 명마 부세팔루스(Bucephalus)였다. 부세팔루스는 BC 326년 인도의 포루스(Porus) 전투에서 부상을 당해 죽을 때까지 위풍당당하게 알렉산드로스와 운명을 같이했다. 부세팔루스가 어린 알렉산드로스를 만났을 때는 야생마였다. 알렉산드로스의 아버지 필리포스 2세가 발칸 전쟁 중 얻었던 부세팔루스는 보통의 조랑말보다 크고 우아했는데 어떤 마부도 제대로 다루지 못했다.

말이 타는 사람마다 내팽개쳤다. 12세의 알렉산드로스가 사람의 그림자가 다가오면 말이 놀란다는 것을 알고는 말 머리를 태양 쪽으로 향하게 하자 말이 즉시 차분해졌다. 몇 분 동안 말을 툭툭 치며 속삭인 후 알렉산드로스가 말에 올라탔다. 그러자 말이 천천히 달리기 시작했다. 필리포스 2세는 몹시 기뻐하며 말을 아들에게 주었다. 알렉산드로스는 부세팔루스를 명마로 키워 싸움터에 나갈 때마다 타고 다녔다.

끝까지 집중해야 한다

가우가멜라 전투에서 알렉산드로스의 목표는 처음부터 분명했다. 다리우스 3세만 제거하면 승리한다고 보았던 것이다. 다리우스 3세의 군대는 페르시아 제국의 곳곳에서 징집됐기 때문에 왕에 대한 충성심은 있었지만, 서로에 대한 책임감은 없었다. 왕만 치면 뿔뿔이 흩어질 모래알 조직이었던 것이다. 수직적인 충성심과 함께 수평적인 전우애가 전력을 좌우한다. 알렉산드로스의 정예기병들이 거리를 좁혀오자 다리우스 3세는 말머리를 돌려 도망쳤다.

알렉산드로스의 군대가 중앙을 돌파했고 다리우스 3세가 도망쳤다는 소문이 페르시아 군대에 퍼졌다. 왕이 사라진 페르시아 군대는 흩어지기 시작했고 페르시아 군대의 중심부와 측면에서 두 시간 넘는 전투가 격렬하게 벌어졌지만, 승리는 알렉산드로스의 것이었다. 페르시아 군대는 9만 명이 전사했지만, 마케도니아 군대의 전사자는 500명에 불과했다. 이수스 전투와 가우가멜라 전투에서 연거푸 패배함으로써 다리우스 3세의 페르시아 제국은 사라지고 말았다.[27]

알렉산드로스의 정예기병들이 중앙을 돌파했다고 해도 다리우스

3세의 남은 병력이 많았기에 다리우스 3세가 도망치지 않고 반격했다면 전세를 역전시킬 수도 있었을 것이다. 그러나 이수스 전투에서처럼 가우가멜라 전투에서도 그는 도망쳤다. 다리우스 3세의 군대는 숫자에서 밀린 것이 아니라 집중력에서 밀렸다. 전략도 중요하지만 일단 정면으로 맞붙었다면 끝까지 해내는 집중력이 승패를 결정한다. 전투에서뿐만 아니라 스포츠와 비즈니스에서도 그렇다.

다리우스 3세의 전차부대는 막강했지만, 알렉산드로스의 군대에 어떤 타격도 입히지 못했다. 전략이 뻔했고 다 읽혔다. 적에게 읽히는 전략은 이미 전략이 아니다. 알렉산드로스의 창병들은 기다렸다는 듯이 일제히 요격했고 다리우스의 전차부대는 추풍낙엽처럼 쓰러졌다. 전력이 아무리 우세해도 전략이 노출되고서는 이길 수 없다. 알렉산드로스의 정찰병들이 흘린 거짓 정보를 그대로 믿은 것도 다리우스 3세의 패착이었다. 정보는 입수하는 것만큼이나 판별하는 것이 중요하다.

알렉산드로스는 가우가멜라 전투에서의 승리를 통해 페르시아 제국을 통째로 삼킬 수 있었다. 그러나 그는 멈추지 않았다. BC 328년 인도까지 동진했다. 2년 후 인도 정벌을 단념하고는 바빌론으로 돌아가 아라비아와 북부 아프리카를 원정하는 계획을 추진하던 중 BC 323년 6월 급사했다. 과욕이 멈추지 않으면 죽음이 멈추게 한다. 후계자가 없었던 알렉산드로스의 제국은 곧 패망으로 치달았다.

수치와 덩치가 크다고 해서 꼭 이기는 것은 아니다. 외양의 크기에 현혹되지 않아야 한다. 가치와 내실에 기초를 둔 자신감을 가져야 한다. 겉으로 강해 보이는 상대방의 취약한 고리를 찾아내 집중적으로 공략해야 한다. 정면대결을 함부로 벌여서는 안 되겠지만 일단 그렇게 하기로 했다면 끝까지 밀어붙여야 한다. 전투와 비즈니스에서는 최후의 집중력이 대세를 좌우한다. 전략을 베풀고 전투를 시작했다면 그다음은 전력의 집중이다. 다리우스 3세처럼, 숫자적인 우세에도 집중력에서 밀려 싸움에서도 밀리는 리더이지 않는가.

상처뿐인 영광은 아무 쓸모가 없다

헤라클레아 전투(BC 280년)

그리스 중서부의 이피로스(Ipiros)는 인구도 자원도 빈약한 소국이었다. 하지만 이피로스의 피로스(Pyrrhos, BC 319~BC 272) 왕은 먼 친척뻘이었던 알렉산드로스 대왕처럼 이피로스를 확장해 제국을 세우고 싶었다. 청년 시절 그는 이집트를 지배했던 알렉산드로스의 장군들이 이끄는 군대에서 복무한 적이 있었다. 거기서 그는 대담한 진격을 지휘하며 명성을 쌓았다. 그는 이피로스에 돌아와 소규모 군대를 조직하고 잘 훈련시켰다. 마케도니아 군대와 여러 차례 싸워 이기기도 했다. 그는 전사 중의 전사였다.

그렇지만 이피로스와 같은 소국이 마케도니아, 스파르타, 아테네와 같은 그리스 도시국가들을 지배하기는 어려웠다. 그러던 어느 날 스파르타의 이탈리아 식민지였던 타렌툼(Tarentum)에서 로마 군대와 싸워달라는 요청이 들어왔다. 이탈리아 남동부의 타렌툼은 이탈리아에서 가장 부유한 도시였다. 타렌툼 시민들은 그리스어를 사용하면서 스스로 스파르타 교양인이라고 생각했고 이탈리아의 여타 도시국가들을 미개하다고 여겼다.

당시 신흥세력으로 부상하면서 주변국들과 연이어 전쟁을 벌이던 로마도 타렌툼과는 싸우기를 주저했다. 타렌툼이 로마에 대항하는 도시 동맹국들에게 충분히 자금을 지원할 수 있을 정도로 부유했기 때문이다. 그러나 싸움은 불가피해졌다. 몇 척의 로마 함선이 표류하다가 타렌툼 항구에 이르자 타렌툼 사람들이 다 침몰시키고 함선 사령관까지 죽였다. 로마는 협상으로 풀고자 했지만 타렌툼은 로마 사절단도 모욕했다.

로마가 전쟁에 나서자 타렌툼은 다급해졌다. 부유했지만 군대도 없었고 시민들은 안락한 삶에 물들어 있었다. 그런 상황에서 타렌툼이 피로스 왕에게 손을 내민 것이었다. 타렌툼은 피로스 왕에게 도시 동맹국들에서 징집한 군대와 돈을 약속했다. 또한 로마를 격파하면 이탈리아를 발판으로 시칠리아와 아프리카 북부의 카르타고까지 장악할 수 있을 것이라고 부추겼다.

피로스는 타렌툼의 솔깃한 제안을 수락했다. BC 280년 봄 그는 보병 2만 명, 기병 3000명, 사수 2000명, 코끼리 20마리로 구성된 이피로스 군대를 이끌고 출정했다. 하지만 타렌툼에 도착했을 때 그는 속았다는 것을 알았다. 타렌툼은 군대도 없었고 새로 군사를 징집하는 일마저 그에게 떠넘겼다. 그는 속히 타렌툼 사람들을 징집해 훈련시키기 시작했지만, 로마 군대의 출격은 예상보다 빨랐다.

그는 기존의 병력만으로 접전해야 했다. 양측은 헤라클레아(Heraclea) 부근에서 맞붙었다. 열세였던 피로스의 군대가 밀렸다. 그러자 피로스의 비밀 병기가 등장했다. 거대한 코끼리들이 평지풍파를 일으키며 돌진했고 코끼리 등에서 궁수들이 화살을 쏘아댔다. 로마 군사들은 공포에 질려 급히 퇴각했다. 그는 대승을 거두었고 그의 명성은 이탈리아 반도에 자자했다.

그러나 그는 핵심 장군들과 베테랑 전사들을 잃어야 했다. 로마 군대의 전력도 의외로 강했다. 그는 이탈리아 반도를 쪼개자고 로마에 제안했다. 하지만 로마는 단호히 거절하고 다시 전쟁에 나섰다. BC 279년 봄 양측은 로마에서 멀지 않은 아드리아 해 인근의 아스쿨룸(Asculum)에서 또 만났다. 첫날 아스쿨룸의 지형 덕분에 로마 군대가 우세한 듯했다. 이튿날 피로스는 자신의 기동작전에 유리한 지형으로 로마 군대를 유인해 싸웠다.

그날의 저물 무렵 그는 로마 군대의 중앙을 향해 자신의 코끼리 부대를 직접 이끌고 돌격했다. 로마 군대는 삽시간에 흩어졌고 그는 또 한 번의 승전고를 울렸다. 그러나 상처뿐인 영광이었다. 병력의 3분의 1을 잃었고 그 자신도 심한 부상을 당했다. 신흥강국이었던 로마와의 싸움에서 연거푸 승리했지만, 그가 빠른 시일 내에 종전의 전투력을 회복하기는 불가능했다. 그 후 몇 번의 전투에서 그의 군대는 제대로 힘을 쓸 수 없었고 그도 끝내 전사했다.[28]

그는 로마 군대의 규모나 타렌툼의 배신 가능성에 대해 사전에 정보를 입수했을 것이다. 그러나 알렉산드로스처럼 제국을 세우겠다는 포부가 그의 눈을 가렸다. 그렇지 않았다면 그는 군대조직 보강에 더 힘을 쏟았거나 아예 원정을 포기했을 것이다. 그가 타렌툼에게 속았다는 사실을 알았을 때에라도 물러나야 했다. 전진도 필요하지만, 중단과 후퇴도 필요하다. 헤라클레아 전투 후 그만두었어도 그의 군대는 다른 결말을 맞았을 것이다.

이익을 미리 계산한다

리더는 싸워서 승리하는 것 자체에 매몰돼서는 안 된다. 승리 후의 손익을 미리 따져볼 수 있어야 한다. 이기는 것이 늘 좋거나 다 좋지는 않다. 기업 인수합병에 성공하고 축배를 들지만 그것이 독배가 돼 망하는 일도 있다. 오스카 주연상을 받은 후 배우자와 결별하는 경우도 많다. 승자의 저주다. 무리하게 싸워서 이기기는 하지만 전력을 많이 잃는 것보다는 아예 안 싸우고 전력을 그대로 보존하는 것이 더 낫다. 이미 가지고 있는 터전을 잘 지키는 것이 새 터전을 쟁취하는 것만큼이나 중요하다.

1947년 25세의 김용산은 대영건설을 창립했다. 그는 1953년 극동건설로 상호를 바꾸고는 한국전쟁 직후 복구사업에 참여해 큰돈을 벌었다. 1967년에는 서울 충무로에 21층짜리 대연각호텔을 지었다. 1969년 경부고속도로 건설에도 동참했고 대왕시멘트도 설립했다. 그렇게 잘나가던 극동건설에 제동이 걸렸다. 1971년 12월 25일 아침 대연각호텔에 대형 화재가 발생해 168명이 사망했다. 극동건설의 존립이 흔들렸다.

그러나 하늘이 돕는 듯했다. 1970년대 중반 중동에 건설 붐이 일었고 극동건설은 재기의 발판을 마련할 수 있었다. 그럼에도 극동건설의 도급한도액 순위는 하향 추세였다. 한때 현대건설 등과 함께 건설 5인방으로 불렸지만 1989년 15위, 1995년 27위로 떨어졌다. 그런데 갑자기 기회가 찾아왔다. 1985년 국제그룹의 해체로 극동건설은 1986년 (주)국제상사의 건설 부문을 인수해 국제종합건설을 만들 수 있었다. 국제그룹의 계열사였던 동서증권과 동서경제연구소를 사들여 금융업에도 나섰다.

1984년 국제상사의 도급 순위가 9위였기에 극동건설은 최상위권으로 도약할 수 있을 것으로 기대됐다. 그러나 국제종합건설이 중동 붐 당시의 부실 채권액을 해결하지 못해 경영난에 허덕였다. 국제종합건설의 최종 부채액은 3600억 원을 넘었다. 게다가 동서증권도 어려웠다. 자산규모가 2조 원을 넘어 증권업계 4위였지만 증시 추락으로 1995년 이후 연속해서 영업적자를 기록했다.

1997년 극동건설이 동서증권에서 회사채 지급보증 1000억 원을 끌어다 쓴 데다 IMF 외환위기와 주가 폭락이 겹쳐 동서증권의 부채는 1조 4027억 원으로 불어났다. 극동건설그룹의 경영위기설이 퍼지고 동서증권의 매각 방침이 흘러나오자 1일 700억 원 상당의 예탁금이 동서증권에서 계속 빠져나갔다. 극동건설마저 1996년 310억 원의 경상적자를 기록하는 등 사정이 악화됐다.

1998년 극동건설이 법정관리에 들어갔고 극동건설그룹은 해체로 내몰렸다. 노년의 김용산 회장은 1987년 재계 20위, 1995년 재계 28위였던 극동건설그룹이 뿔뿔이 흩어지는 과정을 지켜봐야 했다. 그는 부실채무에 대한 책임을 지고 징역 4년형을 선고받기도 했다.[29] 극동건설은 토목업을 중심으로 착실하게 기반을 다져갔지만, 국제종합건설과 동서증권을 인수하면서 독배를 들고 쓰러졌다.

전쟁과 비즈니스에서 되풀이되는 것이 승자의 저주다. 싸우는 것보다 더 중요한 것은 이기는 것이고 이기는 것보다 더 중요한 것은 얻는 것이다. 리더라면 싸움 그 자체나 승리 그 자체보다 이후의 이익에 초점을 맞추어야 한다. 백해무익한 싸움이나 승리가 있을 수 있기 때문이다.

전진이 능사는 아니다

1차 세계대전(1914~1918) 당시 독일의 에리히 폰 팔켄하인(Erich von Falkenhayn) 참모총장은 연합국 측의 경제봉쇄 그리고 프랑스 전선과 러시아 전선에서의 교착상태를 타개하기 위해 프랑스의 베르됭(Verdun) 요새를 공격하기로 했다. 1916년 2월 21일 팔켄하인은 독일군 5군 병력 14만 명과 대포 1400대를 투입해 새벽부터 시간당 10만 발씩 12시간 포격을 가했다.

독일군의 기습적인 포격으로 프랑스군은 나흘 동안 10만 명의 전사자를 냈다. 2월 25일 베르됭의 전방 보루였던 두오몽(Douaumont) 요새가 함락됐다. 2월 26일부터 29일까지 필리프 페탱(Philippe

Pétain) 장군의 프랑스군은 필사적으로 독일군의 진격을 저지시켰다. 3월과 4월 베르됭 주변의 뫼즈(Meuse) 고원을 둘러싼 공방전이 반복됐다. 5월 독일군이 뫼즈 고원을 재공격해 함락시키자 프랑스군은 절체절명의 위기에 빠졌다.

그러나 그때 프랑스와 영국이 대규모 군대를 동원해 솜(Somme) 강에 주둔해 있던 독일군을 공격했고 동부전선에서도 러시아군이 공격했다. 독일군은 솜 강을 방어하기 위해 병력을 분산시킬 수밖에 없었다. 7월 들어 독일군은 베르됭 공격이 애초의 목적을 달성하는 데 실패했다고 판단하고 방어로 전환했다. 8월이 되자 프랑스군은 재공격에 나섰고 독일군에 막대한 피해를 주며 잃었던 요새를 탈환했다. 10월에는 대대적인 역습으로 독일군을 몰아냈다.

12월 베르됭 전투가 끝났을 때 양측의 전선은 처음과 거의 같았다. 베르됭 전투에서 독일은 33만 7000명의 사상자를 냈고 프랑스는 37만 1000명의 사상자를 냈다. 양측은 얻은 것 없이 동일한 장소를 뺏고 뺏기면서 수많은 병력과 물자를 낭비했다. 전투 그 자체에 집착해서는 안 된다. 지면 치명타를 당할 수 있고 이겨도 손실만 입을 수 있다. 리더는 최상의 결과만 미리 계산에 넣을 것이 아니라 손실의 최소화도 계산에 넣어야 한다.

1943년 여름 옛 소련의 쿠르스크(Kursk)에서 독일군과 소련군이 맞붙었다. 양측은 대대적으로 탱크와 장갑차를 동원해 총공세를 퍼부었다. 며칠 후 독일군은 기갑부대를 거의 다 잃고서 퇴각하기 시작했다. 쿠르스크 전투는 동부전선에서 독일군의 마지막 공격이었다. 독일군의 피해는 극심했다. 7만 명이 죽거나 포로로 잡혔고 탱크 2950대, 비행기 1400대가 파괴됐다. 독일군은 치명타를 입었고 시간이 지나도 회복되기 어려웠다.[30]

소련군도 많은 탱크를 잃었지만, 다시 제작할 수 있었고 그것에 힘입어 베를린의 동부전선을 따라 전진할 수 있었다. 독일군에게 새로운 탱크가 공급됐을 때에는 이미 독일군이 소련 전선에서 철수하고 난 뒤였다. 레닌그라드, 모스크바, 스탈린그라드에서 모두 패배한 독일군은 이전의 전투력을 되찾지 못한 채 끝내 2차 세계대전에서 지고 말았다. 리더는 패배 후에도 재기의 기회를 노릴 수 있도록 늘 최소한의 전력을 남겨두어야 한다.

1990년 8월 2일 이라크는 쿠웨이트가 원래 이라크 영토였다며 쿠웨이트를 점령했다. 그러자 미국, 영국, 프랑스, 러시아, 사우디아라비아 등 다국적군이 유엔 결의에 따라 1991년 1월 17일 반격에 나섰다. 노먼 슈워츠코프 대장이 이끈 다국적군은 개전 후 42일 만에 압승했다. 슈워츠코프의 다국적군은 39일 동안 최첨단 전자전을 동원해 이라크 지휘부와 군사기지를 초토화했다. 다국적군이 쿠웨이트에서 이라크군을 몰아낸 지상전 기간은 3일에 불과했다.

보급이 끊기고 작전지휘도 받을 수 없었던 이라크군은 저항하지도 못하고 항복했다. 재기불능의 완패였다. 1차 걸프 전쟁에서 이라크군의 피해는 전사자 15만 명, 포로 8만 5000명이었다. 다국적군의 사상자는 400명에 그쳤다. 다국적군은 최첨단 전자전의 활용과 지상군의 팀워크 덕분에 인명 피해를 최소화하면서 완승할 수 있었다. 슈워츠코프의 지상군은 사병에서부터 장성에 이르기까지 자기 임무를 정확히 알고 있었고 서로 단결하고 협력함으로써 전투력을 극대화하고 피해를 극소화했다.

패배해도 남은 전력이 있으면 재기할 수 있다. BC 480년 7월 페르시아 군대와 맞붙은 테르모필라이 전투에서 스파르타의 레오니다스 왕은 정예부대 300명만 희생시켰다. 그 결과 7000명이었던 스파르타 군대가 대부분 보존될 수 있었고 후일의 전투에서 승리할 수 있었다. 1941년 12월 일본군의 진주만 공습에서 4척의 미국 항공모함이 살아남았다. 미국 해군은 1942년 6월 미드웨이 해전을 통해 재기에 성공했다. 그 결과 2차 세계대전을 승리로 이끌 수 있었다.

전투보다 승리가 더 우선이고 승리보다 이익이 더 우선이다. 리더는 전투나 승리 그 자체보다 이후의 이익을 미리 계산할 수 있어야 한다. 이기는 것이 늘 좋거나 다 좋은 것은 아니다. 승리의 축배가 종종 몰락의 독배로 바뀌곤 한다. 전진이 능사는 아니다. 중단하거나 후퇴할 수도 있어야 한다. 하나에 매몰되는 것은 위험하다. 무리하게 싸우다가 다 잃는 것보다는 아예 안 싸우고 그대로 보존하는 것이 더 낫다. 피로스처럼, 지나치게 큰 꿈에 사로잡혀 상황을 객관적으로 보지 못하고 전쟁에 뛰어들었다가 승자의 저주에 빠지는 리더이지 않는가.

연합하여 함께 싸우는 힘

삼국 통일전(660~668년)

7세기 초 신라는 한반도 동남부의 한 귀퉁이를 차지하던 소국에 지나지 않았다. 그에 반해 고구려는 만주벌판을 주름잡던 북방의 패자였고 백제는 왜국을 휘하에 둔 해양강국이었다. 당시 신라가 백제를 꺾겠다든지, 삼국을 통일하겠다든지 하는 것은 헛구호였을 것이다. 그런데 신라의 29대 태종무열왕 김춘추(金春秋, 604~661)가 그 헛구호를 역사적인 사실로 만들었다.

김춘추는 그의 할아버지 진지왕이 폐위되는 바람에 비주류의 진골로 전락했었다. 금관가야의 마지막 왕으로서 신라에 투항했던 구해왕의 증손 김유신(金庾信, 595~673)은 그를 큰 인물로 보고 자신의 여동생 문희를 그에게 주선했지만, 그는 그녀를 임신시키고도 이미 자신에게는 부인과 딸이 있다며 그녀를 데려가지 않으려고 했다. 그와의 결탁을 통해 가야계의 비주류라는 한계를 탈피하려던 김유신의 눈에 그는 토룡(土龍)처럼 비쳤을 것이다.

　30대 후반의 평범한 나날을 보내던 김춘추의 잠재력을 폭발시킨 한 사건이 터졌다. 백제의 공격으로 대야성 성주이자 그의 사위였던 김품석(金品釋)과 그의 딸 고타소(古陀炤)가 죽임을 당했고 두 시신마저 백제로 압송됐다. 그는 비보를 듣고는 종일 기둥에 기댄 채 눈도 깜박이지 않았고 사람이 눈앞을 지나가도 알아차리지 못했다고 한다. 그때부터 그의 인생은 180도 달라졌다. 딸 부부의 비극은 그의 비극을 넘어 신라의 미래가 될 수도 있는 것이었다. 이제 그의 목표는 오직 하나, 백제 정복이었다.

　그는 다시 김유신과 손을 잡고 몸집을 불렸다. 안으로는 신주류 세력을 키우고 밖으로는 외교를 통한 군사동맹에 직접 나섰다. 고구려에 가서 군사원조를 요청했다가는 한강 상류의 영토반환 문제와 뒤엉키면서 감금되는 등 겨우 죽을 고비를 넘겼다. 그러나 그의 목표는 더 커졌다. 백제 정복을 넘어 삼국 통일이었다. 왜국의 힘도 얻고자 현해탄을 건넜지만 거기서 또 억류당하는 비운을 맞봐야 했다.

　그만둘 만도 했지만 그는 먼 당나라로 향했다. 죽을 찰나를 간신히 모면하면서 어렵사리 당나라에 도착해서는 쉽사리 의도를 드러내지 않은 채 당 태종의 애간장을 서두르지 않고 천천히 녹였다. 당시 당 태종은 고구려를 견제해야만 하는 난제에 직면해 있었다. 마침내 그는 중원의 강자 당나라와 손을 잡을 수 있었다. 그렇게 해서 그가 태종무열왕으로 등극한 지 6년째, 그리고 딸 부부가 죽은

지 18년째이던 660년 한반도의 해양강국 백제를 정복하는 데 성공했다.

이듬해 그는 고구려 정벌을 시도하다가 병사했지만, 668년 그의 아들 문무왕이 고구려를 멸망시키고 삼국을 통일할 수 있도록 대로를 열어준 셈이었다. 서로 다른 세력들이 안팎에서 연합한다는 것은 그만큼 위험하고 어렵다. 납치되거나 배신당하거나 죽을지도 모른다. 그러나 연합해야만 약자가 승률을 높일 수 있다.

그는 폐위당한 진지왕의 손자였고, 성골이 아니라 진골 출신이었으며, 왕위에 오를 때의 나이가 이미 53세였다. 게다가 구세력의 표본이었던 서라벌 진골계의 세력이 만만찮게 남아 있었다. 그런 약점 투성이였음에도 그는 지칠 줄 모르는 연합작전으로 백제 정복을 넘어 삼국 통일의 기초를 쌓을 수 있었다.

딸 부부의 비극에서 신라의 운명을 예감한 그의 통찰력은 옳았다. 그가 안팎의 연합전선을 형성해 신라의 힘을 키우지 않았더라면 신라의 운명은 분명히 딸 부부의 비극과 같았을 것이다. 그는 늦은 나이에도 서두르지 않았고 포기하지 않았다. 안으로는 김유신과 손잡고 신진세력을 키웠고 밖으로는 당나라와 손잡고 신라의 위상을 키웠다. 그의 통찰력과 연합작전 덕분에 그의 작은 나라는 삼국 통일의 승전가를 부를 수 있었다(물론 현대적인 관점에서 보면 고구려가 삼국 통일의 주역이었더라면 하는 아쉬움이 있긴 하다).

개인기가 아니라 팀워크다

2차 세계대전의 최고 영웅은 노르망디 상륙작전을 총지휘했던 드와이트 아이젠하워였다. 그는 의지력이 강했을 뿐만 아니라 협상력과 인내심도 뛰어났다. 미국군, 영국군, 캐나다군으로 구성된 연합군의 총사령관으로서 그는 자존심이 강하고 이익이 상충했던 각국의 고위 장성들을 융합시켰다. 영국의 버나드 몽고메리 장군과 미국의 조지 패튼 장군은 상극이었지만 그가 하나로 묶었다.

그는 소탈하고 따뜻했지만, 또한 강인하고 과감했다. 색깔과 개성이 판이한 인물들을 한곳에 결집해 하나의 팀으로 엮어냈고 그들에게 적절한 권한을 위임함으로써 그들이 최선을 다하게 했다. 그에게는 팀워크에 대한 믿음이 있었다. 팀플레이의 천재였던 그는 후일 34대 미국 대통령의 직무도 훌륭하게 감당해냈다. 어떤 리더도 혼자서는 위업을 달성할 수 없다.

적절한 사람들을 뽑고 훈련시켜 서로 협력하게 하는 데서 최강의 팀이 만들어진다. 팀의 성공은 협력에 달려 있다. 협력을 잘하는 팀은 숫자상 열세라도 강한 힘을 발휘해 숫자상으로 우세한 경쟁자를 꺾는다. 일을 잘하려고 하고 더 하려고 하는 사람, 수직적인 협력뿐만 아니라 수평적인 협력도 할 줄 아는 사람을 뽑아야 한다. 위아래의 다른 사람들과 어울려 협력할 줄 아는 사람이 성과도 좋다. 팀워크가 늘 개인기에 앞서야 한다.

전쟁에 관한 기록이 많이 나오는 성경에도 보면 탁월한 팀워크의 사례가 나온다. "그 때에 아말렉이 와서 이스라엘과 르비딤에서 싸우니라 모세가 여호수아에게 이르되 우리를 위하여 사람들을 택하여 나가서 아말렉과 싸우라 내일 내가 하나님의 지팡이를 손에 잡고 산꼭대기에 서리라 여호수아가 모세의 말대로 행하여 아말렉과 싸우고 모세와 아론과 훌은 산꼭대기에 올라가서"(성경 출애굽기 17장 8~10절).

아말렉(Amalek) 민족이 이스라엘 민족을 공격했다. 이스라엘 민족의 지도자 모세는 여호수아 장군더러 사람들을 뽑아 싸우라고 명령했다. 여호수아는 사람들을 뽑아 전쟁에 나서야 했다. 그런데 아무나 뽑아서는 안 된다. 뽑히는 사람에 따라 전투력이 결정되기 때문이다. 제대로 된 사람을 뽑고 준비시키고 협력시키는 일이 최우선이다.

광야를 지나 가나안(Canaan) 땅으로 들어가 거기서 예배 공동체와 경제 공동체를 세우고자 하는 최종 목표도, 이스라엘 민족의 대적인 아말렉 민족을 쳐부수고자 하는 현재 목표도 다 공유할 뿐만 아니라 열정과 용기와 역량도 갖춘 사람을 뽑아야 했다. 또한 하나님과 지도자를 신뢰하며 서로 협력할 수 있는 사람을 뽑아야 했다. 전투력이 좋으려면 수직적인 협력뿐만 아니라 수평적인 협력도 좋아야 한다.

"모세가 손을 들면 이스라엘이 이기고 손을 내리면 아말렉이 이기더니 모세의 팔이 피곤하매 그들이 돌을 가져다가 모세의 아래에 놓아 그가 그 위에 앉게 하고 아론과 훌이 한 사람은 이쪽에서, 한 사람은 저쪽에서 모세의 손을 붙들어 올렸더니 그 손이 해가 지도록 내려오지 아니한지라 여호수아가 칼날로 아말렉과 그 백성을 쳐서 무찌르니라"(성경 출애굽기 17장 11~13절).

여호수아는 사람들을 뽑아 싸움터로 나갔고 모세는 산꼭대기로 올라갔다. 여호수아의 군대는 전쟁터에서 용감하게 싸웠고 모세와 아론과 훌은 산꼭대기에서 하나님의 힘을 동원했다. 모세가 손을 들면 이스라엘 군대가 이겼고 모세가 손을 내리면 아말렉 군대가 이겼다. 하나님의 힘이 동원돼야 이길 수 있었다. 모세는 아예 돌 위에 앉았고 아론과 훌은 양쪽에서 모세의 두 손을 붙들어 올렸다. 모세의 손은 해가 지도록 내려오지 않았고 이스라엘 군대는 아말렉 군대를 쳐서 무찔렀다.

이스라엘 민족의 승리는 팀워크의 승리였다. 모세와 아론과 훌은 하나님의 힘을 동원하기 위해 서로 협력했고 여호수아의 군대는 적과 싸우기 위해 서로 협력했다. 수직적인 충성만으로는 승리할 수 없다. 수평적인 협력도 있어야 한다. 옛날에 용병으로 구성됐던 군대들은 수직적인 충성만 있고 수평적인 협력이 없는 모래알 조직이었다. 그러나 알렉산드로스의 군대나 칭기즈칸의 군대가 숫자상의 열세에도 무적이었던 것은 지도자에 대한 충성심과 함께 병사끼리의 책임감도 강했기 때문이었다.

개인의 경쟁력에는 한계가 있다. 팀으로 싸워야 한다. 어떤 리더도 혼자서는 위업을 달성할 수 없다. 집단지성의 초협력으로 난제들을 풀어내야 하는 시대다. 강점이 있는 사람들을 뽑아 훈련시켜 서로 협력하게 하면 최강의 팀이 된다. 팀의 성공은 개인기에 우선하는 협력에 있다. **위아래로 협력할 줄 아는 사람이 성과도 좋다. 수직과 수평의 협력이 원활한 팀은 숫자적인 열세라도 숫자상으로 우세한 경쟁자를 꺾는다.** 김춘추처럼, 안팎으로 연합작전을 펼쳐 현재 개인사의 비극을 미래 민족사의 승리로 승화시킬 수 있는 리더인가.

이 세상에 난공불락은 없다
카파 전투(1343년)

1266년 이탈리아의 제노바 상인들이 킵차크칸국의 카파(Kaffa)를 빌려 무역 요충지로 만들었다. 킵차크칸국은 몽골계 4대 칸국 중의 하나로서 칭기즈칸의 장손자 바투에 의해 키르기스 초원과 남부 러시아의 킵차크 초원을 근거지로 세워졌었다. 당시 사방으로부터 카파에 물자가 유입됐다. 서쪽에서 금과 면화, 북쪽에서 목재와 모피, 인도네시아에서 실크와 향신료와 다이아몬드가 들어왔다.

노예들도 몰려왔다. 카파는 최대의 노예시장이 됐고 제노바의 기독교도와 킵차크칸국의 몽골인, 그리고 이슬람교도가 모두 노예를 사고팔았다. 80년 만에 카파는 인구가 7만 명에 달했고 대단히 유력한 도시가 됐다. 거기서 제노바 상인들은 유럽, 몽골, 남부 아시아 사이의 상거래를 장악하며 막대한 부를 축적하고 있었다. 킵차크칸국의 상인들은 장사수완이 좋았던 제노바 상인들을 싫어했다. 제노바 상인들이 몽골계의 돈을 다 빼내 간다는 불만이 킵차크 상인들 사이에 팽배해 있었다.

1343년의 어느 날 카파에서 온 제노바 상인과 타나(Tana) 마을의 킵차크 상인 사이에 싸움이 일어났다. 타나 마을은 아조프(Azov)해에서 나와 흑해로 흐르는 돈(Don) 강 유역에 있었다. 킵차크 상인은 제노바 상인이 모피 값을 속인다며 따졌고, 제노바 상인은 칼을 꺼내 킵차크 상인을 찔러 죽이고 카파로 도망쳤다. 킵차크 상인들의 억눌렸던 분노가 터졌다.

당시 킵차크칸국의 칸이었던 자니베크(Jani Beg, ?~1357)에게 그 사건이 보고됐다. 독실한 이슬람교도였던 자니베크에게는 분열된 몽골 제국을 다시 통합하려는 야심이 있었다. 그는 자신의 백성이 자신에게서 칭기즈칸의 모습을 보고 싶어 한다고 생각했다. 그는 카파 상권을 주무르던 제노바 기독교도를 몰아내고 킵차크 백성의 강력한 지지를 얻고자 했다.

그는 대군을 이끌고 카파로 향했다. 순식간에 카파가 포위됐다. 그러나 카파는 난공불락이었다. 당시 킵차크칸국의 카파는 오늘날의 우크라이나 남부의 크림(Krym) 반도에 위치한 페오도시야(Feodosiya)인데, 사방이 성벽으로 둘러싸여 있고 남쪽으로는 흑해에 인접해 있었다. 성벽은 높고 강했다. 돌과 통나무로 공격해도 끄떡없었다. 성벽을 기어오르기도 어려웠다.

성벽의 남쪽이 바다와 맞닿아 있어 성을 공격하려면 북쪽의 평원으로 나가야 했다. 성 안에서는 성 밖의 동태를 훤히 볼 수 있었지만, 성 밖에서는 성 안을 들여다볼 수 없었다. 그럼에도 자니베크는 저따위의 작은 성 하나도 함락하지 못한다면 칭기즈칸의 후예가 아니라고 장담했다. 자니베크의 군대는 불화살을 쏘고 투석기로 돌덩이를 날렸다. 하지만 성벽 근처의 건물들만 불탔고 성벽에는 아무런 충격도 주지 못했다.

자니베크에게는 해군이 없었기에 남쪽의 해안지대에서는 이탈리아의 제노바공화국으로부터 지원군과 지원물자가 자유롭게 드나들 수 있었다. 카파 성으로 들어가는 물길을 차단하려고도 했지만 헛수고였다. 오히려 1344년 2월 카파 성에 도착한 제노바공화국 지원군이 자니베크의 군대를 기습해 1만 5000명의 목숨을 빼앗기도 했다. 그러고도 제노바 군대는 빗장을 걸어 잠갔고 그렇게 소강상태가 지속돼 4년이 흘렀다.

그 와중에 자니베크의 군대에 불행이 덮쳤다. 역병이 돌기 시작했다. 중국과 중앙아시아에서 오랫동안 가뭄과 지진이 일어났고 거기에다 갑자기 비가 장기간 겹치면서 역병이 발생했던 것이었다. 킵차크칸국으로도 역병이 번졌고 전쟁터와 궁궐을 오가던 연락병들이 감염됐다. 삽시간에 성벽을 포위한 군사들에게도 퍼졌다. 매일 수십 명의 군사가 죽어나갔다. 사기는 땅에 떨어졌다.

포위하고 기다린다

그런 모습을 보고 성 안의 제노바 군사들은 환호했다. 천벌이 성 밖의 이슬람교도에게 내려졌다고 여겼다. 4년간 무역도 끊기고 수천 명이 죽었지만 이제 승리가 눈앞에 다가온 듯했다. 하지만 자니베크는 진퇴양난이었다. 그대로 있자니 역병을 견딜 수 없었고 철수하자니 씻을 수 없는 치욕이었다. 자신을 바라보는 킵차크 백성의 실망은 클 것이고 몽골계 제국을 통합하려던 야망도 물거품으로 끝날 게 뻔했다. 그는 결단을 내려야 했다. 이미 절반에 가까운 군사들이 역병으로 쓰러졌다.

성 위에서 제노바 군사들이 지켜보니 자니베크의 군대가 거대한 투석기를 동원하고 있었다. 마지막 공격을 준비하는 것처럼 보였다. 제노바 군사들은 시민들을 사정거리 밖으로 대피시키고는 자니베크의 공격을 기다렸다. 자니베크가 손을 들었다가 내리자 뭔가가 날아들었다. 돌덩이가 아니었다. 시체였다. 비처럼 쏟아지는 시체들이 제노바 군사들을 공포로 내몰았다. 시체들은 부서졌고 피가 터졌다. 구더기들도 사방으로 튕겼다. 카파 성내에 썩은 냄새가 진동했다. 자니베크의 시체 공격은 종일 계속됐다.

다음 날 제노바 군사들은 수천 구의 시체를 치우느라고 바빴다. 제대로 거두기도 어렵게 부서진 시체들을 모아 마차에 싣고는 남쪽의 바다에다 버렸다. 시체가 너무 많아 태우기도 하고 구덩이에 파묻기도 했다. 피와 구더기로 얼룩진 거리는 시민들이 물로 씻어냈다. 시체를 치우면서 며칠이 갔다. 제노바 사람들은 마지막 발악이겠거니 생각하며 몽골인들의 퇴각을 기다렸다.

그런데 얼마 후 성 안의 제노바 군사들이 아프기 시작했다. 겨드

완주:
세상은 최선이라는 말을
기억하지 않는다

랑이와 사타구니가 붓고 피멍이 든 것처럼 몸이 거무죽죽해졌다. 역병이었다. 고열과 구토에 시달리고 피를 토하는 군사들이 늘어났다. 몸이 까맣게 변해 죽는 군사들도 부지기수였다. 거리를 치우는 데 동원됐던 시민들도 마찬가지였다. 마차가 시체들을 싣고 성내를 가로질렀기에 시내 전체가 감염됐다. 7만 명의 제노바 사람들이 역병에 걸렸다. 카파 성은 쑥대밭이 됐다.

아직 멀쩡한 사람들은 공포에 질려 제노바로 가는 배에 올라탔다. 그들은 흑해를 건너 지금의 이스탄불로 갔다가 지중해를 넘어 이탈리아로 향했다. 2500킬로미터의 아주 긴 여행이었다. 배에서도 사람들이 역병으로 죽어갔다. 제노바, 시칠리아, 베네치아에서 그들의 시체를 처리하면서 역병이 도시 전체로 퍼졌다. 1347년 이탈리아를 시작으로 해서 이듬해 중부 유럽을 거쳐 1350년에는 독일과 스칸디나비아에 이르기까지 역병이 휘몰아쳤다.

매일 한 마을에서 수백 명이 죽었다. 유럽 인구의 3분의 1이 사라졌다. 1350년 이후에도 지역에 따라 역병이 발생했다. 1400년 유럽 인구는 역병이 창궐하기 이전의 절반 이하로 격감했다. 14세기 중반까지 1000년 동안 유지됐던 유럽 중세사회를 수십 년 만에 붕괴시킨 흑사병 사태였다. 그 결과 교회의 영향력이 쇠퇴했고 인본주의가 대두했다. 흑사병 사태로 유럽에서 르네상스와 근대사회로 가는 길이 열리게 됐다고 해도 과언이 아니었다.[31]

상황이 바뀌면 약점은 강점이 될 수 있고 강점은 약점이 될 수 있다. 카파 성 밖의 킵차크 군사들은 성벽의 보호를 전혀 받을 수 없었지만 언제든지 자유롭게 이동할 수 있었다. 그에 반해 카파 성 안의 제노바 군사들은 성벽의 보호를 완벽하게 받을 수 있었지만, 그곳에 묶여 있어야 했다. 자니베크의 군대가 역병에 걸린 시체들을 카파 성에 퍼부은 것은 일종의 세균전이었다. 투석전이 세균전의 양상으로 바뀐 것이었다.

이제 카파 성내의 제노바 사람들은 쥐약을 먹고 독 안에 갇힌 쥐와 같아졌다. 최고의 강점이 최악의 약점으로 바뀐 것이었다. 골리앗도 그랬다. 기존의 근거리 맞대결에서 골리앗의 큰 신장, 강력한 무기, 무거운 갑옷은 최고의 강점으로 통했다. 하지만 다윗이 원거리에서 신속한 투석으로 맞서자 골리앗의 느린 중무장은 최악의 약점이 되고 말았다.

약점은 강점이 된다

약점을 꼭 개선하고 보완해야만 하는 것은 아니다. 강점으로 전환할 수도 있다. 2012년 중반 롯데칠성음료는 칸타타 스틱커피를 출시하며 봉지커피 시장에 뛰어들었다. 그런데 커피잔에 찌꺼기가 남아 소비자들이 꺼림칙하게 여기고 미관에도 안 좋은 약점이 있었다. 그러나 롯데칠성음료는 아라비카 원두만 쓰기 때문에 그렇다며 약점을 강점으로 돌려놓았다. 그 덕분에 칸타타 스틱커피는 한 달 만에 30억 원의 매출을 올리며 시장진입에 성공할 수 있었다.

할리데이비슨의 모터사이클은 승차감도 안 좋은 데다 소리마저 거칠었다. 약점이라면 약점이었다. 그러나 할리데이비슨은 그런 약점을 거친 남성의 상징으로 변모시켰다. 약점을 다른 각도에서 본 것이었다. 모터사이클을 찾는 남성이라면 야성에 대한 동경이 있을 것인데, 그렇다면 불편한 승차감과 소음이야말로 야성 그 자체일 수 있지 않겠는가. 할리데이비슨의 모터사이클은 수많은 남성 마니아들을 양산해낼 수 있었다.[32]

문제 속에 답이 있고 약점은 강점이 될 수 있다. 독일 출신의 리바이 스트라우스(Levi Strauss)는 미국으로 건너가 뉴욕의 주택을 돌며 직물을 판매했다. 그러다가 캘리포니아의 금광 붐을 따라 1853년 샌프란시스코로 이주해 그곳의 금광 주변에서 천막 천을 만들어 팔았다. 하루는 군납 알선업자가 그에게 대형 천막 천 10만 개를 납품할 수 있게 해주겠다고 제안했다.

그는 큰 행운이 찾아왔다며 덥석 물었다. 막대한 빚을 내어 생산시설과 직공을 늘리고 밤낮으로 고생한 끝에 주문량을 다 채웠다. 그러나 군납의 길이 막혔고 그는 파산 직전까지 몰렸다. 그는 답을 찾지 못해 막막해하다가 광부들이 있는 곳으로 가보았다. 거기서 광부들이 불평하는 소리를 듣게 됐다. 작업바지가 너무 빨리 해어진다는 것이었다. '아, 이거다'는 생각이 그의 머리를 스쳤다.

그는 굵은 천막용 삼베로 작업바지를 만들기 시작했다. 터지고 끊어지는 것을 막기 위해 솔기를 튼튼한 실로 꿰매고 뒷주머니가 떨어지지 않도록 구리 리벳을 박아 넣었다. 그는 자신의 청바지에 리바이스(Levi's)라는 이름을 붙여 광부들에게 팔았다. 머잖아 모든 광부가 리바이스 청바지를 입게 됐고 그는 금광업자들보다 더 많은 돈을 벌 수 있었다.

문제의 안팎을 잘 살피면 뜻밖의 답을 발견할 수 있다. 그에게 파산 직전의 문제가 없었더라면 최초이자 최고인 리바이스 청바지는 탄생할 수 없었을 것이다. 금광 주인이 아니어도 괜찮다. 금광 주변을 기웃거리다 보면 금광에 몰려든 사람들로부터 기회를 얻어낼 수 있을 것이다. 살다 보면 문제를 만나게 되는데 그때 그 주변을 찬찬히 살피면 답이 보인다.**33**

난공불락의 성은 없다. 난공불락이라고 믿었다가는 독 안의 생쥐가 될지도 모른다. 완벽한 의존은 완벽한 배신을 초래한다. 공성이 결국에는 축성을 이기기 때문이다. 아무리 난공불락처럼 보여도 포위하고 기다리면 절호의 기회가 온다. 약점을 꼭 개선해야만 하는 것은 아니다. 상황이 바뀌면 최악의 약점이 최고의 강점으로 바뀔 수도 있다. 강점은 의존하고 안주하게 하지만 약점은 기다리고 찾고 끝까지 완주하게 한다. 자니베크처럼, 반드시 이길 수 있다는 확신과 포기하지 않는 기다림 끝에 위기를 기회로 반전시킬 수 있는 리더인가.

완주:
세상은 최선이라는 말을
기억하지 않는다

뱀이 코끼리를 삼킨다
카하마르카 전투(1532년)

1492년 이탈리아의 탐험가 크리스토퍼 콜럼버스(Christopher Columbus)가 카리브 해안에 도착함으로써 그의 항해를 지원한 스페인 왕실이 막대한 부를 거머쥐는 새 길이 열렸다. 이제 스페인은 팽창주의 노선에서 영국과 포르투갈을 압도할 수 있게 됐다. 하지만 스페인이 차지한 쿠바, 푸에르토리코, 지금의 아이티와 도미니카인 히스파니올라(Hispaniola)에서 금이 쏟아지지는 않았다. 1512년 스페인 탐험가 바스코 데 발보아(Vasco de Balboa)가 발견한 파나마에서도 마찬가지였다.

그럼에도 아메리카 대륙에 황금도시들이 있다는 소문은 계속 퍼져나갔다. 1521년 스페인 정복자 에르난 코르테스(Hernán Cortés)가 오늘날의 멕시코인 아즈텍(Aztec) 제국을 파괴해 그 자신은 물론 스페인 왕실까지 어마어마한 부자로 만들었다. 그러자 스페인 정복자들 사이에서 나머지 황금도시들을 차지하려는 경쟁이 불을 뿜었다. 스페인 정복자 프란시스코 피사로(Francisco Pizarro, 1475~1541)도 그 대열에 뛰어들었다.

피사로는 가난한 보병 중대장의 혼외 아들로 태어났다. 부모의 도움을 받을 수 없어 할아버지 밑에서 무학으로 소년기를 보내야 했다. 그는 돼지를 치기도 했지만, 정복자가 되려는 꿈을 버릴 수 없었다. 1502년 27세의 그는 중미의 히스파니올라 섬으로 떠났다. 1510년에는 콜롬비아 원정대에 들어갔고 1513년에는 태평양을 처음 발견한 발보아의 원정대에 참가했다.

1519년부터 5년간 파나마 시장을 하면서 약간의 재산도 모았지만 그의 피는 계속 끓었다. 1523년 48세의 그는 군인이었던 디에고 데 알마그로(Diego de Almagro), 신부였던 에르난도 데 루케(Hernando de Luque)와 동업계약을 맺고 이듬해부터 4년간 남미 탐사에 나섰다. 그와 동료들은 많은 난관을 넘어야 했지만 직조된 의복을 입은 인디언들이 뗏목을 타고 가는 광경을 보고는 황금도시에 대한 확신을 가질 수 있었다.

피사로는 더 많은 병력 지원을 파나마 총독부에 요청했다. 하지만 파나마의 새 총독은 더 이상의 인명 피해가 없도록 하려고 탐사 포기를 명령했다. 그러자 그는 땅에다 줄을 긋고는 부와 명예를 원하는 사람은 넘어오라고 선언했다. 그렇게 해서 그 유명한 13명은 해안을 따라 탐사를 계속했다. 그들은 남미의 인디언들이 만든 물건들을 많이 획득할 수 있었고 거대한 잉카 제국에 관한 이야기도 들을 수 있었다. 일설에 따르면 피사로 일행은 아마도 비루(Viru)라는 강의 이름을 따서 새 땅의 이름을 불렀을 테고 그렇게 해서 지금의 페루라는 이름이 유래됐다고 한다.

그러나 파나마 총독의 반대는 여전했다. 1528년 53세의 피사로는 스페인 국왕 카를로스 1세(Carlos I)를 직접 알현해 담판을 지었다. 그는 남미 현지의 금은 세공품을 보여주며 카를로스 1세를 설득하는 데 성공했고 훈장과 갑옷도 하사받았다. 피사로는 거기서 그의 6촌 동생이자 아즈텍 제국의 정복자였던 코르테스도 만날 수 있었다.

이듬해 그는 새로 발견된 해안을 따라 파나마 이남의 965킬로미터에 이르는 지역을 관장하는 총독에 임명됐고 그의 동료들도 그 지역에서 높은 지위에 올랐다. 1530년 1월 그는 자신의 형제 4명과 함께 파나마로 돌아갔고 이듬해 1월 3척의 배에 대원 180명, 말 37마리를 싣고 다시 출범했다. 이전처럼 고행이었다. 그는 위궤양에 시달린 끝에 1532년 4월 페루 북서부의 툼베스(Tumbes)에 도착했다.

하지만 거기에 계속 머물 수 없었다. 스페인 정복자들에게 우호적이었던 툼베스의 원주민들이 1520년대 중반부터 들이닥친 천연두와 이웃의 사나운 푸니족의 공격 때문에 뿔뿔이 흩어진 뒤였다. 그는 인근의 푸냐 섬으로 이동해 원정대를 재정비하려고 했지만, 그곳은 푸니족의 본거지와도 같았다. 수천 명의 푸니족이 100명을 겨우 넘는 피사로 원정대를 향해 돌진했다.

어제의 비결을 버려야 한다

그러나 피사로 원정대의 총병과 창병이 푸니족의 기세를 꺾었고 피사로의 동생이 지휘한 중기병대가 휘두른 강철 창검에 푸니족이 떼죽음을 당했다. 푸니족은 물러섰고 얼마 후 에르난도 데 소토(Hernando de Soto)가 대원 100명, 말 50마리와 함께 합류했다. 1532년 5월 이후 피사로 원정대는 남미의 서쪽 해안을 따라 7000킬로미터나 뻗어 있는 안데스 산맥을 넘어 내륙 지역으로 더 들어가고자 페루 북부에다 전진기지를 세웠다.

한편 피사로 원정대의 움직임을 낱낱이 살핀 눈초리들이 있었다. 페루 북부의 잉카인들은 이제 막 내전을 끝내고 잉카 제국의 유일한 왕으로 등극할 아타우알파(Atahuallpa)에게 그 창백한 피부의 외부인들에 대한 정보를 낱낱이 전하고 있었다. 1532년 여름 피사로 원정대가 나타나기 직전 아타우알파는 자신의 이복동생 와스카르(Huáscar)의 세력을 제압하고 내전을 종결시켰다.

아타우알파는 자신의 아버지 와이나 카팍(Huayna Capac)과 함께 북방 영토의 확장에 큰 공을 세웠다. 와이나 카팍은 최대의 확장정책을 펼쳐 지금의 아르헨티나 남부와 칠레 방면으로 깊숙이 들어갔고 지금의 에콰도르와 콜롬비아 일부도 복속시켰다. 그런데 스페인 정복자들이 페루 해안에 도착했을 무렵인 1525년, 북방의 콜롬비아 방면에서 작전 중이던 와이나 카팍이 병사하고 말았다.

멕시코를 통해 남미로 퍼진 천연두에 감염됐던 것이었다. 뒤이어 와이나 카팍의 장자도 천연두로 목숨을 잃었다. 와이나 카팍은 죽

원주:
세상은 최선이라는 말을
기억하지 않는다

기 전에 유언을 남겨 당시 잉카 제국의 왕도였던 쿠스코(Cusco)를 중심으로 하는 페루 남부의 남방 영토와 왕위는 차남인 와스카르에게, 페루 북부의 북방 영토는 삼남인 아타우알파에게 넘기도록 했다. 하지만 둘 다 잉카 제국의 절반에 만족할 수 없었다. 잉카 제국은 머잖아 치열한 내전에 휘말리게 됐다.

아버지와 함께 북방 확장에 참여하면서 용맹성을 길렀던 아타우알파와 그의 정예부대는 1532년 수천 명을 죽이고 쿠스코를 장악했고 와스카르도 생포했다. 아타우알파는 와스카르만 포로로 살려두고 와스카르의 일족은 다 죽이게 했다. 지금의 에콰도르 수도인 키토(Qiuto)에 머물던 아타우알파는 왕위에 오르기 위해 쿠스코로 가던 중 페루 북부의 카하마르카(Cajamarca) 인근의 온천에 들러 내전으로 지친 심신을 추스르고 있었다. 그러다가 그 이상한 외부인들에 대한 정보를 입수하게 됐던 것이다.

잉카 부족은 페루와 볼리비아 사이의 티티카카(Titicaca) 호수에서 일단의 인디언들이 이동해 1200년 무렵 안데스 산맥에 쿠스코를 세우면서 형성됐다. 해발 4000미터의 산악지대, 평균 65도의 가파른 경사지, 극단적인 기후 조건에도 잉카 부족은 번성했다. 1350년 무렵부터는 고산지대에서 벗어나 이웃 부족들을 정복하면서 태평양 연안에 다다랐고 이어 남쪽과 북쪽으로도 이동했다.

그래서 마침내 고산지대로부터 바다에 이르기까지 4000킬로미터의 길고 넓은 영토를 차지할 수 있었다. 잉카 부족이 오늘날의 에콰도르, 페루, 칠레 일부에 해당하는 제국을 일구어가는 과정은 몽골

족만큼이나 웅장했다. 잉카 제국은 서로 다른 4개의 행정구역으로 분할됐는데 쿠스코 왕도에서 파견된 잉카인들이 다스렸다. 잉카 제국의 통치자들은 백성을 가혹한 노역에 동원했고 4만 킬로미터의 돌길을 닦아 제국의 곳곳을 연결했다.

왕이라는 뜻의 잉카는 전능한 존재로 통했다. 잉카의 충성스러운 가신들은 잉카의 몸에서 나오는 배설물과 손발톱마저 수집했다. 잉카가 죽는다는 것은 영생불멸의 상태로 바뀌는 것일 뿐이었다. 그래서 잉카의 시신은 미라로 남겨졌다. 잉카의 미라는 복잡한 방부처리 기술과 건조한 고산지대 기후 덕분에 영구히 보존될 수 있었다. 쿠스코 왕궁에는 역대 잉카들의 미라로 가득했고 잉카들은 죽었어도 미라로 남겨져 잉카 제국을 다스릴 수 있었다.

지략이 숫자를 제압한다

1532년 피사로 원정대와 맞닥뜨리기 전까지 잉카 제국은 거의 100년간 전성기였다. 그런 전성기의 정점에서 내전을 승리로 끝낸 아타우알파는 당시 세계 최대였던 잉카 제국을 통째로 다스려나갈 참이었다. 쿠스코 왕도로 가던 길에 카하마르카 온천에 들른 아타우알파에게는 좀 떨어져서 툼베스 근처에 주둔한 8만 명의 병사들이 있었다. 또 가까이에 7000명의 특별 경호대가 둘러싸고 있었다.

피사로 원정대가 너무 소규모여서 아타우알파는 신경도 쓰지 않았다. 단지 자신의 경호대에 편입시킬 수 있을 것인지 알아보고 싶었다. 양측에서 사절이 오갔다. 아타우알파는 측근이었던 전사 신쿠인차라(Cinquinchara)를 피사로 원정대에 보냈다. 며칠 동안 피사로 원정대와 함께 지내다 돌아온 신쿠인차라는 그들도 잉카인과 똑같은 인간이지만 인디언들을 쇠사슬에 묶어 탐욕스럽게 부리고 있어 밤에 기습해 다 불태워 죽여야 한다고 보고했다. 그러나 신쿠인차라의 말을 아타우알파는 새겨듣지 않았다.

1532년 11월 14일 피사로는 데 소토를 아타우알파에게 보내 기독교의 하나님 이름으로 기독교의 진리를 전파하기 위해 왔다고 밝히게 했다. 아타우알파는 데 소토를 무시하면서 인디언들을 노예로 마구 부리는 것에 대해 따졌다. 피사로가 헛소문이라며 완강하게 부인하자 아타우알파는 더 이상 따지지 않고 다음 날 만나자고 했다.

11월 15일 카하마르카에 나타난 피사로 원정대는 보병 106명과 기병 62명을 합쳐 168명에 불과했다. 너무 멀리 들어왔기에 파나마 총독부는 물론 전진기지로부터도 그 어떤 지원군을 기대할 수 없었다. 독 안에 든 쥐와 같았다. 공포가 엄습했지만 피사로는 이길 술수를 준비하고 있었다. 피사로 원정대는 하루 전에 도착해 카하마르카 요새를 차지했다. 거기에는 거대한 신전과 거대한 왕실 건물들이 삼각형 광장을 에워싸고 있었다.

피사로는 아타우알파를 거기로 끌어들이고자 했다. 그렇게 되면 아타우알파의 병력은 수천 명으로 제한되고 상대적으로 좁은 공간 안에 묶이게 된다. 아타우알파를 생포할 기회도 생긴다. 피사로는 그의 6촌 동생 코르테스가 아즈텍 제국의 몬테수마 2세(Montezuma II)

를 인질로 잡아 전세를 뒤집었던 비책을 상기하고 있었다. 피사로 원정대가 아타우알파와 정면으로 대결했다가는 몰살당할 게 뻔했다.

피사로의 병사들에게 11월 14일에서 15일로 넘어가는 밤은 매우 길었다. 그들은 잠을 설쳤고 일부는 공포에 시달려 바지에 오줌을 지리기도 했다. 15일 아침 피사로는 광장 중앙의 신전에 보병들을 배치하고는 아타우알파가 도착하기만을 기다렸다. 오전 내내 아무 움직임도 없다가 이른 오후가 되자 아타우알파의 행렬이 시작됐다. 아타우알파는 내전을 승리로 이끌었던 그 자신만만함으로 7000명의 경호대를 거느리고 접근했다.

그러다가 1킬로미터도 안 되는 전방에서 갑자기 멈추더니 전령을 보냈다. 이미 오후가 됐으니, 늦게 만나느니 아예 다음 날 만나자는 것이었다. 피사로 원정대의 긴장감은 폭발 직전이었고 다음 날까지도 안 온다면 요새를 뛰쳐나가 공격할지도 몰랐다. 그렇게 되면 피사로의 유인작전은 수포로 돌아가는 것이었다. 피사로가 전령을 보내 함께 식사하며 유흥을 즐기자고 했든, 아니면 아타우알파의 자존심을 건드리는 메시지를 보냈든 여하튼 아타우알파는 다시 다가왔다.

불가능한 목표도 이룬다

아타우알파의 경호대는 비무장인 듯했다. 전혀 싸움을 예상하지 않았던 것 같았다. 아타우알파는 피사로 원정대에 대해 더 자세히 알고 싶었고, 심지어 자신의 경호대에 편입시킬 생각까지 하고 있었다. 아타우알파가 가신들에게 둘러싸인 채 깃털과 보석으로 장식된 가마를 타고 길쭉한 광장의 중앙에 서자 아타우알파의 경호대는 알아들을 수 없는 노래를 부르며 힘을 과시했다. 피사로 원정대는 소변을 찔끔거렸지만, 잉카인들이 말을 무서워한다는 것을 알고는 광장 주변에서 말들이 날뛰게 했다.

피사로는 도미니코 수도회의 빈센테 데 발베르데(Vincente de Valverde) 신부를 아타우알파에게 내보냈다. 발베르데 신부는 성경을 들고 예수 그리스도의 구원과 기독교로의 개종에 관해 이야기했다. 스페인 국왕에 대한 복종도 요구했다. 아타우알파는 무심코 듣다가 성경 안에 무엇이 들어 있는지 물었다. 발베르데 신부가 성경 안에 기독교의 하나님 말씀이 들어 있다고 하자 갑자기 아타우알파는 성경을 빼앗아 펼치고는 자신의 귀에 갖다 댔다. 그러더니 아무 소리도 안 들린다며 성경을 땅바닥에 내던졌다.

책에 대한 개념도 없었고 유일신에 대한 개념도 없었던 아타우알파로서는 자신의 신성을 무시하는 무례함을 용납할 수 없었던 것이었다. 발베르데 신부가 신성모독을 외치며 성경을 주워 들고 달아나자 그것이 공격 신호로 작동했다. 피사로가 미리 짜두었던 트럼펫 소리에 맞춰 일제히 총이 발사됐고 광장 주변의 골목에 있던 소형 대포 3대도 작렬했다. 광장 안에 밀집돼 있던 잉카인들은 치명타를 입었다.

곧이어 광장 주변의 건물에 숨어 있던 기병 68명이 세 갈래로 나누어 이미 총격과 포격으로 정신을 잃은 잉카인들을 공격했다. 잉카인들은 옷 속에 짧은 곤봉, 화살을 불어 쏘는 대롱, 돌팔매, 석창을 숨기고 있었지만 중무장한 스페인 기병들을 당할 재간이 없었다. 스페인 기병들은 강철 창검을 휘두르며 잉카인들을 도륙했다. 신전에서 대기하고 있던 스페인 보병들도 합세했다. 잉카인들은 공포에 질려 자기들끼리 밟으며 도망치기에 급급했다. 그러는 중에 질식사하는 잉카인들도 많았다.

불쌍한 잉카인들은 죽어가면서도 아타우알파의 가마 곁으로 몰려들었다. 몇몇 잉카인들은 팔이 잘려나갔는데도 가마를 어깨에 걸쳤다. 피사로는 직접 아타우알파를 가마에서 끌어내 생포했다. 수천 명의 잉카인이 살해됐지만, 피사로 원정대의 피해는 부상자 5명이 전부였다. 그리 멀리 않은 곳에 8만 명의 잉카 병사들이 있었지만 아무런 조치도 없었다.

아타우알파는 내전에서 승리했다는 도취감에서 하루빨리 깨어나 전혀 다른 종족이 침입하고 있는 현실을 직시했어야 했다. 어제의 승리 비결이 내일의 승리를 보장해줄 수는 없다. 상대방과 상황이 늘 바뀌고 어떤 때는 획기적으로 바뀌기 때문이다. 피사로 원정대가 소규모라고 무시하고 방심한 것도 아타우알파의 돌이킬 수 없는 패착이었다. 야비한 지략이 막강한 전력을 아무것도 아닌 것으로 만들 수 있다. 피사로의 납치전략이 그랬다. 게다가 피사로 원정대의 창검과 총포는 당시로는 최첨단이었다.

피사로의 잉카 정복은 코르테스의 아즈텍 정복보다 훨씬 더 대담한 것이었다. 1519년 4월 코르테스 원정대는 쿠바를 떠나 멕시코의 아즈텍 제국으로 향했다. 코르테스 원정대는 아즈텍 제국의 적들과 동맹을 맺으면서 1519년 11월 아즈텍 제국의 수도 테노치티틀란(Tenochtitlan)에 도착했다. 아즈텍 제국의 몬테수마 2세에게는 10만 명의 병사들이 있었다. 그러나 몬테수마 2세는 코르테스 원정대를 초대하는 잘못을 저질렀고 코르테스는 그 기회를 놓치지 않고 몬테수마 2세를 납치하는 데 성공했다.

악인은 지치지 않는다

그 후 2년간 치열한 전투가 벌어졌고 1521년 아즈텍 제국의 테노치티틀란은 함락되고 말았다. 교활한 계책, 스페인 원정대의 앞선 무기, 통치자만 납치돼도 군대 전체가 마비되는 아즈텍 제국의 경직된 체제 덕분에 코르테스는 500명의 적은 병력으로도 아즈텍 제국을 무너뜨릴 수 있었다.

하지만 코르테스는 5만 명의 현지 우호세력까지 규합할 수 있었고, 그리 멀리 않은 곳에 전진기지도 확보하고 있었으며, 카리브 해의 스페인 식민지 정부로부터 지원도 받을 수 있었다. 코르테스의 승리가 전례를 찾을 수 없는 것이었다면, 피사로의 승리는 전무후무한 것이었다.

카하마르카 전투에서 대승했지만 200명도 안 되는 피사로 원정대가 계속할 수 있는 것이라고는 인질전략뿐이었다. 잉카군의 통수권자는 잉카였는데 잉카가 인질로 잡히자 지휘체계를 상실한 잉카군은 어쩔 줄 몰랐다. 스페인 정복자들은 다시 잉카 본영을 습격했고 거기서 다량의 금은과 보석을 약탈할 수 있었다.

카하마르카 요새의 큰 방에 감금돼 있던 아타우알파는 스페인 정복자들의 탐욕이 황금에 있다는 것을 간파했다. 아타우알파는 길이 7미터, 넓이 5미터, 높이 2.5미터의 큰 방 하나에 금을 채우고 다른 방 두 개에 은을 채울 테니 자신을 풀어달라고 제안했다. 피사로는 그 제안을 받아들였고 아타우알파는 신하들에게 명령해 전국의 신전에서 금은과 보석을 떼어 오게 했다.

그러는 중에도 아타우알파는 자신의 감금 사실을 비밀에 부쳤다. 그러나 와스카르를 따르던 충신들이 아직 남아 있었기에 아타우알파의 비밀이 와스카르에게 흘러들어 갔다. 와스카르는 피사로에게 접근해 아버지의 비밀 보물창고를 알려줄 테니 자신의 복권을 위해 도와달라고 요청했다. 하지만 아타우알파의 정보망에 걸려들어 와스카르는 암살되고 말았다.

잉카 제국의 금은이 막대했음에도 아타우알파의 약속이 이행되는 데는 몇 달이 걸렸다. 아타우알파의 충직한 장군이었던 루미나위가 금은을 싣고 카하마르카로 오고 있었는데, 피사로는 루미나위의 병력이 두려웠다. 그래서 아타우알파를 없애기로 했다. 그는 아타우알파를 약식 법정에 세우고는 우상숭배, 근친상간, 이복형 살해를 죄목으로 들어 화형에 처하고자 했다.

아타우알파는 불에 타 죽으면 무사히 저승에 갈 수 없다며 다른 방법이 없겠느냐고 물었고 발베르데 신부는 기독교로 개종하면 교수형을 받아도 된다고 말했다. 알타우알파는 기독교로 개종해 후안 산토스라는 세례명을 받았고 1533년 8월 29일 교수형을 당했다.

　1533년 11월 피사로는 쿠스코로 진격했지만, 거기에다 스페인 식민지 정부를 세울 만큼의 스페인인이 없었기에 꼭두각시 잉카를 대리자로 세워 잉카 제국을 통치했다. 그 후 꼭두각시 잉카의 대대적인 반격으로 10개월간 공방전이 벌어졌지만 3만 명의 현지 우호세력을 동원한 스페인 군대의 승리로 끝났다. 때마침 천연두가 몰아치면서 잉카인들의 사망이 급증한 탓도 컸다.[34]

전략형 불패인간이다

16세기 초반 유럽인들의 아메리카 신대륙 침략을 도운 일등 공신은 유럽 구대륙의 천연두였다. 1518년 12월 천연두는 히스파니올라 섬에서 작게 진행됐다. 1520년에는 아마도 스페인 병사들이나 선원들에 의해 중미로 번졌고 다시 남북으로 퍼졌다. 1521년에는 아즈텍 제국의 수도를 덮쳐 그곳의 인구를 대거 몰살시킴으로써 스페인 정복자들의 승리를 재촉했다. 1525년까지는 안데스 고산지대에 몰아쳤고 곧장 잉카 제국을 휩쓸었다.

　당시 잉카인들은 스페인인들을 만난 적이 없었기에 천연두가 어디서 어떻게 온 병인지 몰랐다. 잉카인들은 고열, 구토, 수포로 빠르게 쓰러졌고 수십만 명이 죽었다. 16세기 중 천연두는 네 차례나 더 아메리카 대륙을 찾아왔고 매번 엄청난 사망자를 낳았다. 18세기

후반까지 아메리카 대륙은 천연두에 시달려야 했다. 천연두가 휩쓸고 지나간 후 아메리카 대륙의 원주민 숫자는 격감해 있었다.

천연두 때문에 잉카인들은 점점 줄어들었고 스페인인들은 더 많이 유입됐다. 잉카인들은 더 이상 스페인인들의 위협이 되지 않았다. 피사로를 비롯한 스페인 정복자들은 200명도 안 되는 병력이었지만, 납치극으로 인구 500만 명이 넘는 잉카 제국을 차지할 수 있었고 천연두로 잉카 제국을 장악할 수 있었다. 뱀이 코끼리를 삼킨 셈이었다.

지략의 중요성을 강조하는 성경에 보면 뱀은 가장 간교한 들짐승으로 나온다. 뱀은 간사하고 교활한 말로 아담의 아내 하와를 기만해 아담의 영역을 침범하고 강탈하는 데 성공한다. "뱀이 여자에게 이르되 너희가 결코 죽지 아니하리라 너희가 그것을 먹는 날에는 너희 눈이 밝아져 하나님과 같이 되어 선악을 알 줄 하나님이 아심이니라 (…) 여자가 그 열매를 따 먹고 자기와 함께 있는 남편에게도 주매 그도 먹은지라"(성경 창세기 3장 4~6절).

이제 그 강탈당한 영역을 되찾아야 하는 하나님의 아들 예수는 제자들을 파송하면서 뱀처럼 지혜로우라고 요구한다. "보라, 내가 너희를 보냄이 양을 이리 가운데로 보냄과 같도다 그러므로 너희는 뱀같이 지혜롭고 비둘기같이 순결하라"(성경 마태복음 10장 16절). 뱀이 간사하고 교활하게 강탈했다면 예수의 제자들은 지혜롭고 순결하게 탈환해야 하는 것이다. 지략이 탁월하면 뱀이 코끼리를 삼킬 수 있다.

잉카인들의 위협이 사라지자 이제는 스페인 정복자들 사이에 암투가 벌어졌다. 1535년 피사로는 향후 페루의 수도가 될 리마(Lima)를 세우고는 페루에 대한 스페인인들의 지배를 강화하는 한편 그와 그의 4형제들의 이권을 확대하는 데 몰두했다. 자연히 권력을 남용하면서 그는 동업자였던 알마그로와 불화하게 됐다. 그는 알마그로를 설득해 칠레로 보냈지만 빈약한 칠레에 실망한 알마그로가 다시 페루로 돌아오자 그는 즉시 알마그로를 체포해 처형시켰다.

리마에서 피사로의 감시를 받던 알마그로의 추종자들은 알마그로의 아들을 중심으로 뭉쳤다. 그들은 피사로에 의해 제거되기 전에 선수를 쳤다. 1541년 6월 26일 그들은 피사로의 저택을 급습해 피사로를 살해했다. 피사로는 자신의 피로 십자가를, 그리고 거기에 입을 맞추고는 예수의 이름을 불렀다고 전해진다.

민족사적인 테두리를 넘어 세계사적인 테두리에서 보면 피사로는 이기적인 탐욕에 눈이 먼 악인들의 대명사였다. 악인들은 원하는 것이 분명하다. 지치는 법이 없고 포기할 줄도 모른다. 교활하고 악랄하고 강하다. 착하다는 것만으로는 악인들을 당해낼 수 없다. 더 지혜롭고 강인해야 한다. 착하기만 해서 악인들의 밥이 돼서는 안 된다. 착하되 지혜롭고 강인한 전략형 불패인간으로 거듭나야 한다.

어제의 비결이 오늘을 장담하지 못한다. 대상과 상황이 획기적으로 바뀌기 때문이다. 어제의 승리에 따른 자만심과 방심으로는 오늘의 대상과 상황을 감당할 수 없다. 카카오의 잇따른 성공에도 유료 콘텐츠 장터인 카카오페이지는 크게 고전했지 않는가. 오늘은 오늘의 혁신과 긴장으로 맞아야 한다. **악인들의 혁신은 극단적이다. 그들의 야비한 계략은 막대한 숫자의 전력을 아무것도 아니게 만든다.** 요인의 납치와 인질은 치명적이다. 피사로처럼, 뱀이 코끼리를 삼키듯이 극소의 힘으로 극대의 목표를 성취할 수 있는 리더인가.

완주:
세상은 최선이라는 말을
기억하지 않는다

대세를 뒤집는 기습의 기술
인천 상륙작전(1950년)

1776년 12월 26일 미국의 조지 워싱턴(George Washington)은 한밤중에 병사들을 모아 델라웨어(Delaware) 강을 건너게 했다. 동이 틀 무렵 그의 군대는 영국군이 고용한 독일군 용병부대를 기습했다. 전날 밤의 크리스마스 파티에서 마신 술 때문에 아직도 곯아떨어져 있던 독일군 수비대는 혼비백산했다. 그는 트렌턴(Trenton) 전투에서 기습공격으로 눈부신 승리를 거둘 수 있었다.

그 후에도 그는 게릴라 전법을 계속 구사해 영국군을 프린스턴(Princeton)까지 몰아냈다. 그는 프랑스의 도움도 받아 영국군을 요크타운의 반도로 몰아붙이면서 미국 독립 전쟁에 종지부를 찍었다. 그가 전쟁에서 승리한 비결은 자신의 형편에 맞는 게릴라 전법에 있었다. 당시 미국 독립군은 영국 정규군과 달리 군사훈련이나 규율교육을 제대로 받은 적이 없었다. 지주, 농부, 상인, 기능공 등으로 구성된 미국 독립군은 개인주의적인 성향이 강했고 많은 경험과 강한 화력을 갖춘 영국군에 맞설 의지력도 없었다.[35]

워싱턴은 크고 작은 전투에서 계속 패배했었다. 그는 전투방식을 바꾸지 않으면 안 된다고 판단했다. 그는 대규모 병력이 넓은 들판에서 펼치는 유럽 방식을 버리고 미국의 형편에 맞는 게릴라 방식을 채택했다. 그의 미국 독립군은 영국군이 전혀 예상하지 못한 곳에서 빠르게 치고 빠지는 게릴라 전법을 통해 승기를 잡을 수 있었다. 어떠한 전법도 전투가 개시된 후까지 지속될 수 없다. 바뀐 대상과 상황에 맞는 전투방식이 개발돼야 한다.

1941년 12월 7일 오전 6시 일본 해군은 하와이 진주만에 주둔해 있던 미국군 태평양함대를 공습했다. 전혀 예상하지 못했던 공습으로 미국군 태평양함대는 전함 등 20척의 배, 전투기 등 230대의 비행기, 군인 등 2500명의 인명을 잃었다. 일본 해군은 29대의 비행기, 5척의 잠수정, 65명의 군인을 잃는 데 그쳤다.

미국군 태평양함대의 전력이 무너졌다. 그러나 이러저러한 이유로 진주만 기지를 떠나 있었던 항공모함 4척은 건재했다. 일본 해군은 1차, 2차 공습에 이어 3차 공습을 단행해야 한다는 일부의 의견을 뒤로하고 황급히 철수했다. 그 결과 미국군 태평양함대는 항공모함 4척을 중심으로 전력과 전략을 재편하는 기회를 살릴 수 있었다. 일본 해군의 진주만 공습은 역사상 가장 성공적인 기습공격 중의 하나로 기록돼 있다.

2차 세계대전 당시 영국군의 싱가포르 요새는 난공불락이었다.

영국군은 일본군의 공격이 바다 쪽에서 시작되리라 예측하고 거기에 대비했다. 그러나 일본군은 예측을 깨고 북쪽의 내륙에서 기습했다. 영국군은 곧 제압됐다. 1942년 2월 15일 6만 2000명의 영국군은 항복했다. 이렇듯 전혀 예측하지 못한 곳을 기습하면 승률을 높일 수 있다.[36]

전격전으로 역전시킨다

2차 세계대전이 한창이던 1944년 연합군은 영국 동남 지역에 조지 패튼 장군이 지휘하는 미국 육군부대가 창설된 것처럼 꾸몄다. 연합군은 미술가, 디자이너, 배우 등으로 구성된 위장전문 특수대를 투입해 가짜 보병기지와 공군기지를 진짜처럼 포장했다. 풍선으로 전차를 만들었고 고무로 포대를 연출했다. 가까이서 보면 가짜였지만 멀리서나 독일 정찰기에서 보면 영락없는 진짜였다.

　패튼 장군과 닮은 군인을 보내 그곳을 지휘하게도 했다. 거기서 무수히 많은 무선도 방출했다. 독일군이 쉽게 해독할 수 없도록 암호로 만들어 진짜처럼 위장했다. 첩보원들도 활용했다. 영국 정보국에서 조종하던 독일군 이중 스파이들은 프랑스 북부의 파드칼레에 대한 연합군의 상륙작전 첩보를 독일군에게 보고했다. 독일군 최고사령부가 의심스러워하는 출처를 통해 노르망디 상륙작전에 대한 첩보도 과감하게 흘렸다. 실제로 파드칼레를 공격하기 위해 노르망디도 건드려보는 연합군의 역정보 또는 양동작전으로 오인시키려는 목적이었다.

영국의 도버 해협에서는 프랑스 파드칼레까지의 거리가 가장 짧다. 거기에는 많은 항만과 부두가 있어 연합군이 영국으로부터 상륙작전을 펼치기에 안성맞춤이었다. 독일군의 입장에서도 파드칼레는 요충지였다. 노르망디보다 더 독일에 가까운 그곳이 넘어가면 독일군의 유럽 서부전선이 다 무너질 판이었다. 독일군은 연합군의 파드칼레 공격에 대비해 22개 사단으로 구성된 15군을 포진시켰다.

그러나 1944년 6월 6일 연합군은 파드칼레보다 더 멀고 험난했지만 독일군의 방어가 약했던 노르망디 해변을 기습하게 된다. 독일의 히틀러 총통은 그것이 연합군의 파드칼레 침공을 기만하려는 양동작전이라고 오판했다. 히틀러는 파드칼레 침공을 기다리며 15군을 노르망디로 이동시키지 않았고 주력 기갑부대를 파드칼레에 집중시켰다.

한 달 동안 연합군 병력 100만 명, 물자 57만 톤, 차량 17만 대가 노르망디 해안을 타고 올랐지만 독일군의 반격은 크지 않았다. 노르망디 상륙작전을 통해 연합군은 프랑스를 되찾았고 유럽 서부전선에서 독일군을 다 몰아낼 수 있었다. 노르망디 상륙작전 후 11개월 만에 2차 세계대전은 연합군의 승리로 끝났다. 기만과 기습은 불리한 전세를 유리하게 뒤집는다.

1950년 6월 25일 발발한 한국전쟁에서 북한군은 짧은 시간에 낙동강까지 밀고 내려왔다. 당시 미국의 극동군 사령관이었던 더글러스 맥아더(Douglas MacArthur, 1880~1964) 장군은 인천 상륙작전을 감행해 전세를 뒤집고자 했다. 반대가 심했다. 그러나 그는 반대가 심한 만큼 북한군도 알아챌 수 없을 것이라며 밀어붙였다.

북한군은 상륙작전의 낌새를 알았지만 정확한 때와 지점을 몰랐다. 맥아더 장군은 기만전술을 펼쳤다. 삼척과 군산을 포격했고 평양 인근의 진남포와 평안북도 정주의 달양도를 공격했다. 군산에 상륙할 것처럼 속였고 포항 북쪽의 장사동에서 소규모 상륙작전을 벌이기도 했다. 1950년 9월 15일 동틀 무렵 미국군 5해병연대 3대대의 월미도 상륙으로 인천 상륙작전의 승리는 시작됐다.

북한군이 6월 25일부터 9월 14일까지 81일 동안 38선에서 낙동강까지 밀고 내려왔지만, 유엔군과 한국군은 인천 상륙작전의 승리로 15일 만에 낙동강에서 38선까지 밀고 올라올 수 있었다. 인천 상륙작전의 승리는 북한군이 전혀 예상하지 못한 곳을 기습한 데 있었다. 기만전술을 병행한 것도 승리의 요인 중 하나였다.

1948년 5월 14일 건국된 이스라엘은 1948년 건국 전쟁과 1956년 이른바 시나이(Sinai) 전쟁, 즉 2차 중동전쟁에서 이웃한 아랍 국가들을 제압했다. 그 후 이집트, 요르단, 시리아는 꾸준히 전력을 증강했다. 하지만 1967년 6월 5일 아침 이스라엘 공군은 대규모 전투기들을 동원해 이집트, 요르단, 시리아의 비행장을 급습했다. 374대의 아랍 전투기들이 파괴됐다. 이스라엘 군대는 제공권 우위를 등에 업고 가자(Gaza) 지구를 점령하고 수에즈 운하까지 전진했다. 시나이 반도의 서쪽도 차지했다.

이집트는 사흘 만에 두 손을 들었다. 가자 지구와 시나이 반도가 이스라엘에 넘어갔다. 이스라엘 군대는 예루살렘의 옛 시가지를 점령하고 요르단 서안을 차지하면서 요르단도 굴복시켰다. 이스라엘 군대가 골란(Golan) 고원을 빼앗자 시리아도 항복을 선언했다. 6일 전쟁(3차 중동전쟁)에서 이스라엘 군대는 679명을 잃었지만, 아랍 국가들은 수천 명을 잃었다.[37] 전쟁과 비즈니스에서 신속한 실행은 적은 자원과 약한 전력으로도 크고 강한 상대를 이길 수 있게 한다.

전격적인 실행은 약한 전력으로도 크고 강한 상대방을 이기게 한다. 영국밖에 안 남았지만 노르망디 상륙작전을 통해 유럽에서 독일군을 몰아낼 수 있었고, 낙동강밖에 안 남았지만 인천 상륙작전을 통해 남한에서 북한군을 몰아낼 수 있었다. 역정보를 흘리고 양동작전을 펼치면서 신속하게 기습하면 대세의 흐름을 반전시켜 장악할 수 있다. 맥아더처럼, 아군마저 반대가 심하기에 적군은 더욱 예상하지 않을 것이라며 과감하게 기습할 수 있는 리더인가. 도저히 불가능한 상황인데도 끝까지 해내는 완주야말로 최고의 리더십이다.

완주:
세상은 최선이라는 말을
기억하지 않는다

승리는 코앞에서도 사라진다
갈리폴리 전투(1915년)

1914년 8월 1차 세계대전 발발 당시 터키는 중립이었다. 그러나 독일이 터키에 대한 원조를 많이 한 데다 터키의 적대국이었던 러시아가 연합국 측에 가담하자 터키는 동맹국 측으로 넘어갔다. 터키 군대는 독일의 지원을 받아 현대화할 수 있었다. 터키 군대가 러시아를 공격한다면 연합국 측에서는 큰 위협이었다.

영국의 해군 장관이었던 윈스턴 처칠은 터키를 쳐 동맹국 측에서 떨어뜨린다는 작전계획을 세웠다. 1915년 2월 19일에 이어 25일 영국 해군은 다르다넬스(Dardanelles) 해협의 갈리폴리(Gallipoli)에 집중포화를 퍼부었다. 터키 서부의 갈리폴리는 다르다넬스 해협의 동쪽 끝에 있는 항구였다. 갈리폴리를 장악하면 흑해를 통해 러시아도 쉽게 지원할 수 있었다. 그러나 다르다넬스 해협의 양쪽에 해안 포대를 구축한 터키 군대의 반격은 예상보다 강했다.

3월 18일 영국 해군은 16척의 전함 중 3척을 잃었고 3척이 대파됐다. 해군만의 작전을 밀어붙였던 처칠은 책임지고 물러나야 했다. 그러나 터키 군대의 포탄도 바닥나 있었기 때문에 영국 함대가 한 번만 더 몰아쳤다면 터키 군대는 항복하고 말았을 것이다. 터키 정부는 더 이상 버틸 수 없다고 보고 항복 이후에 갈리폴리 반도를 영국에 넘기는 것까지 이미 고려해 둔 상태였다. 승리를 코앞에 두고 영국 함대는 포격을 중단하고 말았다.

해상 공격에 실패한 영국 군대는 육상 공격으로 갈리폴리 전투의 판세를 돌려놓고자 했다. 하지만 최상급 지휘부의 공격 명령이 불명확하게 전달돼 공격 부대의 기강이 풀리고 기동성이 떨어지는 바람에 오히려 터키 군대가 육상 공격지점을 선점해버렸다. 이미 영국 군대의 해상 공격을 막아냄으로써 6주간의 시간을 벌어놓았던 데다 영국 군대의 육상 공격마저 느리게 진행됐기에 터키 군대는 충분히 전열을 재정비할 수 있었다.

케말 파샤(Kemal Pasha, 1881~1938)의 터키 군대는 영국 군대의 우세한 전력을 효과적으로 봉쇄하면서 갈리폴리 전투를 장기전으로 몰고 감으로써 끝내 승리를 끌어냈다. 영국 군대를 주축으로 한 연합국 군대는 갈리폴리 전투에서 25만 2000명의 사상자를 내고 6개월 만에 철수해야 했다. 터키 군대도 25만 명의 사상자를 냈지만, 최종 승리를 차지했다. 케말 파샤는 터키의 영웅으로 떠올랐고 후일 '터키의 아버지'로 불리는 대통령이 됐다.

영국 군대는 갈리폴리 전투에서 승리할 기회를 두 번이나 놓쳤다.

해상 공격을 한 번 더 밀어붙였어야 했고, 육상 공격을 신속하게 실행했어야 했다. 기회는 엘리베이터와도 같다. 오는가 하면 지나간다. 버튼을 누르고는 재빨리 잡아타야 한다. 그러지 않으면 많은 노력과 기다림이 헛수고로 끝난다. 다시 오는 기회도 있지만 두 번 다시 안 오는 기회도 있다.

1941년 6월 22일 새벽 3시 15분 독일은 300만 명의 병력을 투입해 옛 소련을 침공했다. 독일 군대는 소련의 모든 저항을 초토화하며 진격했다. 최종 목표는 모스크바였다. 첫 3개월 동안 독일 군대는 150만 명의 소련 군인을 포로로 잡았다. 스탈린(Stalin) 등 소련 수뇌부는 모스크바를 버리고 떠날 준비를 했다.

그런데 독일 군대가 모스크바로 진격하는 길에 우크라이나의 키예프를 점령할 기회를 잡았다. 몇몇 야전 지휘관들은 모스크바로 직행해야 한다고 주장했지만, 히틀러는 키예프를 포위해 소련 군대를 제거하라고 명령했다. 소련 군대는 처절하게 저항했지만 독일 보병군단을 막아낼 수 없었다. 그러나 8월 하순에 시작됐던 키예프 공략은 10월 초까지 계속됐다. 독일 군대는 60만 명의 포로를 추가했지만, 모스크바 진격이 그만큼 늦어졌다.[38]

독일 군대는 모스크바 외곽까지 전진할 수 있었다. 그러나 보급선이 제대로 작동되지 않았고 소련의 겨울이 다가오고 있었다. 동상에 걸린 군인이 10만 명을 넘자 독일 군대는 후방으로 후퇴하지 않을 수 없었다. 이듬해 봄이 되자 소련은 병력과 무기를 증강하고 반격을 가했다. 독일 군대는 모스크바는커녕 북부의 레닌그라드와

남부의 스탈린그라드도 점령할 수 없었다. 독일 군대가 시간을 지체하면서 차지한 키예프는 독일 군대에 최종적인 패배를 안겨준 독배가 되고 말았다.

토끼를 쳐다보지 않는다

사슴을 쫓는 사냥꾼은 형형색색의 토끼들이 출몰해도 사슴에만 집중해야 한다. 히틀러는 키예프라는 토끼를 잡았지만, 그것 때문에 모스크바라는 사슴을 놓쳤다. 그 결과 소련과의 전쟁을 넘어 2차 세계대전에서 영원한 패배자로 전락했다. 기회는 마지막 순간까지 전력을 집중해서 재빨리 잡아야 한다. 그러나 큰 기회를 놓치게 하는 작은 기회들의 독배를 잘 피할 수 있어야 한다.

1960년대 스위스 제네바의 SCI(Swiss Chronological Institute)는 세계 최초로 전자시계를 개발했다. 그러나 전통을 중시하던 스위스 시계업계는 톱니나 스프링 같은 필수부품이 없다고 지적하면서 무시했다. 그러던 어느 날 일본 업계의 대표단이 SCI를 방문해 전자시계를 처음 접하게 됐다. 일본 대표단은 전자시계의 잠재력을 알아보고는 즉시 특허권 매입을 요청했고 SCI는 헐값에 넘겼다.

몇 년 후 일본 업계는 정확하고 저렴한 전자시계를 대량으로 생산해 전 세계로 유통했다. 10년 만에 일본 업계는 세계 시계시장을 선도할 수 있었고 스위스 시계업체는 6만 2500개 사에서 1만 2500개 사로 급감했다. 기회를 알아보는 눈이 있어야 할 뿐만 아니라 자신의 것으로 붙잡는 능력도 있어야 한다.

1959년 포드는 꼬박 8년간의 연구개발 끝에 엣셀(Edsel)이라는 자동차 모델을 선보였지만 이미 낡아버린 것이어서 거의 수요가 없었다. 포드는 250만 달러가 넘는 손실을 봐야 했다. 몇 년 후 어느 기술자가 미니밴에 대한 아이디어를 내놓았다. 당시 포드의 대표이사였던 리 아이아코카(Lee Iacocca)를 비롯해 많은 사람이 미니밴의 잠재력을 인정했다. 그러나 엣셀의 추억이 주는 두려움이 너무 컸다.

리 아이아코카는 크라이슬러의 CEO로 자리를 옮겼고 재무적인 성과에 집중해 3년 만에 대규모 적자기업을 흑자기업으로 돌려놓았다. 그러자 포드에서 미니밴 아이디어를 냈던 그 기술자가 리 아이아코카를 찾아왔다. 즉시 미니밴 프로젝트가 추진됐고 얼마 후 크라이슬러는 가족형 미니밴을 출시했다. 미니밴 프로젝트는 처음부터 대단한 성공을 거두었고 크라이슬러는 화려하게 부활했다.[39]

빌 게이츠도 큰 기회를 알아보고 끝까지 밀어붙여 그것을 자신의 것으로 붙잡은 경우다. 어느 날 IBM에서 개발 중인 새 컴퓨터용 운영 시스템을 제안해달라는 의뢰가 빌 게이츠에게 들어왔다. 당시 마이크로소프트는 어떤 운영 시스템도 가지고 있지 않았고 IBM에서 원하는 운영 시스템을 개발할 시간도 없었다. 그러나 빌 게이츠는 당장 그러겠다고 확답했다.

빌 게이츠는 복잡한 운영 시스템을 개발한 경험이 있는 개발자들을 부지런히 찾아다녔다. 때마침 시애틀에 작은 개발업체가 있었다. 이미 IBM에 운영 시스템 판매를 시도한 적도 있었다. 그 업체는 운영 시스템 개발에 엄청난 시간과 자원을 쏟아부었지만, 판로를 개척하지 못한 상태였다. 빌 게이츠는 협상 끝에 5만 달러를 주고 사들였다. 그게 바로 빌 게이츠를 세계 최고의 갑부로 만들어준 MS-DOS였다.**40**

전체 전쟁에서 이기려면 개별 전투의 승패에 너무 연연해서는 안 된다. 개별 전투에서 많이 이기고도 전체 전쟁에서 질 수 있다. 전체 전쟁에서 이기는 것이 더 중요하다. 토끼들을 놓쳤어도 사슴을 잡았다면 그게 더 낫다. 사슴을 쫓는 사냥꾼은 토끼를 쳐다보지 않는다. 토끼를 잡다가 지체하면 영원히 사슴을 놓치게 된다. 기회는 오는가 하면 지나간다. 다시 오지 않을지도 모른다. 끝까지 밀어붙여 붙잡지 않으면 헛수고가 된다. 케말 파샤처럼, 강적과 싸우지만 마지막까지 집중함으로써 시간을 벌고 흐트러진 전열을 재정비하는 리더인가.

완주:
세상은 최선이라는 말을
기억하지 않는다

공간을 내어주고 시간을 얻어라
옌안 대장정(1934~1936년)

1930년대 초 마오쩌둥(毛澤東, 1893~1976)은 중국 장시성(江西省)에서 농민세력을 기반으로 갓 태동한 중국 공산당의 핵심이었다. 그는 전면전을 피하고 게릴라전을 펼쳐 국민당의 토벌전을 효과적으로 막아냈다. 중국 국민당 정부를 이끌던 장제스(蔣介石)는 공산당을 분쇄하기 위해 네 차례의 토벌전을 벌였지만, 공산당 홍군(紅軍)에게 번번이 패했다.

국민당 군대가 도망치며 버린 군사물자는 홍군의 성장을 촉진시켰다. 1932년 6월까지 홍군은 45만 명의 정규군과 20만 명의 민병대를 보유할 수 있었다. 마오쩌둥은 농촌을 근거지로 하는 게릴라전과 도발적인 저서를 통해 폭넓은 지지를 얻었다. 그의 사상의 기초는 청년 시절 베이징대학교 사서로 일하면서 천두슈(陳獨秀)와 같은 대사상가들의 강의를 접하고 수많은 책을 읽은 데서 형성됐다.

그러나 국민당과 공산당의 1차 국공합작이 결렬된 후 많은 공산당원이 국민당의 탄압을 피해 장시성으로 몰리면서 마오쩌둥의 입지가 흔들렸다. 러시아에서 정통 마르크스-레닌주의를 공부하고 돌아온 '28인의 볼셰비키'가 당권을 장악하기 시작했던 것이다. 그들은 마오쩌둥의 농민혁명이 낡은 것이며 게릴라전도 나약한 것이라고 비하했다.

그들은 러시아에서 그랬던 것처럼 주요 도시와 지역을 통제하려면 국민당과 맞대결해야 한다고 주장했다. 그들은 마오쩌둥을 고립시키다가 1934년 후난성(湖南省)의 한 농가에 연금하기도 했다. 마오쩌둥의 권위는 실추됐다. 그는 지지자들을 규합하지도 않았고 저술 작업도 멈추었다. 그는 겁쟁이처럼 뒤로 물러섰다. 지지자들의 실망은 컸다.

그러던 중 1933년 10월부터 1년간 5차 토벌전이 벌어졌다. 국민당은 공산당 홍군을 에워싸 마지막 한 명까지도 죽이겠다며 100만 명의 병력을 동원했다. 28인 볼셰비키는 공산당 통제 아래 있던 일부 도시와 지역을 사수하기 위해 마오쩌둥의 유격전을 버리고 전면전을 벌였다. 하지만 국민당 군대가 압도적으로 우세했고 장비도 뛰어났다. 국민당 군대가 공산당 홍군의 목을 조이며 도시를 하나씩 점령했다.

수천 명의 병사가 탈영하는 가운데 가까스로 살아남은 10만 명의 홍군이 국민당 군대의 포위를 벗어나 북서쪽으로 향했다. 마오쩌둥도 그 대열에 합류했다. 드디어 그는 입을 열고 28인 볼셰비키의 전략을 비판했다. 홍군이 수많은 문서와 서류 보관함을 갖고 너무 느리게 이동하는 데다 일직선으로 후퇴하고 있어 국민당 군대의 추격을 쉽게 할 뿐만 아니라 홍군 전체가 거처만 바꾸면서 계속 똑같은 방식으로 싸운다는 것이었다.

정체성을 더 강화한다

그는 중국에서 비중이 가장 큰 농민계층 중심의 중국식 혁명을 강조했다. 홍군 지휘관들은 그의 말에 귀를 기울였다. 그의 게릴라전은 이미 성공한 적이 있었고 28인 볼셰비키의 전략은 실패로 드러나고 있었다. 홍군 지휘관들은 그의 말대로 짐을 줄였고, 밤에만 이동했으며, 여기저기서 거짓 공격으로 국민당 군대를 따돌렸다. 가는 곳마다 집회를 열어 투쟁의 명분을 알리며 농민들을 규합했다. 28인 볼셰비키의 권력은 어느새 붕괴됐고 마오쩌둥은 홍군의 최고 지휘관이 돼 있었다.

 농민세력을 근간으로 하는 중국식 혁명을 하려면 시간이 더 필요했고 국민당의 공격으로부터도 자유로워야 했다. 1934년 10월 공산당은 중국 남서부의 끝을 향해 대장정에 올랐고 1년 만에 산시성(山西省)의 외딴곳 옌안(延安)에 도착할 수 있었다. 18개의 산맥을 넘고 24개의 강을 건너고 일촉즉발의 위기를 수없이 넘기면서 1만 킬로미터를 퇴각한 끝에 대장정의 종지부를 찍은 것이었다. 홍군의 규모는 6000명으로 격감했지만 1년 후 합류한 병력과 합쳐 모두 3만 명을 유지했다.

마오쩌둥은 농민혁명을 신봉하고 게릴라전을 옹호하는 강경파를 주축으로 새 공산당을 결성했다. 그의 공산당은 시간의 흐름을 타고 서서히 커졌다. 1936년 12월 12일 장쉐량(張學良)의 동북군에 의해 국민당의 장제스가 감금되는 시안(西安) 사건과 그 후의 2차 국공합작을 거치더니 마침내 1949년 중국 공산당은 장제스와 국민당 일파를 대만으로 축출하고 중화인민공화국을 세울 수 있었다.

마오쩌둥은 볼셰비키 방식을 기계적으로 적용하지 않고 중국식 혁명을 독창적으로 성공시켰다. 그는 농민혁명, 게릴라전, 후퇴전략을 자유자재로 구사했다. 그는 유연한 전략가였다. 하지만 그는 대약진운동과 문화대혁명으로 수천만 명의 인명 피해를 초래했고 국공내전과 한국전쟁으로 수천만 명의 아사자와 사상자를 냈다. 그도 대학살자라는 악명에서 벗어날 수는 없을 것이다.

공격과 방어만이 능사가 아니다. 후퇴할 줄도 알아야 한다. 겨울의 농한기처럼 곤경의 때에는 아무것도 하지 않고 물러서야 한다. 호기를 기다리며 피폐해진 심신을 정비하고 오히려 자기 정체성을 더욱 강화해야 한다. 마오쩌둥은 위험한 순간에 후퇴를 서슴지 않았다. 나약하다는 비난도 개의치 않았다. 그는 기존의 공간을 내어주고 새로운 시간을 확보함으로써 총체적인 전망을 가질 수 있었다. 그는 공산당의 정체성과 철학을 재정비하면서 어려운 시기를 보냈고 다시 기회가 오자 고개를 들었다.

전진이 늘 좋은 것만도 아니고 후퇴가 늘 나쁜 것만도 아니다. 위기의 때에는 교전하지 않고 후퇴하는 것이 최상의 전략일 수 있다. 교전하지 않고 후퇴함으로써 더 이상 잃을 것 없이 내부를 재평가하고 재정리할 수 있어야 한다. 그때 진정한 추종자와 진드기 같은 이기주의자도 가려진다. 오늘의 사안에 너무 집중하다가는 내일의 전체적인 전망을 얻지 못한다. 물러섬과 쉼을 통해 새로운 통찰력을 얻어야 한다.

내일의 전망을 갖는다

대상과 상황이 달라졌는데도 과거의 습관을 따라 기계적으로 대응한다면 백전백패. 대상과 상황에 대해 객관적으로 파악하고 창조적으로 대응해야 한다. 강자가 강공을 펴부을 때에는 감정적으로 휘둘리지 말고 냉정하게 물러서야 한다. 기꺼이 땅을 포기하고 성찰과 통찰의 시간을 얻어야 한다. 적기(適期)가 되면 역량을 회복하고 상황을 역전시킬 수 있을 것이다.

　1차 세계대전 중에 독일과 영국은 아프리카 동부에서 싸웠다. 1915년 독일군의 파울 폰 레토-포르베크(Paul von Lettow-Vorbeck) 대령은 소규모 부대로 영국군의 잔 스머츠(Jan Smuts) 중장과 접전해야 했다. 스머츠 중장은 신속히 독일군 대령을 격파하고 더 요충지로 이동할 계획이었다. 그러나 독일군 대령은 접전을 거부하고 남쪽으로 후퇴했다. 스머츠 중장은 야심 차게 돌진했다. 스머츠 중장은 독일군 대령을 여러 번 궁지로 몰았다고 생각했지만, 독일군 대령은 몇 시간 앞서서 후퇴를 거듭하고 있었다.

스머츠 중장은 강을 건너고 산을 넘고 숲을 지나 독일군 대령을 따라붙었다. 그러나 영국군의 보급선은 수백 킬로미터에 걸쳐 늘어졌고 병사들의 사기는 꺾였다. 독일군의 작은 공격에도 취약한 상태가 됐다. 그러다가 전염병이 득실대는 밀림에 갇혀 많은 병사가 질병과 기아로 죽어나갔다. 영국군은 제대로 한 번 싸우지도 못했다.

스머츠 중장은 고집이 세고 공격적인 지휘관이었다. 독일군 대령은 그 점을 역이용했다. 전면전을 피하면서도 교전할 만한 거리를 유지하면서 황야를 가로질렀다. 스머츠 중장은 괜한 분노를 느끼며 추격을 계속했다. 독일군 대령은 아프리카 동부의 방대한 공간과 견디기 어려운 기후를 마음껏 이용해 영국군을 4년 동안이나 묶어 둘 수 있었다.

적의 공격을 거부함으로써 적의 분노를 촉발시키고 균형감각을 잃게 할 수 있다. 공격하든지, 방어해야 하는데 퇴각한다면 적은 약이 올라 감정적으로 추격할 것이다. 적이 원하는 공간, 건물, 돈을 내어주는 대신 뒤로 물러나 시간을 확보한다면 다시 반격의 기회를 잡을 수 있다.

시간이 더 중요하다. 태어날 때부터 유일하게 주어지는 것은 시간이다. 공간과 달리 시간은 지키려면 지킬 수 있다. 강자의 공격을 피해 황야로 물러나면 시간 속에서 감각이 되살아난다. 안목이 밝아지고 사고가 날카로워진다. 그러나 후퇴가 끝은 아니다. 적이 균형감각을 잃고 허점을 보일 때를 기다려 역습해야 한다.

완주:
세상은 최선이라는 말을
기억하지 않는다

승리의 전망에 현혹돼 덤비다가 패배의 길에 빠졌다면 총공세로 돌파하든지, 아니면 지금까지의 손실을 잊고 과감히 후퇴한다. 강자가 강공을 퍼부을 때에는 교전하지 않고 후퇴함으로써 더 잃을 것 없이 재정비할 수 있다. 오늘의 사안에 너무 집중하다가는 내일의 전망을 얻지 못한다. 물러나 통찰의 시간을 가져야 한다. 아무것도 하지 않고 겨울의 농한기를 가질 필요도 있다. 호기를 기다리며 심신을 정비하고 정체성을 더욱 강화해야 한다. 마오쩌둥처럼, 곤경의 때에 후퇴하면서 자기 색깔을 더 분명히 하고 추종세력을 더 다지는 리더인가.

End를 And로 바꾸는 지혜
미국 선거전

미국 텍사스 주의 평범한 가정에서 태어나 자란 린든 베인스 존슨(Lyndon Baines Johnson, 1908~1973)은 대학 졸업 후 교사생활을 하다가 2년간 미국 청소년대책국의 텍사스 지부장으로 활동했다. 그의 꿈은 링컨 같은 대통령이 되는 것이었다. 그가 29세이던 1937년 2월 22일 기회가 왔다. 텍사스 10선거구의 하원의원 제임스 뷰캐넌(James Buchanan)이 갑자기 사망한 것이었다.

거물들의 출마 선언이 잇따랐다. 대단한 인기의 샘 스톤(Sam Stone) 판사, 젊고 유망한 셸턴 포크(Shelton Polk) 검사, 제임스 뷰캐넌의 선거본부장이었던 C. N. 에이버리(C. N. Avery)가 나섰다. 텍사스 10선거구의 유일한 대도시인 오스틴의 톰 밀러 시장이 지지하던 에이버리의 당선 가능성이 컸다. 존슨의 승산은 희박했다. 그는 널리 알려지지 않은 인물이었고 든든한 연줄도 없었다.

선거에서 낙마한다면 대통령이 되고자 하는 장기 목표에 상당한 차질이 생길 테지만 그렇다고 물러서면 10년을 더 기다려야 할지도 몰랐다. 그는 과감히 도전하기로 했다. 그의 선거전략은 간단했다. 다른 후보들과 차별화하기 위해 당시 뉴딜 정책 때문에 보수파로부터 심한 공격을 받고 있던 프랭클린 루스벨트 대통령의 충실한 추종자를 자처했다.

또한 경쟁력이 떨어지는 오스틴에 매달리지 않고 10명의 젊은 선거운동원들을 힐 컨트리(Hill Country)에 투입했다. 그곳은 해당 선거구에서 가장 가난한 지역으로서 후보들의 관심 밖이었다. 그는 모든 농부를 만나 일일이 악수를 하고 시선을 교환했다. 그는 사람들이 모이는 곳이면 어디든지 달려가 연설했고 청중 속에 섞여 잠시나마 시간을 보냈다.

그는 사람을 기억하는 데 천재적이었다. 처음 만나는 사람이면 그 사람이 아는 누군가의 이름을 언급함으로써 감동을 주었고, 두 번째 만나는 사람이면 처음 만났을 때의 이야기를 꺼냄으로써 또 한 번 감동을 주었다. 그는 힐 컨트리 곳곳에서 주민들을 만나며 자신이야말로 워싱턴 정가에 지역주민들의 처지를 대변할 적임자라는 이미지를 심어주었다. 그리고 떠날 때는 꼭 생필품을 구매함으로써 지역주민들의 환심을 샀다.

시간은 빠르게 흘러갔다. 그는 자지 못하는 날이 많았고 그의 목소리는 쉬어서 갈라졌다. 여전히 여론조사는 그의 편이 아니었지만, 그는 숨은 표를 잡고 있다고 믿었다. 막바지로 치달으면서 그는 여론조사에서 격차를 줄여나갔다. 마지막 주에는 3위까지 치고 올라갔다. 갑자기 다른 후보들이 그를 주목하기 시작했다. 선거는 점점 더 혼전양상을 보였고 다른 후보들은 그더러 맹목적인 대통령 추종자라며 비난했다.

강한 여운을 남긴다

그에게 흠집을 내려는 난타전이 계속됐다. 오스틴 시장은 온갖 수단을 동원해 그의 선거운동을 방해했고 그는 오스틴의 소수파 유권자들을 잡기 위해 오스틴 시장과 정치적인 대립각을 세웠다. 그러다가 마지막 주에 오스틴 시장을 몇 차례 방문하기도 했다. 그는 오스틴 빈민층의 표심을 얻어나갔다. 그의 여론조사 순위가 오를수록 그의 적도 많아졌다. 하지만 그는 2위를 3000표 차이로 따돌리며 극적인 역전승을 거두었다.

그는 과도한 선거운동 일정 때문에 탈진한 나머지 선거가 끝나자마자 병원 신세를 져야 했지만, 병원에서도 일을 벌였다. 다른 후보자들에게 보낼 편지를 일일이 대필시킨 것이었다. 그는 편지로 함께 경쟁했던 후보들의 노고에 경의를 나타내는 한편 루스벨트 대통령에게 가는 표 덕분에 승리했다며 자신의 승리를 깎아내렸다.

퇴원 후에는 곧장 경쟁자들을 방문해 겸손하게 자신을 낮추었다. 그리고 오스틴의 밀러 시장이 워싱턴을 방문 중이라는 사실을 알고는 그곳에 있는 정치인맥에게 전보를 보내 밀러 시장을 왕처럼 대접

해달라고 부탁했다. 18개월 후 그가 재선을 위한 선거전에 돌입하자 한때 경쟁자이자 반대자였던 사람들이 그의 열렬한 지지자로 돌아서서 후원금을 내고 선거운동에 참여하기까지 했다. 밀러 시장도 강력한 후원자가 됐고 평생 좋은 친분을 유지했다.

루스벨트 대통령도 그의 유연성과 충성심에 감동해 그의 정치 후견인이 돼주었다. 그 후 그는 의회에서의 입지를 강화하기 위해 연장자든 연소자든 필요하다면 손을 내밀었다. 그렇게 해서 그는 12년간 여섯 차례나 상원의원을 지냈다. 드와이트 아이젠하워 대통령의 공화당 정권 때에는 민주당 원내총무로서 탁월한 정치수완을 발휘해 분열적인 민주당을 단합적인 집단으로 바꾸어놓았다. 1960년 대통령후보 지명전에서 존 F. 케네디(John F. Kennedy)에게 졌지만, 러닝메이트로 뛰어 부통령이 됐다.

1963년 11월 케네디 대통령의 암살 후 36대 대통령직을 승계해 많은 진보정책을 실행했다. 1964년 11월 대통령 선거에서는 61%의 압도적인 지지로 당선됐다. 그는 정치·사회 개혁을 통해 과감한 복지정책을 추진함으로써 위대한 사회를 건설하고자 했다. 하지만 대선공약과 달리 베트남 전쟁을 확전시키는 결정을 통해 반전여론을 격화시켰고 지지도 추락을 부추겼다. 그는 재선 출마를 포기했고 1969년 1월 텍사스의 고향으로 되돌아갔다.

존슨은 아첨꾼이라는 비판을 받기도 했지만, 미래의 큰 그림을 위해 현재의 끝맺음을 잘할 줄 아는 리더였다. 하나의 끝맺음은 단순한 끝이 아니라 그다음 단계들의 사다리로 이어지는 시작이다. 그에게 하원의원 당선은 대통령직으로 가는 향후 단계들의 출발이었을 뿐이었다. 그는 저 멀리 대통령직을 응시하면서도 당장 18개월 후에 있을 하원의원 선거에 초점을 맞추었다. 그는 인간적인 매력, 이기심에의 호소, 정치적인 명분을 동원해 잠재적인 적들을 친구로 만들었다. 워싱턴 정가로 떠나 있어도 지역구에 잡음이 생기지 않도록 해야 했기 때문이었다.

End가 아니라 And다

유권자들을 포섭할 때도 그는 연설보다 감성에 더 치중했다. 감성이 이성보다 더 표심을 설득할 수 있기 때문이었다. 그는 감언이설로 다가가지 않고 감성적인 인상으로 다가갔다. 대화 끝에는 진실한 눈빛, 감동적인 목소리, 따뜻한 악수가 있었다. 그런 끝맺음은 다음 단계로 가는 시작이었다. 유권자들은 그의 감성적인 인상을 기억했다가 나중에 표로 갚았다.

끝내기가 어떤가에 따라 그다음이 결정된다. 이겨도 이긴 것이 아닐 수 있다. 이겼지만 나의 자원이 다 고갈되고 상대방이 더욱 복수심에 불탄다면 내가 얻는 것은 무엇인가. 승패의 종결을 넘어 그다음까지 유연하게 보는 전략이 필요하다. 승리의 축배를 만끽하기보다는 한 걸음 물러서서 자비를 베풀며 적대관계를 동맹관계로 전환시킬 것인지도 결정해야 한다. 승자의 저주에 빠지지 않도록 끝내야 하고 다음 단계의 도약대가 되도록 마무리해야 한다.

처음에는 대단한 열정으로 덤비다가 어려움이 닥치면 금세 사그라지는 사람이 있다. 감정적인 유형이다. 집중하다가도 새로운 것이 나타나면 재빨리 이동한다. 하다가 그만둔 일들로 점철돼 있다. 무슨 일을 하든지 끝을 봐야 하는 사람도 있다. 의지적인 유형이다. 출발점에서의 열정이 결승점에 이르러서는 많이 줄어든다. 서둘러 종결하고자 하기에 그다음 단계로 연결되는 영향력을 갖지 못한다.

감정적인 유형이나 의지적인 유형은 어떻게 종결할 것인지에 대한 전략이 없다. 도중에 아예 하차하거나 혹 완주한다고 해도 아무런 이익이 없다. 싸움이 격렬해지면 충동적인 보복으로 끝내려고 하든지, 조급하게 평화협정으로 매듭지으려고 한다. 이기고 있다면 스스로 위대하다는 망상에 빠져 종결해야 할 때를 놓친다. 그 결과 회복하기 어려운 탈진에 빠지거나 과도하게 차지하거나 상대방의 적개심을 격화시킨다. 무익한 종결이다.

종결 그 자체에 얽매이지 않고 그다음 단계에 미칠 영향까지 고려하는 사람이 있다. 전략적인 유형이다. 이겨도 과욕을 부리거나 과신하지 않고 최적의 때에 끝낸다. 너무 일찍 끝내면 나의 능력을 발휘하지 못하게 되고, 너무 늦게 끝내면 피차에 피로감을 중첩시킨다. 적절한 순간에 끝내면 상대방에게 강한 여운을 남길 수 있다. 종결해야 하는 최적기를 놓치고 지나치게 늦어진다는 것, 그러니까 과욕과 과신은 자멸과 보복을 낳게 될 것이다.

감정적인 종결이나 의지적인 종결이 아니라 전략적인 종결이어야 한다. 현재의 종결이 다음 단계에 긍정적인 영향을 미칠 수 있도록 해야 한다. 승패를 종결할 때 승자는 승리감에 도취돼 과도한 짐을 패자에게 지우지 말아야 하고, 패자는 패배감에서 벗어나 의연한 정신을 가져야 한다. 이기는 것보다 더 중요한 것은 피해를 줄이고 실익을 늘리는 방향으로의 종결이다. 종결을 위한 End가 아니라 다음 단계를 유리하게 여는 And여야 한다.

이기는 것보다 더 중요한 것은 끝내기다. 끝내기를 잘해야 한다. 나의 자원을 다 없애지 않고 끝내야 하고 상대방의 복수심을 폭발시키지 않고 끝내야 한다. 끝을 넘어 그다음까지 볼 줄 알아야 한다. End가 아니라 And여야 한다. 승자의 과욕과 과신에 빠지지 않고 최적의 때에 끝내면 패자에게 원한을 사지 않고 강한 여운을 남길 수 있다. 승자는 승자의 저주에 빠지지 않도록 적절히 끝내야 하고 패자는 패배감에서 벗어나 의연해야 한다. 존슨처럼, 종결을 위해 종결하지 않고 다음 단계에 유리한 영향을 미치도록 종결하는 리더인가.

완주:
세상은 최선이라는 말을
기억하지 않는다

4장

절제

::

전략가를 대전략가로
이끄는 지혜

리더는 승리가 안겨줄 이익에 눈이 멀어서는 안 된다. 패배가 안겨줄 치명타도 미리 계산할 수 있어야 한다. CEO의 넘치는 낙관주의와 강한 추진력이 불경기에는 고속추락의 요인으로 작용한다. 위기는 갑자기 다가온다. 최악의 상황도 가정하면서 의사결정을 해야 한다. 늘 뛸 수는 없다. 멈출 줄도 알아야 한다. 추진력과 절제력이 적절히 교차해야 성과와 성공이 오래갈 수 있다. 현명한 리더는 불덩이만 있지 않다. 좋은 브레이크도 있다.

풍선은 계속 불면 터진다
과신보다 어리석은 짓은 없다

1954년 장학엽이 51세에 서울 영등포구 신길동에다 세운 서광주조는 1975년 진로로 개명됐다. 1970년대 들어 진로소주가 소주시장에서 1위를 차지하면서 진로는 향후 진로그룹의 주력기업이 됐다. 1988년 장학엽 회장에 이어 36세의 장진호 회장이 승계했다. 그는 2000년까지 10조 원의 연간 매출액을 올려 재계 10위 안에 진입한다는 계획을 세우고 사업 다각화에 박차를 가했다.

그는 유통운수산업, 호텔레저산업은 물론 기계산업, 하이테크산업, 금융산업에도 뛰어들었다. 탈주류를 넘어 전방위 종합그룹으로의 변신을 서둘렀다. 그 과정에서 현금창구였던 진로는 출자금, 대여금 등으로 엄청난 자금을 지원했다. 그러나 신규 계열사들은 경영성과를 제대로 내지 못했다. 1997년 IMF 외환위기와 함께 진로그룹의 자금사정은 급격히 악화됐다. 현금창출 능력이 좋았던 진로마저 감

내할 수준을 넘어섰고, 결국 진로그룹은 분해되고 말았다.[41]

　돈과 젊음을 가진 장진호 회장의 야심을 누구도 꺾지 못했다. 그의 무모한 10년은 그룹 해체로 끝났고 그는 캄보디아 등지를 떠돌아야 했다. 지나친 자신감, 무리한 확장욕구 그리고 하루빨리 능력을 입증해야 한다는 조급함이 그와 그의 그룹을 빠르게 파멸로 몰아넣었다.

　조급하면 진다. 기회는 해변의 파도처럼 다시 온다. 차분히 준비하고 기다리면 또 잡을 수 있다. 뛰다가도 멈출 수 있어야 한다. 뛰기만 하면 쓰러진다. 과감해서 큰 성공을 거두기도 하지만 늘 과감하면 결국 망한다. 절제력이 마지막에 웃게 한다. 2세, 3세 기업인은 남들이 제어하기 어려운 만큼 스스로가 스스로를 견제하고 절제할 수 있어야 한다.

　1962년 38세의 이봉녕이 창업한 쌍방울은 20년간 내의 전문업체로 사세확장을 계속했다. 1979년에는 이봉녕 회장의 장남 이의철이 대표이사 사장에 취임했다. 그는 관련 분야 다각화를 착실하게 진행하다가 1988년을 기점으로 비관련 분야 다각화에도 나섰다. 1988년 8월 쌍방울 프로야구단을 만들었고, 12월에는 컴퓨터 소프트웨어 회사를 세웠다.

　쌍방울그룹 경영진은 섬유 중심의 사업구조를 섬유, 전자, 레저 중심으로 다각화해 1987년 2000억 원대였던 그룹 매출액을 1990년에는 4000억 원대로 늘리기로 했다. 창립 30주년이던 1993년 쌍방울그룹은 패션의류를 비롯해 전자, 레저, 무역, 프로야구단 등에서

22개 계열사를 거느렸고 5000억 원의 매출액을 올렸다.

그러나 야심 차게 추진하던 무주리조트 사업에서 구멍이 생겼다. 1980년대 후반 쌍방울그룹은 국민소득 증가와 더불어 레저 수요가 매우 증가할 것으로 보고 대단위 위락시설인 무주리조트 개발을 추진했다. 1990년 쌍방울개발은 무주리조트를 개장했고, 1993년 확정된 1997년의 동계 유니버시아드 대회를 위해 대대적인 투자를 추가했다.

쌍방울개발은 제2금융권의 2870억 원을 포함해 모두 3800억 원의 자금을 더 투입해 국제 수준의 시설을 갖추었지만 그것이 화근이었다. 크게 기대했던 정부 지원금도 150억 원에 그쳤다. 그 결과 쌍방울개발은 물론 쌍방울그룹 전체가 자금난에 휘말렸다. 레저 수요의 더딘 증가와 1997년 IMF 외환위기의 여파로 쌍방울그룹은 1998년 해체 수순을 밟아야 했다. 당시 쌍방울그룹 전체의 부채규모가 1조 1780억 원이었는데, 무주리조트 개발에 따른 쌍방울개발의 부채는 8700억 원이나 됐다.[42]

깐깐하게 조심한다

2세 기업인은 창업주와 다른 면모를 보여주어야 한다는 강박증에 시달린다. 조급하게 공격적인 투자에 나서고 비관련 분야의 진출도 개의치 않는다. 공든 탑이 무너지는 것은 한순간이다. 과감하고 대범하기보다는 깐깐하고 조심해야 한다. 이의철 사장은 예술적인 조

예가 깊었다고 하는데 무주리조트에 그것이 고스란히 묻어 있다. 그러나 기업인의 정체성은 예술이 아니라 실적에 있다.

1955년 40세의 박용학은 농산물을 취급하는 대한농산을 창업했다. 물자가 부족하던 시절에 대한농산은 가파르게 성장했다. 1967년에는 금성방직과 태평방직을 인수했다. 1973년 박용학 창업주는 대한농산, 태평방직, 한일제분 등 3개 조직을 통합해 (주)대농을 출범시켰고 미도파백화점, 미도파관광, 대농특수섬유, 대한선박은 별도의 법인으로 관리했다.

그 후 대농그룹은 해운업과 보험업에도 뛰어드는 등 사세확장에 적극적으로 나섰다. 그러나 1975년 국제 원면파동과 1차 오일쇼크로 심각한 경영난에 빠졌다. 대농그룹은 금성방직 등 4개 회사와 비업무용 부동산을 매각하는 고충 끝에 1980년대 초반 겨우 경영정상화를 이룰 수 있었다. 1977년 박용학 회장의 장남 박영일이 대농의 사장에 취임했다. 그는 1970년대 중반의 원면가격 폭락에 따른 경영위기를 겪으면서 방직 중심의 사업구조를 다각화하기로 결심했다.

1989년 대농그룹은 박영일 회장 체제로 돌입하면서 유통, 금융, 정보통신으로 사업의 전선을 확대했다. 1996년 말 대농그룹의 계열사는 모두 22개에 달했다. 하지만 경영 시스템과 조직력은 이를 받쳐주지 못했다. 사세확장 과정에서 주력기업이었던 대농과 미도파백화점이 지급보증을 서면서 무리하게 융자를 냈다. 그 결과 그룹 전체의 부실이 커졌다.

대농과 미도파백화점이 그룹 전체의 총매출과 총자산에서 81.2%와 72.3%의 비중을 차지했고 나머지 계열사들은 기여하는 것이 거의 없었다. 게다가 대농과 미도파백화점마저 위축되고 있었다. 대농은 1980년대 중반까지 승승장구하며 그룹의 성장을 견인했지만, 1980년대 후반부터 임금상승과 면방업 경기악화로 경쟁력을 잃어갔다.

미도파백화점도 롯데백화점과 신세계백화점의 공세에 밀려 중소백화점으로 전락하는 상황이었고, 유통시장 개방에 따른 대형 할인점의 등장으로 상계점만 소폭의 흑자를 냈을 뿐이었다. 주력기업이었던 대농과 미도파백화점의 위축으로 현금창출 능력이 고갈되자 대농그룹은 껍데기만 남았다. 1996년 말 대농그룹의 총자산은 1조 8000억 원대였고 총부채도 비슷한 수준이어서 자기자본이 다 잠식된 상태였다.

종금사 등 제2금융권에서 자금회수에 들어갔고 1997년 5월 대농그룹은 대농유화 등 10개의 계열사를 매각하면서 대응했지만 이미 기울대로 기운 상황이었다. 1997년 6월 대농그룹은 대농과 미도파백화점 등 4개의 핵심 계열사를 채권단에 넘기면서 완전히 흩어졌다. 1997년 3월 부도 후 법정관리에 들어갔던 미도파백화점은 2002년 9682억 원에 롯데백화점으로 넘어갔다.[43]

대농그룹은 다각화에 많은 돈을 퍼부었지만 아무런 성과도 내지 못했다. 주력기업이었던 대농과 미도파백화점마저 경쟁력을 잃었다. 1997년 IMF 외환위기까지 겹치면서 대농그룹은 더 이상 존립할 수 없게 됐다. 주력기업이 쇠퇴하고 새로 투자한 계열사들도 거의 수익을 올리지 못하는 데다 IMF 외환위기까지 덮치자 대농그룹 등 많은 그룹이 줄줄이 도산했다.

위대함은 덩치가 아니다

기업환경이 늘 변하기 때문에 미래의 성장사업을 찾기 위해 관련 분야든 비관련 분야든 다각화는 필수적이다. 다각화에 성공하려면 주력기업의 현금창출 능력이 지속돼야 하고 다각화 계열사들도 실적을 내기 시작해야 한다. 그러나 대부분의 다각화는 내실이 따라주지 않는 덩치 불리기로 끝나고 만다. 기업의 위대함은 덩치의 크기에 있지 않다.

1967년 31세의 김우중이 창업한 대우실업은 향후 대우그룹의 모태였다. 김우중은 빠른 속도로 계속 일을 벌이는 스타일이었다. 그는 착실히 기업을 키우기보다는 부실기업을 인수해 대우그룹의 덩치를 키웠다. 인수할 기업의 자산을 담보로 인수자금의 80~90%를 차입해서 충당했기에 자기자본은 10~20%만 있으면 됐다. 그런 방식으로 1993년에 시작된 그의 세계경영은 5년 만에 전 세계에 걸쳐 대우그룹의 사업장 숫자를 600개로 늘릴 수 있었다.

그는 해외출장이 잦았기에 그를 만나려면 그의 방 앞에 줄을 서서 3일씩 기다려야 할 정도였다. 그러나 전선이 너무 넓어지면 전선이 가늘어지는 위험이 있다. 언젠가는 약한 지점에서 터지게 된다.

이미 1980년대 말 대우그룹은 한 차례 큰 위기를 겪었다. 대우센터와 5개 계열사를 내놓을 정도로 재무압박이 심했다. 김영삼 정권 때에는 율곡비리 등 비자금 문제로 계속 시달렸다. 김우중 회장은 거기서 뼈저리게 배웠어야 했다.

과도한 차입경영에 의존한 그의 세계경영은 1997년 IMF 외환위기가 닥치자 구멍이 확대되기 시작했다. 1998년 말 대우그룹의 모체인 (주)대우의 부채는 1년 만에 2배로 늘어나 22조 원을 기록했다. 1999년 재계 3위의 대우그룹은 유동성 위기를 이기지 못하고 쓰러졌다. 당시 대우그룹의 분식회계 규모는 40조 원을 넘었고 부실규모는 60조 원에 달했다. 그 결과 30조 원의 국민 부담이 발생했고 그는 6년 가까이 해외를 전전해야 했다.[44]

오늘의 문제는 오늘의 해법으로 풀어야 한다. 어제의 해법이 더 이상 통하지 않는다. 어떤 상황에서의 성공 경험이 다른 상황에서는 전혀 작동되지 않기도 한다. 그러나 김우중 회장은 자신의 성공 경험을 과신했다. 여전히 기업 인수와 차입에 의한 외형 확대로 IMF 외환위기를 돌파하려고 했던 것이다. 이전까지는 그의 독단이 통했겠지만 이번에는 달랐다. 그가 믿었던 김대중 정권의 자금 지원도 끝내 없었다.

무리한 차입경영의 지속, 1인 오너 중심의 독단적인 체제, 재계 3위에 적합한 조직력의 미비가 대우그룹의 신화를 무너뜨렸다. 일단 부딪쳐보는 기업가정신도 중요하지만, 시스템이 뒤따라주지 않으면 다 무너지게 된다. 한때 대우그룹의 초고속 성장을 가능하게 했던 성공 요인이 달라진 시대에서는 정반대의 실패 요인으로 작용했다. 한 시대에서 통했다고 해서 다른 시대에서도 통한다는 보장은 없다. 다른 상황에서는 다른 접근이 요구된다.

뉴코아그룹의 김의철 회장은 25세이던 1969년 한신공영에 입사하면서 사회에 첫발을 내디뎠다. 그는 미수금 회수, 회사경비 절감, 공개입찰에서의 승리 등으로 김형종 한신공영 창업주의 눈에 들었다. 그는 입사한 지 2년 만에 과장으로 승진했고 김형종 회장의 맏사위가 됐다. 그는 특히 부동산을 보는 안목이 뛰어났다.

1970년대 초반의 반포는 강남개발 붐이 불기 전이었기에 사람들의 관심 밖이었다. 그러나 그는 직원들의 반대에도 반포 일대의 땅을 쓸어 담듯이 싸게 사들였다. 그렇게 해서 1976년 10월부터 1차에서 11차까지 한신공영 신반포아파트가 대대적으로 들어서게 됐고, 1970년대 말 한신공영은 대단위 아파트 분양으로 큰 이익을 남기면서 종합건설업체로 도약할 수 있었다.

낙관주의가 화근이다

1980년 12월 한신공영은 강남 고속버스터미널 옆에 연건평 9000평 규모의 뉴코아쇼핑센터를 개점했다. 1981년 4월에는 한신공영 내의 상가사업부를 보강해 (주)뉴코아로 분리했고 김의철 대표이사에게 맡겼다. 1983년 김형종 한신공영 회장이 별세하자 그의 장남 김태형이 회장직에 올랐다. 김태형 회장은 1981년 뉴코아가 분리된 이후 한신공영 내에 별도로 유통사업부를 두고 1983년부터 노원점, 성남점 등 5개의 한신코아백화점을 세우고 운영했다.

김의철 대표이사의 뉴코아는 1980년 반포점에서부터 1994년 인천점에 이르기까지 6개의 뉴코아백화점을 기반으로 착실한 성장을 거듭했다. 1996년에는 킴스클럽이라는 창고형 할인점 사업에도 진출했다. 1993년부터 1996년까지 뉴코아는 전국에 걸쳐 17개의 백화점과 할인점을 잇달아 개설할 수 있었다. 1996년 뉴코아그룹은 18개의 계열사를 거느리면서 자산총액 기준으로 재계 27위에 올랐다.

뉴코아그룹의 고속성장은 김의철 회장의 강한 추진력 덕분이었다. 그는 일벌레였고 불도저였다. 그러나 빠른 점포 확장을 뒷받침할 수 있는 경영 시스템이 뒤따라주지 못했다. 적합한 전산망이 구축되지 않아 주먹구구식 경영에서 벗어나지 못했고, 현금 회전율을 높이려고 40일간의 장기 바겐세일을 반복해 앞에서 남기고 뒤에서 밑지는 장사를 해야 했다. 또한 전문적인 인력 부족으로 자금 누수도 심했다.

가장 큰 문제는 점포입지 확보에 방대한 자금이 묶여 있었다는 점이다. 1개의 점포입지를 확보하는 데 최소한 1000억 원이 소요됐는데, 1996년까지의 17개 점포에다 새로 개발 중인 점포까지 합치면 거기에 2조 원이 넘게 동결돼 있었다. 나대지(裸垈地)만 해도 32개나 남아 있었고 킴스클럽 매장은 32개에 달했다. 1997년 7월에 개장하려고 한창 공사 중이던 백화점만 해도 5개였고 킴스클럽은 2개였다.

뉴코아그룹의 사세확장은 과도한 차입에 의존한 것이었다. 1996년 말 뉴코아그룹은 자본금 2117억 원, 연간 매출액 2조 2788억 원, 부채총액 2조 5912억 원, 자기자본비율 8%, 부채비율 1223%였다. 자금압박에 시달리던 뉴코아그룹은 1997년 IMF 외환위기와 더불어 해체에 들어갔다. 뉴코아그룹의 주력기업이었던 뉴코아는 2003년 이랜드가 인수했다.[45]

김의철 회장의 지나친 낙관주의와 팽창 욕구에 따른 차입자금의 누적, 1인 독주 체제에 제동을 걸지 못하는 의사결정 구조, 적합한 경영 시스템과 조직력의 미비가 뉴코아그룹의 붕괴를 야기했다. 현금 유동성이 풍부할 때에는 기업인의 낙관주의와 추진력이 고속성장을 가능하게 하지만 현금 유동성이 바닥날 때에는 고속추락의 원인이 되기도 한다.

브레이크도 있어야 한다

1967년 22세의 나승렬은 공사판을 전전하며 서울 생활을 시작했다. 초등학교만 겨우 졸업한 그는 낮에는 일하고 새벽에는 을지로의 한 경리학원에서 경리와 주산을 배웠다. 그러다가 한국전자에 입사하는 행운을 잡았다. 그의 깔끔한 일처리와 경리 업무에 거래처 관계자들이 감탄했다. 1970년대에는 아이스크림으로 유명하던 삼강의 경리부서에서 일하게 되면서 사업 전반에 대한 이해를 키울 수 있었다.

1979년 그는 부동산 기획개발을 주로 하는 금성주택을 설립했다. 1980년대의 부동산 호경기로 그의 금성주택은 사세를 확장할 수 있었고 1990년 거평건설로 상호를 갈아탔다. 1988년 서울올림픽을 전후해 주택 붐이 일면서 거평건설은 향후 거평그룹의 주력기업으로 자랐다. 1988년 서울 서초구 서초동에 지상 19층, 지하 6층의 남서울 센추리 오피스텔을 세워 성공적으로 분양했고 1991년에는 남서울호텔 앞에다 26층의 거평타운을 세웠다.

1990년까지 거평그룹의 계열사는 거평건설, 거평관광, 거평식품이 전부였다. 1991년 나승렬 회장은 10년째 법정관리 중이던 대동화학을 32억 원에 인수했다. 서울 광장동 일대의 공장부지 가치를 알았기 때문이었다. 그는 1992년 대동화학 공장부지 5000평을 한전주택조합에 팔아 422억 원의 순익을 남겼다. 자본잠식 상태에 있던 대동화학도 정상화시켜 1993년 법정관리에서 벗어나게 했다.

대동화학을 인수한 전후로 나승렬 회장의 사세확장은 본격화됐다. 1991년 거평개발, 거평메디스클럽을 설립했고 1993년 동대문 인근의 덕수중학교 부지 4000평에 지상 22층, 지하 6층의 거평프레야 패션타운을 지었다. 건설업과 부동산업으로 큰돈을 번 그는 1994년 공기업 민영화 1호이던 대한중석을 사들였고 대한중석건설과 중석공영도 아울러 세웠다.

더 나아가 라이프유통을 인수해 거평유통으로, 한국양곡유통을 인수해 거평양곡유통으로 바꾸었다. 1995년에는 반도체업체인 한국시그네틱스를 인수해 거평시그네틱스로 개명했고 포스코켐과 정우석탄화학을 인수하면서 석유화학업에도 진출했다. 그는 지나치게 시황에 좌우되는 건설업과 유통업에서 벗어나 제조업 중심으로 거평그룹의 사업구조를 바꾸고자 했다.

그러나 그러는 중에 자금압박도 커지고 있었다. 1995년까지 계열사 인수에 들어간 돈이 2500억 원이었다. 그래도 그의 사세확장 욕구는 멈추는 법을 몰랐다. 현명한 CEO는 가슴에 불덩이만 있지 않다. 발에 든든한 브레이크도 있다. 열심히 불타야 할 때는 불타고 차분히 멈추어야 할 때는 멈춘다.

1996년 그는 강남상호신용금고와 새한종합금융을 인수했고, 1997년 태평양패션과 삼미화인세라믹스를 인수했다. 1998년에는 한남투자증권을 인수하는 무리수를 두기도 했다. 그 밖의 거평반도체, 거평레저, 거평파이낸스, 새한렌탈, 코손화학도 거평그룹의 계열사들이었다. 그렇게 해서 1997년 거평그룹은 재계 30위에 올랐다.

그러나 부실한 기업들을 많이 사들이는 만큼 재무구조가 부실해질 수밖에 없었다. 1997년 IMF 외환위기로 거평그룹의 자금난이 악화되자 나승렬 회장은 1998년 인수한 한남투자증권을 이용해 2500억 원을 계열사들에 지원했다. 그 결과 한남투자증권은 980억 원의 손실을 보고 1998년 말 퇴출돼야 했다.[46]

거평그룹은 고속성장을 거듭했지만 속이 빈 강정이었다. 1996년 1조 5000억 원의 매출에 이익이 200억 원에 그쳤다. 1997년에는 2조 원의 매출에 이익이 200억 원을 밑돌았다. 인수한 기업을 담보로 한 차입자금의 누적은 눈덩이처럼 불어났고, 계열사들은 자체적인 생존기반을 다지지 못했다. IMF 외환위기로 살인적인 고금리, 금융기관의 대출 축소·자금 회수가 덮치자 거평그룹은 1998년을 넘기지 못하고 무너졌다.

나승렬 회장은 부실기업들을 인수하는 데는 뛰어났지만, 부실기업들을 정상화하는 데는 미력했다. 그는 집장사와 부동산 개발로 빠르게 성공한 재벌의 모습을 보여주었고 또한 차입자금의 누적으로 빠르게 망한 재벌의 모습도 보여주었다. 기업을 한다는 것은 단순한 돈벌이를 넘어 사회적인 가치를 계속 제공하는 것이어야 한다.

무모함은 소심함만 못하다

1968년 26세의 이순국은 한국제지에 입사했다. 1977년에는 35세의 젊은 나이로 삼성특수제지의 계열사였던 온양펄프의 사장직을 맡게 됐다. 그는 빚투성이이던 동방펄프를 인수해 온양펄프로 개명했고 대규모 시설투자까지 성공시켜 경영 능력을 크게 인정받을 수 있었다. 1979년 그는 삼성특수제지와 결별하고는 별도 법인으로 자기 사업에 나섰다.

그에게 뜻밖에 기회가 왔다. 제지업계의 시설 확장과 덤핑 경쟁으로 1982년 삼성특수제지가 법정관리에 들어간 것이었다. 그는 삼성특수제지의 법정관리인이자 대표이사로 발탁됐다. 1983년 그는 신호제지로 개명하고 경영 정상화에 박차를 가했다. 그가 법정관리인을 맡았을 때만 해도 신호제지는 자본금 7억 원에 자본잠식 60억 원으로 회생이 거의 불가능했다. 그러나 그의 능력과 제지업계의 호전에 힘입어 1991년 신호제지는 법정관리에서 벗어났다.

그 후 그는 법정관리 기업이나 부도 직전의 기업을 인수하는 데 적극적으로 뛰어들었다. 1983년 동신제지, 1985년 대화제지, 1986년 신강제지, 1987년 일성제지, 1990년 성광제지와 창도제지 등 중소 제지업체들을 집중적으로 인수했다. 1987년에는 핀란드 기업과 합작으로 자동차 연료용 필터지 생산업체인 한국알스트롬까지 세웠다.

신호제지는 종합제지그룹으로 부상했고 다른 영역으로도 사세확장의 범위를 넓혔다. 온양상호신용금고, 극동산업, 극동철강, 신천개발, 한국종합전산, 경향약품도 사들였다. 1988년에는 캐나다 목재업체인 카카베카팀버를 인수했고, 1989년에는 태국에 신문용지 합작업체인 신호타이를 세웠다. 또 미국 시애틀에 펄프 생산업체인 신호USA와 캐나다 온타리오에 무역업체인 신호코퍼레이션을 설립했다.

1990년대 들어 신호그룹은 국내 제지업체 11개 사와 해외 제지 관련업체 5개 사를 비롯해 제지, 금융, 건설, 제약, 철판 등의 영역에서 모두 22개의 계열사를 거느릴 수 있었다. 신호그룹의 빠른 성장세는 이순국 회장의 능력에 힘입은 것이었다. 그는 인수대상 기업을 정확히 파악하는 감각이 있었고 당시로는 생소하던 인수합병 방식을 잘 활용했다. 은행 관계자들도 적절히 동원했다.

그의 확장욕구는 1994년 전자부품업체인 도신산업과 강관제조업체인 신호스틸, 1995년 합성수지업체인 신호유아와 화장지업체인 모나리자, 페인트업체인 경도화학의 인수로 이어졌다. 그러나 사세확장의 이면은 위험확장이었다. 부실기업 인수가 지속되면서 차입자금도 계속 불어났고 부실기업들이 정상화되는 데는 상당한 시간이 걸렸다. 인수대상 부실기업을 선별해서 정상화하는 능력이 이순국 회장에게 있었지만, 그도 IMF 외환위기의 직격탄을 피할 수는 없었다.[47]

그는 오늘날 유행하는 기업 인수합병 방식을 20년이나 앞서서 실행했고 인수대상 부실기업을 정상화하는 방법도 알고 있었다. 하지만 남의 돈으로 키워낸 신호그룹의 체력은 허약했다. IMF 외환위기에 따른 고금리가 방아쇠를 당기자 신호그룹도 더 이상 버티지 못하고 쓰러졌다.

과도한 차입에 의존하는 사세확장의 허약한 체력은 한 방의 외적인 위기에도 쉽게 무너진다. 풍선은 계속 불면 터지게 돼 있다. 어느 선에서 멈추어야 한다. 무모함은 소심함만 못하고 지나침은 모자람만 못하다. 과욕과 과속 그리고 과신의 끝은 재기불능의 몰락이다.

늘 뛸 수는 없다. 뛰기만 하면 어느 날 쓰러진다. 멈출 줄도 알아야 한다. 추진력과 절제력이 적절히 교차해야 성과와 성공이 오래갈 수 있다. 현명한 CEO는 가슴에 불덩이만 있지 않다. 발에 든든한 브레이크도 있다. 열심히 불태워야 할 때와 차분히 멈추어야 할 때를 안다. 과감해서 성공하기도 하지만 계속 과감하다가는 망한

절제:
전략가를 대전략가로
이끄는 지혜

다. 신중함이 과감함에 앞서야 한다. 위기는 불시에 닥친다. 최악의 상황도 가정하면서 의사결정을 해야 한다. 자신의 성공 경험을 과신한 나머지 오늘의 문제를 어제의 답으로 풀려는 리더이지는 않는가.

덩치는 갑자기 쓰러진다
과욕은 절대 금물이다

쌍용그룹은 1939년 작은 비누공장에서 출발했다. 1962년 쌍용양회, 1967년 쌍용제지와 쌍용해운, 1973년 쌍용정공, 1976년 쌍용중공업과 쌍용정유, 1977년 쌍용건설, 1978년 쌍용엔지니어링으로 확장됐다. 1980년대 들어서는 금융업에도 뛰어들어 1984년 쌍용투자증권, 1985년 쌍용경제연구소, 1988년 쌍용투자자문을 세웠다.

1975년 김성곤 창업주가 별세하자 그의 장남 김석원이 31세에 회장직을 이었다. 그는 고속성장과 다각화에 성공했다. 그가 경영을 맡은 지 20년째이던 1995년 쌍용그룹의 연간 매출액은 1974년의 192배인 15조 5240억 원을 기록했다. 그는 2세 기업인들의 모범이었다. 그러나 열 번의 성공에도 한 번의 패착이 몰락을 가져온다.

1986년 그는 삼성그룹과 효성그룹을 따돌리고 쌍용자동차 인수에서 이겼다. 자동차 사업에 대한 애착이 컸던 그는 1995년부터 4년간 3조 원을 투입해 자동차 사업을 쌍용그룹의 주력으로 키우고자 했다. 자동차 사업에는 거대한 투자가 뒤따라야 한다. 수익을 내기까지는 상당한 규모의 양산도 있어야 한다. 그러나 1992년까지 쌍용자동차의 내수 점유율은 1.6%에 불과했다.

게다가 현대자동차와 기아자동차의 벽이 높았다. 그는 오판을 인정하고 적절한 시점에서 발을 빼야 했다. 그동안의 매몰비용을 포기하고 부실의 불길이 다른 데로 번지지 않게 막아야 했다. 자동차 사업에 목을 매던 삼성그룹에 쌍용자동차를 떠넘길 수도 있었다. 하지만 그는 미련을 접지 못하고 점점 더 깊은 수렁에 빠졌다.

쌍용자동차에 대한 지급보증으로 현금창구였던 쌍용양회마저 부실해졌다. 쌍용그룹에 여럿의 우량기업들이 있었지만 그룹 전체가 흔들렸다. 1998년 쌍용자동차가 대우그룹에 넘겨졌을 때 쌍용양회 등 쌍용그룹 계열사들이 떠안은 부채는 1조 7665억 원에 달했다. 결국 재계 7위였던 쌍용그룹은 IMF 외환위기의 파고를 넘지 못하고 좌초됐다.[48]

사업을 지속한다는 것은 판단의 연속이다. 지금까지 잘해왔을지라도 앞으로도 잘한다는 보장이 없다. 한 번 오판하면 끝장이다. 김석원 회장이 자동차 사업에 뛰어든 것, 거기서 빨리 철수하지 못한 것, 그리고 정치에 참여한 것이 쌍용그룹을 붕괴시켰다. 그의 선친 김성곤 창업주는 박정희 정권 때 정치인으로서의 영광도 누렸지만 끝내 국회의원직을 박탈당하고 미국으로 쫓겨나야 했다.

그래서 절대로 정치판에 나서지 말라는 유언을 남겼다. 그러나 김석원 회장은 1996년 15대 국회의원으로 정계에 나섰다. 1997년 쌍용자동차의 부실이 심각해지고 쌍용그룹 전체가 유동성 위기에 휩쓸리자 그는 1998년 국회의원직을 사퇴하고 그룹 회장으로 복귀했지만 이미 때는 늦었다. 사업에만 몰두해도 사업은 늘 어렵다. 열 번 잘해야 할 뿐만 아니라 열한 번째도 잘해야 하는 것이 사업이다.

생존이 확장에 앞선다

1966년 18세의 안병균은 가난에서 벗어나려고 무작정 상경했다. 공사장 잡역부, 영화 엑스트라, 식당 종업원 등 밑바닥을 전전했다. 그는 자금을 좀 모아 중국집을 차렸고 돈을 더 불려 일식집을 냈다. 그러나 1974년 화재로 종업원 2명이 죽었고 그도 중상을 입었다. 돈을 다 잃었지만 요식업의 가능성에 눈을 뜰 수 있었다. 1970년대 중반 그는 당시 유행하던 극장식 유흥음식점 무랑루즈와 초원의집을 인수해 큰 성공을 거두었다.

1980년에는 서울 종로5가에서 의류도매센터, (주)문화데스크를 세웠다. 그는 유명 의류 메이커들의 재고품을 헐값에 가져와 많은 이익을 남기고 팔고자 했다. 처음에 1000만 원의 광고비를 썼지만 지지부진했다. 그는 다시 10배의 광고비를 퍼붓는 등 보름 동안 집중적인 마케팅에 나섰다. 대성공이었다.

그는 남보다 한발 앞서 새로운 아이디어를 내고 그것을 무모할 정도로 과감하게 실행하는 사람이었다. 앞을 내다보는 안목도 출중했다. 아직 강남의 가능성이 대두되지 않던 1981년 그는 지하철 2호선 선릉역 주변의 대지 1600평을 싼값에 사들였다. 후일 그는 거기에다 샹젤리제 오피스텔 빌딩을 지어 큰 차익을 남길 수 있었다.

1982년 그는 (주)문화데스크를 여성의류 메이커 (주)나산실업으로 개명했다. 1983년에는 여성 하이패션 브랜드 조이너스를 출시했다. 젊은 여성들의 취향에 맞았을 뿐만 아니라 참신한 모델들을 기용한 마케팅 전략도 주효했다. 1994년 단일 브랜드로는 최초로 1000억 원의 매출액을 올렸다. 그 후에도 조이너스는 여성정장 부문에서 최고의 브랜드로 주목받았다.

1989년에는 여성 하이캐주얼 브랜드 꼼빠니아가 나왔는데, 그것도 1996년 1200억 원의 매출액을 달성할 정도로 인기였다. 1992년에는 혼성 캐주얼 브랜드인 메이폴, 1994년에는 여성 하이캐주얼 브랜드인 예츠, 1995년에는 남성정장 브랜드인 트루젠이 잇따라 출시돼 (주)나산실업의 견고한 성장을 이끌었다.

극장식당, 의류업, 그리고 오피스텔 분양에서 큰돈을 번 안병균 회장은 1988년부터 본격적인 다각화에 나섰다. 나산관광개발을 세워 골프장을 짓기 시작했고 나산산업을 세워 샹젤리제 빌딩과 본사 사옥을 관리하게 했다. 나산인터내셔널을 세워서는 주택 건설과 인테리어 사업을 했고 나산CLC를 세워서는 스포츠헬스 사업을 했다. 그때까지만 해도 그의 다각화는 의류업과 부동산업에 관련된 것이었다.

그의 실책은 유통업 진출이었다. 1994년 그는 150억 원을 들여 부실했던 영동백화점을 인수해 나산백화점을 만들었다. 1995년에는 1000억 원이 들어가는 나산백화점 광명점을 1800평 규모로 짓기 시작했고 이어 강남점, 수서점, 천호점도 착공했다. 막대한 자금이 묶였고 나산그룹의 차입 의존도는 높아만 갔다. 그 와중에도 1995년 대주건설을 사들였고 1996년 한길종합금융을 인수했다.

그는 1995년부터 2000년까지 10조 5000억 원을 유통업에 투자해 나산그룹의 전체 매출액에서 유통업의 비중을 35.5%로 높일 작정이었다. 그러나 유통업 진출에 성공하려면 선행투자가 방대해야 하고 전문인력도 막강해야 한다. 1990년대 들어 여러 그룹이 유통업에 뛰어들었지만 다 고배를 마셔야 했다. 1997년 말 나산그룹은 13개의 계열사에서 1조 3000억 원의 매출액을 올리는 재계 57위였지만 1998년 초 최종 부도를 맞아야 했다.[49]

백화점 사업에 진출하기 전까지만 해도 안병균 회장은 거의 손을 대는 것마다 성공했다. 그래서 자신감을 넘어 자만심을 가졌는지도 모른다. 몰락의 첫째 이유는 늘 자만심이다. 신중함이 과감함에 앞서야 하고 생존이 확장에 앞서야 한다. 산 강아지가 죽은 사자보다 낫다. 끝까지 살아남아야 한다. 1965년 우리나라의 100위 기업 중에서 2009년에도 100위 안에 든 기업은 고작 9개에 불과했다.[50] 미래의 전망을 지나치게 낙관하지 않고 꼼꼼하게 따지고 깐깐하게 살피는 기업인이 오래간다.

위기는 갑자기 닥친다

과신의 결과는 몰락이다. 크게 성공한 기업인일수록 주변에는 떠받드는 사람들만 있다. 임직원 중에서 감히 반론을 제기하는 사람이 없다. 경고의 메시지를 보내는 곳도 없다. 언론들도 칭찬하고 심지어 전문가들조차 그렇다. 그럴수록 조심하고 또 조심해야 한다. 과감하다는 평판에 연연해서는 안 된다. 소심하다는 비난도 감수할 수 있어야 한다. 위기는 갑자기 닥친다. 최악의 상황도 염두에 두고 의사결정을 내려야 한다.

해태그룹의 모체였던 해태제과는 1945년 박병규 등 4명의 동업으로 시작됐다. 해태그룹은 1970년대 초반까지 해태제과만 붙들고 사업하다가 1973년 딴 기업들을 인수해 해태식품, 해태유업, 해태농수산, 해태주조를 세웠다. 거기서 더 나아가 1974년 해태관광, 1978년 해태상사, 1982년 해태유통을 설립했다.

1977년 공동 창업주였던 박병규 회장이 52세의 일기로 별세하자 그의 장남 박건배가 승계했다. 1981년 32세의 나이에 해태그룹 회장이 된 박건배는 전형적인 2세 기업인이었다. 해외 유학파였던 그는 현장 경험이 일천했다. 선대 회장의 갑작스러운 죽음으로 고속승진을 하며 회장직에 올랐다. 처음에 그는 식품 관련 분야에 집중하겠다고 약속했다. 그러나 그의 약속은 오래가지 못했다.

1981년 해태기획, 1982년 해태타이거즈를 설립했고, 1983년 대아상호신용금고와 한국커피주식회사, 1987년 미진금속을 인수했다. 박건배 회장의 비식품 분야 다각화는 1986년부터 본격화됐다. 새로운 영역에 도전함으로써 하루빨리 선대 회장의 그늘에서 벗어나고 싶었을 것이다. 젊은 그의 의욕을 누를 어른들은 없었다.

그는 1979년 인수한 신방전자를 해태전자로 개명하고 거기에 투자를 확대해 음향기기 전문업체로 도약하려고 했다. 1994년에는 오디오 전문업체인 인켈을 인수했고 1995년에는 무선전화기업체인 나우정밀을 인수했다. 미진금속을 해태중공업으로 개명하고 거기에 대한 투자도 확대했다. 식품 분야에서 번 돈으로 전자와 정보통신, 그리고 중공업에까지 뻗어나가고자 했던 것이다.

그러나 사업이 생각대로 풀리는 것은 아니다. 과자를 만들던 회사가 쉽게 전자기기를 만들어낼 수는 없었다. 게다가 박건배 회장의 '외도'도 심했다. 그는 1984년 한국 보이스카우트연맹 부총재, 1984~86년 대한 역도연맹 회장, 1990년 한국 보이스카우트연맹 총재와 세계 보이스카우트연맹 이사를 역임했다. 그는 계열사 자율경영이라는 미명 아래 전문경영인에게 경영을 맡기고 대외활동에 더 분주했던 것이다.

창업주들과 달리 외국에서 좋은 공부를 하고 다양한 선택의 기회를 가진 2세 기업인들이 당장 눈에 좋아 보이는 유혹들을 물리치기란 어렵다. 그러나 사업은 폼을 잡는 게 아니다. 사업에만 몰두해도 늘 부족감에 시달린다. 시시각각으로 변하는 현장을 제대로 파악하고 장악하려면 현장에 전적으로 투신해야 한다. 신규 사업은 더욱 그렇다.

해태그룹은 1996년 말 재계 24위까지 올랐지만, 비식품 분야 계열사들의 부실로 주력기업이던 해태제과마저 흔들렸다. 1997년 9월 해태그룹의 금융권 부채는 3조 원에 육박했다. IMF 외환위기의 와중에서 해태그룹의 해체는 당연한 수순이었다. 전자업체로 부상하려던 제과업체의 화려한 꿈은 산산이 부서졌다. 박건배 회장은 위장 계열사를 통한 비자금 조성, 분식회계를 통한 금융권 대출 등의 이유로 갇히는 몸이 되기도 했다.[51]

내실과 유연성이다

1946년 삼미그룹의 창업주 김두식은 21세의 나이에 서울 중구 을지로에서 비누와 식용유를 만드는 사업을 시작했다. 당시 생필품 부족으로 그의 사업은 잘 풀려갔다. 한국전쟁 직후에는 복구사업에 따른 목재 수요가 클 것으로 판단해 청량리 일대에다 제재소와 목재하치장을 세웠다. 1959년에는 국내 최초의 대형 제재공장을 인천에 설립했다.

 1960년에는 국내산 합판 수출이 늘어나 무역회사의 덩치도 키울 수 있었다. 해운업과 광산업에도 손을 댔다. 삼양특수강과 한국특수강을 인수해 1975년 삼미특수강을 세웠다. 그러나 그는 골수암 투병 끝에 1980년 55세의 일기로 세상을 떠났고, 그의 장남 김현철이 뒤를 이었다. 김현철 회장은 1982년 한국단조, 삼미조선, 삼미유나백화점을 인수했고 삼미전산을 세웠다.

 그의 왕성한 다각화에 힘입어 1989년 삼미그룹은 10년 만에 5개의 계열사에서 11개의 계열사로 늘었고, 연간 매출액도 3500억 원에서 1조 3500억 원으로 늘었다. 재계 순위는 18위로 껑충 뛰었다. 그런데 1980년대의 석유파동으로 주요 수익기반이던 해운업과 목재업이 큰 타격을 입었다. 그는 경영난 타개를 위해 삼미그룹의 상징이던 삼일빌딩과 삼미해운을 처분했다.

그 후 그는 다각화 전략을 포기하고 집중화 전략으로 돌아섰다. 1987년 삼미정공, 1988년 삼미화인세라믹스, 1989년 삼미전자를 설립하는 등 특수강 중심의 계열화 작업을 단행했다. 11개의 계열사 중에서 특수강 관련 계열사가 6개였다. 1985년부터 3저 호황(저유가·저금리·저달러), 자동차 호경기, 올림픽 특수가 겹치면서 삼미그룹은 잠시 상승곡선을 그을 수 있었다.

1985~86년 삼미그룹은 특수강 경기를 낙관하고 창원공장 증설에 3000억 원을 투자했고, 1989년 북미에서 2개의 공장을 인수했다. 하지만 1992년 특수강 불경기로 북미 공장은 4년 연속으로 적자를 냈다. 주력기업이던 삼미특수강마저 1992년부터 2년간 1685억 원의 적자를 기록했다. 삼미그룹은 자금난 극복을 위해 부동산을 매각하고 계열사를 정리했다.

1993년 1051억 원을 조달했지만 1조 5000억 원의 부채에는 크게 모자랐다. 1996년 말 삼미그룹의 부채비율은 30대 그룹 중에서 진로그룹 다음으로 높았다. 삼미그룹의 자구책은 처절했다. 삼미특수강 내의 봉강과 강관 생산설비를 7000억 원에 POSCO로 넘겼다. 부채비율을 많이 낮추었지만 주거래 은행은 자금난, 금융비용, 사업

불투명 등을 이유로 협조에 응하지 않았다. 1997년 3월 삼미그룹에 최종 부도가 선고됐다.[52]

삼미그룹에 불운이 겹쳤다. 다각화도 실패했고 집중화도 실패했다. 그만큼 지속가능한 성장이 어렵다는 얘기다. 기업인은 아무것에나 산만하게 손을 대서는 안 된다. 김현철 회장은 1982년 프로야구단, 삼미슈퍼스타즈를 창단하지 말았어야 했다. 삼미슈퍼스타즈는 3년간 45억 원의 적자와 18연패를 남겼다. 1984년의 배구단 창립도 무리수였다. 가장 흔한 실패 원인은 해야 하는 일을 하지 않기 때문이라기보다는 하지 말아야 하는 일을 많이 하기 때문이다.

지나친 집중화도 주력 업종의 불경기에 속수무책이다. 기업경영은 다각화와 집중화의 절묘한 조화여야 한다. 주력기업과 관련된 분야에서 다각화를 추진하되 주력기업의 주력이 약화되지 않아야 하고 또 다각화 계열사들도 일정한 성과를 올려야 한다. 다각화든 집중화든 지나치면 문제다. 적절해야 한다.

기업에 늘 중요한 것은 지속적인 생존과 성장이다. 다가오는 격동을 미리 감지하고 위험을 관리할 수 있어야 한다. 가능한 시나리오와 대응전략을 짜서 대처하는 한편 갑자기 부상하는 기회도 잡아야 한다. 변동의 폭이 커지고 빈도가 잦아지는 현실이다. 부실한 덩치보다는 알찬 내실과 유연한 순발력을 길러야 한다.

사업은 폼을 잡는 게 아니다. 사업에만 몰두해도 어렵다. 열 번 잘해야 하고 열한 번째도 잘해야 한다. 한 번의 수고나 기회로 위대함에 이를 수 없지만 한 번의 오판이나 불운으로는 단박에 몰락할 수 있다. CEO의 넘치는 낙관주의와 강한 추진력이 고속성장의 요인이기도 하지만 불경기에는 고속추락의 요인으로 작용한다. 과감하다는 평판을 멀리해야 하고 소심하다는 비난도 감수해야 한다. 미리 격동을 감지하고 사전에 대비할 수 있어야 한다. 비주력 영역에 잘못 뛰어들었을 뿐만 아니라 적기에 발을 빼지도 못하는 리더이지는 않는가.

확장은 절대로 핵심가치가 아니다
과속은 죽음의 유혹이다

1928년 폴 갤빈(Paul Galvin)은 시카고에 모토로라를 세웠다. 그의 첫 제품은 큼직한 배터리를 없애고 가정용 전기로 작동되게 한 라디오였다. 1929년이 되자 그것은 구식이 됐고, 그는 심각한 재무위기에 봉착했다. 1930년대 들어 자동차 라디오를 생산하면서 수익을 올릴 수 있었다. 그는 벼랑 끝으로 몰렸던 경험을 바탕으로 자기주도적인 혁신을 기업문화로 정착시켜 나갔다.

2차 세계대전 중 모토로라는 무선통신기기인 워키토키(walkie-talkie)와 휴대용 라디오를 만들기도 했다. 1950년대 모토로라는 TV까지 생산하면서 전자업계의 선두로 부상했다. 1958년 미국의 우주개발 프로젝트에도 참여해 우주선의 통신장비를 개발했다. 1969년 닐 암스트롱(Neil Armstrong)이 달에서 타전한 말은 모토로라의 우주통신 무전기를 통해 지구에 전달됐다.

1974년 모토로라는 TV 부문을 매각하고 통신 분야에 집중하기 시작했다. 1998년 모토로라의 연간 매출액에서 휴대전화기가 차지한 비중은 3분의 2에 달했다. 1980년대와 1990년대에 반도체 분야도 선전했다. 모토로라는 기술혁신과 품질개선을 거듭했고 탁월한 기업의 반열에 올랐다. 1990년대 중반 모토로라의 연간 매출액은 10년 만에 50억 달러에서 270억 달러로 폭증했다.

그러나 큰 성공은 큰 자만을 낳는다. 1995년 모토로라 경영진은 세련된 디자인의 초소형 휴대전화기 스타택(StarTAC)의 출시를 앞두고 기고만장했다. 벨애틀랜틱(Bell Atlantic) 같은 이동통신 회사에 모토로라 제품의 비율을 압도적으로 높일 것과 스타택의 단독 전시 공간을 할애하라고 요구했다. 그런 강압적인 태도가 경쟁업체들에 기회를 제공했다. 게다가 스타택은 여전히 아날로그 기술에 기초한 것이었다. 무선통신 시장은 이미 디지털 기술로 이동하고 있었다.

그럼에도 모토로라 경영진은 4300만 명의 아날로그 고객이 있다면서 디지털의 위협을 무시했다. 자만의 결과는 추락이다. 휴대전화기 시장에서 50%의 점유율로 세계 1위를 자랑하던 모토로라는 1999년 점유율이 17%로 추락하는 것을 맛봐야 했다. 직원 숫자는 2001년 14만 7000명에서 2003년 말 8만 8000명으로 급감했다.[53] 자만은 오랜 겸손으로 쌓은 성공을 짧은 시간에 무너뜨린다.

자만과 함께 과욕도 몰락의 주범이다. 모토로라는 세계 어디서든지 위성을 통해 전화 연결을 가능하게 하겠다는 이리듐 프로젝트(Iridium Project)를 내놓았다. 1980년대 말 저궤도 위성 시스템을 만들기 위해 착수했고, 1991년에는 별도의 회사를 만들어 이 프로젝트를 추진했다. 1996년 5억 3700만 달러가 투입됐고 7억 5000만 달러의 채무보증이 들어갔다. 다 합치면 1996년도 모토로라의 총수익을 넘어서는 규모였다.

66개의 위성을 쏘아 올리려면 더 큰 투자가 필요했다. 하지만 이리듐의 매력은 점점 퇴색됐다. 세계 곳곳에서 기존의 휴대전화 서비스가 확충되고 있었다. 이리듐의 단점도 치명적이었다. 이리듐 전화기의 크기가 벽돌만 했고 위성과 직접 교신할 수 있는 야외에서만 통화가 가능했다. 이리듐 전화기의 가격은 대당 3000달러였고 통화료는 분당 7달러까지 했다. 그에 반해 기존의 휴대전화 요금은 계속 하락했다.

이리듐 프로젝트에 대해 부정적인 증거들이 쏟아져 나왔다. 하지만 묵살됐다. 1998년 이리듐 서비스가 개시됐지만, 1999년 15억 달러의 빚을 지고 이리듐 프로젝트는 파산신청을 해야 했다. 그해 모토로라는 20억 달러가 넘는 적자를 기록했다.[54] 신규 프로젝트는 일단 작게 시작해서 긍정적인 증거들을 확보하고서는 더 키워가야 한다. 부정적인 증거들이 나오면 무시하지 말고 후속투자를 중단할 수 있어야 한다. 과욕은 과도한 투자를 부르고 현금을 고갈시켜 기업을 죽음으로 몰아넣는다.

위기는 독하게 지나간다

50년 넘게 흑자를 지속하다가 1998년 첫 적자를 낸 후 적자의 골이 더 확대되자 모토로라 경영진은 다급해졌다. 서둘러 획기적인 충격 요법을 찾았다. 모토로라의 시가총액과 맞먹는 170억 달러에 제너럴인스트루먼트(General Instrument)를 인수했다. 인터넷과 브로드밴드 열풍에 휩쓸린 것이었다. 머잖아 버블이 터졌고 모토로라의 몰락은 가속화됐다. 2001년 모토로라의 연간 매출액은 300억 달러로 가라앉았다.

급기야 2003년에는 사상 처음으로 외부 경영인을 뽑았다. 그러나 그마저 4년 만에 물러나야 했다.[55] 추락하는 기업을 멈추게 해서 끌어올리는 데는 지름길이 없다. 대대적인 기업 인수 같은 묘책이나 탁월한 외부 경영인 같은 구세주는 없다. 새로운 비법들을 시도하다가 남아 있는 자원마저 없애지 말아야 한다. 현재 상황을 차분하게 분석하고 현명하게 판단해야 한다. 위기는 지독하게 지나가는 법이다. 미래의 허황된 약속을 줄이고 현재의 고단한 과정을 계속 걸어가야 한다.

모토로라는 16분기 중에서 14분기 동안 적자를 지속하다가 2011년 8월 125억 달러에 구글로 넘어갔다. 1년 후에는 4000명이 감원됐다. 과거의 성공을 과신하면서 몰락이 잉태된다. 과신은 과욕을 부르고 과욕은 무분별한 확장을 낳는다. 그 과정에서 긍정적인 정보는 과대평가되고 부정적인 정보는 과소평가된다. 현금이 소진되고 묘안이 백출(百出)하며 구조조정이 단행된다. 그러나 과거의 성공을 가능하게 했던 핵심역량의 재구축에는 실패하고 만다.

1933년 설립된 러버메이드(Rubbermaid)는 성장을 거듭했다.

1980년부터 1993년까지 매출이 6배, 수익이 15배 증가했다. 40분기 연속으로 수익이 늘어났다. 러버메이드의 꿈은 더 커졌다. 초일류 기업이 되고 싶었다. 3M, 애플, 인텔보다 더 혁신적이고자 애썼다. 1992년에는 하루에 하나씩 신제품을 쏟아냈다.

1994년 러버메이드 경영진은 고속성장을 비전으로 내걸었다. 3년간 1000개에 육박하는 신제품이 출시됐다. 그러나 야심이 큰 만큼 비용이 통제되지 않았고 납기도 맞추지 못했다. 1994년부터 1998년까지 러버메이드는 벼랑으로 치달았다. 1994년 4분기 중 10년 만에 처음으로 적자를 기록했다. 6000개에 달하는 유사 제품을 버려야 했고, 9개의 공장을 닫아야 했으며, 1170개의 일자리를 없애야 했다.[56]

그러는 중에도 대형 기업 인수를 단행했다. 우선 사업이었던 사무용품 부문의 매각도 결정했다. 인터넷을 회생의 도구로 삼아 획기적인 마케팅을 펼쳤고 새로운 보상제도도 도입했다. 그러나 수익은 다시 떨어졌고 두 번째의 구조조정이 이어졌다. 다시 대규모 마케팅이 전개됐다. 유럽 시장에서의 매출을 4배로 늘리겠다며 대형 기업 인수를 또 추진했다. 결국 러버메이드는 1998년 10월 뉴웰코퍼레이션(Newell Co.)에 매각되고 말았다.[57]

핵심가치가 아니라 고속성장을 비전으로 삼는 순간 과욕과 과속으로 좌충우돌하게 된다. 혁신을 추진한다고 해도 핵심가치에 역행하게 된다. 해야 할 것을 하지 않고 변하지 않아도 망하겠지만, 하지 말아야 할 것을 자주 하고 무원칙하게 변해도 망한다. 미국의 매스코(Masco)는 주방용품과 욕실용품으로 세계를 평정했다. 주체할 수 없이 늘어나는 현금 보유고와 함께 못할 게 없다는 자만심도 커졌다. 드디어 가구산업에까지 뛰어들었다.

성장은 부산물이다

막대한 자금을 투입해 여러 기업을 사들였고 생산시설도 확충했다. 하지만 매스코의 순수익은 급감했고 여러 해 고전하다가 결국 가구 부문을 팔아치워야 했다. 매스코 경영진은 핵심가치를 따라 움직이지 않았고 덩치를 따라 움직였다. 그에 반해 스웨덴의 가구업체 이케아(IKEA)는 '더 나은 일상생활'이라는 핵심가치를 따라 낮은 가격 정책과 좋은 디자인 정책을 지속적으로 펼쳤고, 마침내 세계 최대의 가구회사로 등극할 수 있었다.[58]

성장에 치중하면 창업철학, 핵심가치, 핵심사업을 놓치게 된다. 규모의 크기에 매달려 위대함을 상실한다. 큰 것이 위대한 것은 아니다. 고상한 핵심가치를 추구하다가 성장까지 경험할 수 있어야 한다. 위대한 기업은 성장을 부산물로 여긴다. 성장을 앞세우면 핵심가치에 역행하는 결정을 내리고 핵심사업을 소홀히 하게 된다.

역량이 없으면서도 새로운 분야에 뛰어들고 불타는 열정을 느끼지 못하는 분야에도 나선다. 아무것에나 손을 대다가 막대한 자원을 낭비한다. 할 수 있다고 해도 다 해서는 안 되고 기회라고 해도 다 잡아서는 안 된다. 안 해도 되는 것을 하다가 망하는 경우가 자주 있다. 핵심가치를 보존하고 핵심사업을 키우려면 적절히 걸러낼 수 있어야 한다.

1958년 에임스(Ames) 할인점은 미국 북동부를 기반으로 설립됐다. 시골과 소도시를 겨냥해 당시로는 획기적인 최저가 판매전략을 펼쳤다. 큰 성과를 올리며 시장을 선점할 수 있었다. 소도시 중심가를 모조리 장악했다. 강적이었던 K마트를 어떻게 공략할지도 알았다. 직원들과 함께 성장하는 기업정신도 생겼고 성과 중심의 기업문화도 만들어졌다.

미국 중남부를 기반으로 에임스보다 4년 늦게 등장한 월마트(Wal-mart)와 더불어 에임스는 20년간 멈추지 않는 성장세를 기록하는 듯했다. 1973년부터 1986년까지 두 회사는 다 시장평균치보다 9배 높은 수익률을 달성했다. 1983년부터 1988년까지 매출은 5배 증가했다.[59] 그런 성장세를 믿고 덩치를 2배 더 키우겠다며 에임스는 1988년 자이레백화점을 인수했다.

그에 따라 에임스의 매출이 1986년부터 1989년까지 2배 이상 늘었다. 그러나 에임스가 30년간 추구했던 핵심가치가 급격히 상실됐다. 시골과 소도시를 기반으로 하던 소매유통이 도시 중심으로 바뀌었고 최저가 전략도 포기됐다. 에임스를 강하게 했던 모멘텀이 점점 약해졌다. 여러 CEO가 교체됐고 다양한 마케팅 전략이 구사됐다. 1998년 또 힐스백화점을 인수해 덩치를 2배로 키웠다. 그럼에도 에임스는 2002년 청산됐다.[60]

에임스가 덩치를 추구하면서 핵심을 잃었다면 월마트는 끝까지 핵심을 붙들었다. 월마트는 시골과 소도시에서 차분히 터전을 다졌고 최저가 전략도 고수했다. 월마트는 대도시 진출에도 성공했고 마침내 위대한 기업의 반열에 올랐다. 핵심을 지속했고 과욕을 부리지 않았기 때문이었다. 월마트의 창업주 샘 월튼(Sam Walton)은 겸손히 배우고 탐구하는 사람이었다. 위대한 사람은 큰 성공 앞에서도 배우고 탐구하기를 멈추지 않는다.

샘 월튼은 자신의 성향과 같은 데이비드 글래스(David Glass)를 후계자로 결정했다. 그는 외부에 잘 알려지지 않은 내부 인물이었다. 조용했고 겸손했다. 탐구심이 컸지만 사람들 앞에 나서는 것을 싫어했다. 그는 '서민도 부자가 사는 상품을 살 수 있게 한다'는 월마트의 핵심가치를 신봉했다. 그는 그 핵심가치를 월마트의 미션과 존재 이유로 삼고 그것을 실현하고 강화하는 방안들을 과감히 실행했다. 그는 그런 방향에서 인재도 뽑고 조직문화도 만들었다.[61]

적임자 배치가 관건이다

과시적인 카리스마가 아니라 겸손히 본질을 추구하는 특성이 기업을 지속하게 한다. 텍사스 인스트루먼트(Texas Instruments, TI)는 대단한 기업이었지만 1970년대와 1980년대 초에 계속 고전했다. 1985년 TI 이사회는 제리 젠킨스(Jerry Junkins)를 CEO로 앉혔다. 그는 겸손하고 단호한 내부 인물이었다. 그는 TI를 이전의 위치로 되돌리기 위해 적극적인 토론에 나섰고 핵심사업 발굴에 적극적이었다.

그는 처음에 작게 시작했지만, 점점 구체적인 증거들을 쌓으면서

DSP(digital-signal processing) 분야에 대한 투자를 확대했고 거기서 큰 성공을 거두었다. 하지만 1996년 유럽 출장 중 심장마비로 사망했다. 그의 후계자 톰 엔지버스(Tom Engibous)도 평범하고 겸손한 내부 인물이었다. 그는 자신을 드러내지 않고 TI에 초점을 맞추었다. 그렇게 해서 TI는 1995년부터 2005년까지 조용히 효과적인 변화를 거듭할 수 있었다.[62] 본질에 충실하고 핵심을 회복하는 리더십이 기업의 추락을 돌이키게 한다.

2001년 앤 멀케이(Anne Mulcahy)가 CEO 자리에 올랐을 때 제록스(Xerox)의 적자는 2억 7300만 달러, 부채는 190억 달러에 달했다. 그녀는 외부로부터 전혀 주목받지 못했던 내부 인물이었다. 그녀는 인터뷰 요청을 사절했고 2년간 주말에도 일했다. 여러 사업을 폐쇄하고 비용구조를 조정해 25억 달러를 절감했다. 그러면서도 연구개발비는 더 늘려야 한다고 강조했다. 제록스의 기업문화도 되살렸다. 제록스는 2006년 10억 달러의 수익을 올리면서 회생했다.[63]

1993년 곤경에 처한 IBM의 CEO로 영입된 루이스 거스너 주니어(Louis Gerstner Jr.)도 CEO의 본업에 충실했다. 그는 언론의 취재 요청도 거부한 채 100일 동안 상황 파악에 몰두했다. 거창한 비전이나 기발한 묘안을 제시하지는 않았고 냉정하게 인재 재배치, 수익성 회복, 현금 확보, 고객 중심에 매달렸다. 특히 취임 후 몇 주 동안은 적임자 배치에 집중했다. 그의 재임 기간 중 IBM의 수익은 완만하게 상승했다.[64]

위대한 기업을 만드는 데 가장 중요한 과업 중 하나는 적임자의 선정과 배치다. 적임자는 스스로 동기를 부여하고 자발적으로 학습한다. 남보다 뛰어난 열정을 발휘하며 자신의 능력 안에서 최고를 창출한다. 약속을 소중히 지키며 자신의 능력을 벗어나는 약속을 하지 않는다. 자신이 최종적으로 책임져야 하는 업무를 분명히 안다. 무엇보다 적임자는 조직의 핵심가치에 자신을 부합시킨다.[65]

훌륭한 리더는 적임자가 아닌 사람을 붙잡지 않는다. 먼저 적임자를 생각하고 그다음에 일을 도모한다. 요직에 적임자를 앉힌 후 방향을 정한다. 요직마다 적임자가 배치되면 탁월한 성과가 지속된다. 또한 훌륭한 리더는 적임자들과 더불어 세월이 흘러도 변할 수 없는 핵심가치를 지속하면서 최고가 될 수 있는 분야, 깊은 열정을 쏟을 수 있는 분야, 가장 효과적으로 재원을 확보할 수 있는 분야의 접점을 찾아내고 거기에 집중한다.[66]

덩치가 아니라 가치여야 한다. 덩치를 비전으로 삼으면 좌충우돌하다가 추락으로 치닫는다. **큰 것이 위대한 것은 아니다.** 고상한 핵심가치를 추구하는 중에 성장을 부산물로 경험할 수 있어야 한다. **핵심가치와 핵심사업을 보존하려면 적절히 걸러내야 한다.** 할 수 있다고 해도 다 해서는 안 되고 기회라고 해도 다 잡아서는 안 된다. 경영위기가 닥치면 거창한 묘안보다는 적임자 재배치, 수익성 회복, 현금 확보, 고객 중심에 집중해야 한다. 글래스처럼, 핵심가치를 신봉하며 그것을 강화하는 쪽으로 인재를 뽑고 조직문화를 만드는 리더인가.

절제:
전략가를 대전략가로
이끄는 지혜

에필로그
전략, 나쁜 강자들의 먹잇감이 되지 않는 힘

악한 강자들이 늘 있다. 그들은 교활하기까지 하다. 그에 반해 선한 약자들은 순진하기만 하다. 그래서 악한 강자들의 손쉬운 먹잇감이 된다. 수십만, 수백만 명을 죽인 악인들도 있다. 개별 민족이나 국가의 입장에서 보면 영웅일지도 모르겠으나 세계사적으로 평가하자면 잔인무도한 악인일 뿐이다. 그들은 세계사적인 심판을 받아야 할 뿐만 아니라 신이 있다면 신의 심판도 받아야 할 것이다.

악인들한테 빼앗기지 말아야 한다. 순진하기만 해서는 안 된다. 지혜로워야 한다. "보라, 내가 너희를 보냄이 양을 이리 가운데로 보냄과 같도다 그러므로 너희는 뱀같이 지혜롭고 비둘기같이 순결하라"(성경 마태복음 10장 16절). 뱀은 상대방이 모르게 잠복한 채 상대방을 주시하고 정찰해서 상대방의 약점을 캐내고는 불시에 기습한다. 약자여도 뱀처럼 지혜로우면 강자를 이길 수 있다.[67]

나와 나의 가족, 나의 민족과 국가를 지키려면 악인들보다 더 전략적이어야 한다. 힘으로만 이기겠다면 하수다. 고수는 전략으로 이긴다. 전략이 우세하면 약자라도 강자를 이길 수 있다. 개인도, 기업도, 국가도 지속성이 있어야 한다. 성장해야 할 뿐만 아니라 지속해야 한다. 그렇기에 성과를 만들어내는 창조경영과 함께 성과를 지켜내는 전략경영이 요구된다.

정보를 생명보다 더 소중히 여기며 다방면의 혁신을 거듭해야 한다. 할 만큼 했다고 변명하지 않으며 끝까지 완주할 뿐만 아니라 적절한 때에 멈추어 단단히 다질 줄도 알아야 한다. 리더라면 작은 그림의 개별 전투에서 이기는 전략가가 돼야 하고 톱리더라면 큰 그림의 전체 전쟁에서 이기는 대전략가가 돼야 한다. 이 책의 무게중심은 톱리더들을 위한 대전략에 있다.

나폴레옹을 대전략가로 만든 것은 늘 그의 손에 들려 있었던 전쟁사였다. 이전의 많은 전쟁 사례들을 지금의 현장에 적합하게 연결하고 조합함으로써 연전연승의 혁신을 거듭할 수 있었던 것이다. 이 책이 이 시대의 톱리더들의 손에 들려 그런 역할을 해낼 수 있을 것으로 기대한다. 다음은 각 분야의 톱리더들이 활용할 수 있는 '전략 포인트 톱 10'이다(283쪽 참조).

끝으로 이 책이 나오기까지 이런저런 빚을 졌다는 사실을 밝힌다. T. S. 엘리어트는 미숙한 시인이 베낀다면 성숙한 시인은 훔친다고 했다. 조지프 커민스의 《별난 전쟁, 특별한 작전》(2009)에서는 풍부한 전쟁 사례들의 도움을 받았고 브라이언 트레이시의 《빅토리》

(2004)와 로버트 그린의 《전쟁의 기술》(2007)에서는 예리한 시각의 도움을 받았다.

짐 콜린스의 《위대한 기업은 다 어디로 갔을까》(2010)에서 그 뼈대를 빌린 것으로 보이는 《공병호의 대한민국 기업흥망사》(2011)에서는 여러 비즈니스 사례들을 빌렸다. 참고문헌의 다른 책들에서도 각각 도움을 받았다. 물론 이 책의 전반적인 구성과 독창적인 인사이트는 저자의 고유한 것이다.

전략 포인트 톱 10

1. 정보 하나로 세상을 얻기도 하고 잃기도 한다. 정보를 소중히 하면 흥하고 소홀히 하면 망한다. 정보가 가장 먼저다.
2. 정보의 확보는 힘이다. 정보의 확충은 더 큰 힘이다. 정보의 활용은 가장 큰 힘이다. 정보의 보안은 생명 그 자체다.
3. 대상과 상황은 바뀐다. 늘 통하는 전략, 불변의 법칙, 마법 같은 공식은 없다. 그때그때의 유연한 순발력이 요구된다.
4. 정면보다 배후를 건드리는 것, 직접적인 것보다 우회적인 것, 노골적인 것보다 교묘한 것이 더 깊은 충격을 준다.
5. 한 번에 많이 취하면 스스로 소화하기도 어렵고 상대방의 경계심도 커진다. 야심을 숨기고 야금야금 단계적으로 취한다.
6. 이겼지만 얻은 것도 없이 많은 자원을 잃고 상대방의 적개심만 불타게 했을 수도 있다. 이기고 또 얻는 싸움이어야 한다.
7. 스키피오는 로마를 휩쓸던 한니발을 두고 카르타고로 진격했다. 전투의 부분 해법을 넘어 전쟁의 큰 그림을 봐야 한다.
8. 영토를 계속 확장하는 것보다 이미 확보한 영토를 다지고 지키는 것이 더 중요하다. 덩치만 추구하다가는 몰락이다.
9. 아무것도 하지 않는 겨울의 농한기를 가질 필요도 있다. 호기를 기다리며 전력을 재정비하고 정체성을 더욱 강화한다.
10. 승리에도 어둠이 있고 패배에도 빛이 있다. 완승도 완패도 없다. 그다음 단계에 유리하도록 승패를 마무리한다.

미주

1. 브라이언 트레이시, 《빅토리》(21세기북스, 2004), 231쪽 참조.
2. 잉그마르 브룽켄, 《세상을 움직인 6인의 전략가》(지식나무, 2006), 30쪽 참조.
3. 이병주, 《3불 전략》(가디언, 2010), 34~43쪽 참조.
4. 조지프 커민스, 《별난 전쟁, 특별한 작전》(플래닛미디어, 2009), 244~259쪽 참조.
5. 브라이언 트레이시, 《빅토리》(21세기북스, 2004), 147쪽 참조.
6. 위의 책, 155쪽 참조.
7. 위의 책, 141쪽, 151쪽 참조.
8. 위의 책, 138쪽 참조.
9. 용환진, "큰 펀치 전에 잽 먼저 날린다", 〈매일경제〉(2012. 9. 1), B3면 참조.
10. 홍희범, 《밀리터리 실패열전》(멀티매니아 호비스트, 2008), 38~45쪽 참조.
11. 조지프 커민스, 《별난 전쟁, 특별한 작전》(플래닛미디어, 2009), 368~379쪽 참조.
12. 위의 책, 12~26쪽 참조.
13. 로버트 그린, 《전쟁의 기술》(웅진지식하우스, 2007), 450~453쪽 참조.
14. 위의 책, 298~302쪽 참조.

15. 조지프 커민스, 《별난 전쟁, 특별한 작전》(플래닛미디어, 2009), 27~42쪽 참조.
16. 위의 책, 43~59쪽 참조.
17. 잉그마르 브룽켄, 《세상을 움직인 6인의 전략가》(지식나무, 2006), 122~123쪽 참조.
18. 로버트 그린, 《전쟁의 기술》(웅진지식하우스, 2007), 44~51쪽 참조.
19. 위의 책, 174~190쪽 참조.
20. 위의 책, 197~200쪽 참조.
21. 이병주, 《3불 전략》(가디언, 2010), 193~198쪽 참조.
22. 김종춘, 《소심불패》(매일경제신문사, 2012), 107~109쪽 참조.
23. 임용한, 《세상의 모든 전략은 전쟁에서 탄생했다》(교보문고, 2012), 179~186쪽 참조.
24. 홍희범, 《밀리터리 실패열전》(멀티매니아 호비스트, 2008), 5~12쪽 참조.
25. 임용한, 《세상의 모든 전략은 전쟁에서 탄생했다》(교보문고, 2012), 278~283쪽 참조.
26. 조지프 커민스, 《별난 전쟁, 특별한 작전》(플래닛미디어, 2009), 212~227쪽 참조.
27. 브라이언 트레이시, 《빅토리》(21세기북스, 2004), 29~31쪽 참조.
28. 로버트 그린, 《전쟁의 기술》(웅진지식하우스, 2007), 156~159쪽 참조.
29. 공병호, 《공병호의 대한민국 기업흥망사》(해냄, 2011), 246~256쪽 참조.
30. 브라이언 트레이시, 《빅토리》(21세기북스, 2004), 270쪽 참조.
31. 이병주, 《3불 전략》(가디언, 2010), 162~171쪽 참조.
32. 이명우, 《적의 칼로 싸워라》(문학동네, 2013), 122~133쪽 참조.
33. 김종춘, 《베끼고 훔치고 창조하라》(매일경제신문사, 2011), 107~109쪽 참조.
34. 조지프 커민스, 《별난 전쟁, 특별한 작전》(플래닛미디어, 2009), 110~125쪽 참조.
35. 브라이언 트레이시, 《빅토리》(21세기북스, 2004), 118~119쪽 참조.
36. 위의 책, 35쪽 참조.
37. 위의 책, 295~296쪽 참조.
38. 위의 책, 330~331쪽 참조.

39. 위의 책, 319~321쪽 참조.
40. 위의 책, 332쪽 참조.
41. 공병호, 《공병호의 대한민국 기업흥망사》(해냄, 2011), 50~58쪽 참조.
42. 위의 책, 63~71쪽 참조.
43. 위의 책, 131~141쪽 참조.
44. 위의 책, 89~100쪽 참조.
45. 위의 책, 111~102쪽 참조.
46. 위의 책, 257~267쪽 참조.
47. 위의 책, 269~279쪽 참조.
48. 위의 책, 170~178쪽 참조.
49. 위의 책, 190~199쪽 참조.
50. 위의 책, 18~19쪽 참조.
51. 위의 책, 209~217쪽 참조.
52. 위의 책, 179~189쪽 참조.
53. 짐 콜린스, 《위대한 기업은 다 어디로 갔을까》(김영사, 2010), 47~49쪽 참조.
54. 위의 책, 93~96쪽 참조.
55. 위의 책, 126~127쪽 참조.
56. 위의 책, 72~73쪽 참조.
57. 위의 책, 201쪽 참조.
58. 신시아 A. 몽고메리, 《당신은 전략가입니까》(리더스북, 2013), 92~94쪽 참조.
59. 짐 콜린스, 《위대한 기업은 다 어디로 갔을까》(김영사, 2010), 62~63쪽 참조.
60. 위의 책, 69~70쪽 참조.
61. 위의 책, 63~65쪽 참조.
62. 위의 책, 127~129쪽 참조.
63. 위의 책, 153~156쪽 참조.
64. 위의 책, 117~121쪽 참조.
65. 위의 책, 203~205쪽 참조.
66. 위의 책, 227~229쪽 참조.
67. 김종춘, 《무한창조 뉴크리스천》(21세기북스, 2008), 240~242쪽 참조.

참고문헌

로버트 그린(안진환 옮김),《전쟁의 기술》, 웅진지식하우스, 2007
브라이언 트레이시(김동수 외 옮김),《빅토리》, 21세기북스, 2004
신시아 A. 몽고메리(이현주 옮김),《당신은 전략가입니까》, 리더스북, 2013
잉그마르 브룽켄(엄양선 옮김),《세상을 움직인 6인의 전략가》, 지식나무, 2006
조지프 커민스(채인택 옮김),《별난 전쟁, 특별한 작전》, 플래닛미디어, 2009
짐 콜린스(김명철 옮김),《위대한 기업은 다 어디로 갔을까》, 김영사, 2010
공병호,《공병호의 대한민국 기업흥망사》, 해냄, 2011
김종춘,《무한창조 뉴크리스천》, 21세기북스, 2008
김종춘,《베끼고 훔치고 창조하라》, 매일경제신문사, 2011
김종춘,《소심불패》, 매일경제신문사, 2012
이명우,《적의 칼로 싸워라》, 문학동네, 2013
이병주,《3불 전략》, 가디언, 2010
임용한,《세상의 모든 전략은 전쟁에서 탄생했다》, 교보문고, 2012
홍희범,《밀리터리 실패열전》, 멀티매니아 호비스트, 2008

너는
전략으로
싸우라
©김종춘 2013

초판 인쇄 2013년 8월 26일
초판 발행 2013년 9월 3일

지은이 김종춘
펴낸이 강병선
편집인 김성수

기획·책임편집 김성수 **디자인** 문성미 **교정** 네오북
마케팅 방미연 정유선 이동엽 **온라인 마케팅** 김희숙 김상만 이원주 한수진
제작 서동관 김애진 김동욱 임현식

펴낸곳 (주)문학동네
출판등록 1993년 10월 22일 제406-2003-000045호
임프린트

주소 413-120 경기도 파주시 회동길 210
문의전화 031-955-1930(편집) 031-955-8889(마케팅) **팩스** 031-955-8855
전자우편 kss7507@munhak.com

ISBN 978-89-546-2223-3 13320

- 아템포는 문학동네 출판그룹의 임프린트입니다. 이 책의 판권은 지은이와 아템포에 있습니다.
- 이 책 내용의 전부 또는 일부를 재사용하려면 반드시 양측의 서면동의를 받아야 합니다.
- 이 도서의 국립중앙도서관 출판시도서목록(CIP)은 서지정보유통지원시스템 홈페이지(http://seoji.nl.go.kr)와
  국가자료공동목록시스템(http://www.nl.go.kr/kolisnet)에서 이용하실 수 있습니다.(CIP제어번호: CIP2013015016)

www.munhak.com